Baseball

Allgemeiner Hinweis:

Da Baseball – vor allem im Profibereich – bislang nahezu ausschließlich von männlichen Akteuren betrieben wird, haben wir uns entschlossen, der besseren Lesbarkeit halber durchgängig die männliche Anredeform zu verwenden. Dafür sprach auch, dass die Fachbegriffe der Sportart überwiegend der englischen Sprache entlehnt sind, in welcher sie geschlechtsneutral gebraucht werden.

DOMINIK ASEF

Baseball

★ ★ ALLES, WAS MAN WISSEN MUSS ★ ★

REGELN
TAKTIKEN
HINTERGRÜNDE
★ ★ ★

MEYER & MEYER VERLAG

Baseball – Alles, was man wissen muss

Bibliografische Information der Deutschen Nationalbibliothek

Die Deutsche Nationalbibliothek verzeichnet diese Publikation in der Deutschen Nationalbibliografie; detaillierte bibliografische Details sind im Internet über <www.dnb.de> abrufbar.

2., überarbeitete Auflage 2023

Auckland, Beirut, Dubai, Hägendorf, Hongkong, Indianapolis, Kairo, Kapstadt, Manila, Maidenhead, Neu-Delhi, Singapur, Sydney, Teheran, Wien

Gesamtherstellung (Druck): Bookwire, Frankfurt, www.bookwire.de

FSC www.fsc.org MIX Papier | Fördert gute Waldnutzung FSC® C083411

Member of the World Sport Publishers' Association (WSPA)

ISBN 978-3-8403-7859-1

Hersteller im Sinne der GPSR:

Meyer & Meyer Fachverlag & Buchhandel GmbH

Von-Coels-Straße 390, 52080 Aachen

www.dersportverlag.de

E-Mail: kontakt@m-m-sports.com

INHALT

★ 1 ★

EINLEITUNG

Einen Baseball mit einem Schläger zu treffen, ist die schwierigste Aufgabe im Sport überhaupt. So lautet jedenfalls eine verbreitete Behauptung und sie ist wohl nicht allzu weit hergeholt. Innerhalb von weniger als einer halben Sekunde gilt es für den Schlagmann zu beurteilen, ob und wo genau ein heranfliegender Ball in der Strikezone ankommen wird, sich für oder gegen einen Schwungversuch zu entscheiden und diesen schließlich so präzise auszuführen, dass der Ball ins Feld fliegt und dort nicht sofort von einem Gegenspieler gefangen oder aufgenommen werden kann. Wo sonst außer im Baseball wird man mit Recht als Spitzensportler angesehen, wenn einem von 10 Versuchen drei gelingen?

Natürlich lässt sich eine Aussage darüber, ob Baseball die schwierigste aller Sportarten ist, kaum seriös belegen – Eishockeyspieler, Kampfsportler und einige andere Athleten hätten in dieser Diskussion sicher ebenfalls gute Argumente auf ihrer Seite. Was ich mit Sicherheit sagen kann, ist, dass für mich persönlich Baseball der schönste und spannendste Sport der Welt ist; dass ich dankbar bin, ihn vor einigen Jahren durch Zufall für mich entdeckt zu haben; und dass ich hoffe, die Begeisterung für diesen wunderbaren Sport mithilfe dieses Buchs weitergeben zu können.

Auf dem Weg dahin gilt es zuallererst, mit ein paar unschönen Vorurteilen aufzuräumen. Damit diese im weiteren Verlauf des Buchs nicht zwischen uns stehen, widme ich mich ihnen gleich hier in der Einleitung:

„Baseball ist statisch." Das mag auf den ersten Blick so wirken, gerade wenn man es mit anderen Mannschaftssportarten wie Fußball, Handball, Basketball oder Eishockey vergleicht, bei denen sich die Spieler – und mit ihnen das gesamte Spiel – ständig von einer Seite zur anderen bewegen. Tatsächlich ist in Baseball weitaus mehr Bewegung, als es zuerst aussieht. Jeder Spieler hat bei jedem Spielzug seine Aufgabe und seine Laufwege. Baseball ist nicht statisch, sondern geordnet. Gleichzeitig ist es ein sehr vielseitiger, ganzheitlich fordernder Sport: Neben der eingangs erwähnten enormen Hand-Auge-Koordinationsleistung, überhaupt den Ball zu treffen, muss man im Baseball auch schnell rennen, sicher fangen, weit und gezielt werfen können und gedanklich jederzeit auf der Höhe des Geschehens sein.

„Baseball ist langatmig." Auch das ist ein Eindruck, der sich schnell verflüchtigt, sobald man sich näher mit dem Baseballsport auseinandersetzt. Formal hat man es drei oder mehr Stunden lang zwar immer wieder mit der gleichen Grundsituation, dem Duell zwischen Batter und Pitcher, zu tun. Die dahinter liegende Spannung ist jedoch so intensiv, dass es für einen Fußballfan am besten mit einem ständigen Elfmeterschießen vergleichbar ist.

In einer Hinsicht ist der Begriff „langatmig" durchaus angebracht: Um beim Baseball erfolgreich zu sein, kommt es ganz stark darauf an, einen langen Atem zu haben. Das gilt in körperlicher Hinsicht, denn man muss seinen Körper stundenlang über diverse Phasen der Be- und Entlastung in der Lage halten, punktgenau sportliche Höchstleistungen abzurufen; und es gilt in mentaler Hinsicht, denn Unkonzentriertheiten werden im Baseball gnadenlos bestraft und für alle Zeiten dokumentiert, gleichgültig, ob man gerade erst den Platz betreten hat oder gegen Ende eines Doubleheaders schon seit sechseinhalb Stunden im Einsatz ist.

„Baseball ist kompliziert." Das Grundprinzip dieser Sportart ist kinderleicht und jeder, der in der Schule schon mal Brennball gespielt hat, wird

es sofort verstehen. Zugegeben, der Teufel steckt im Detail und einige Regeln und Abläufe durchschaut man nicht unbedingt sofort, wenn man zum ersten Mal beim Zappen bei einem Baseballspiel hängen geblieben oder aus welchen Gründen auch immer in ein Baseballstadion geraten ist. Aber dafür gibt es ja dieses Buch.

Das Buch richtet sich zum einen an komplette Neulinge und soll deren grundlegende Fragen beantworten.

★ Worum geht es beim Baseball überhaupt?

★ Wie ist der Ablauf einer Saison, wie der Kader eines Teams organisiert?

★ Welche Positionen gibt es, welche taktischen Überlegungen prägen das Spiel?

★ Was bedeuten die vielen Zahlen, die einem während einer Übertragung um die Ohren fliegen?

Es sollen mit diesem Buch aber auch die Leserinnen und Leser auf ihre Kosten kommen, die schon ein Grundwissen über Baseball mitbringen und dieses vertiefen möchten. Wenn es mir gelingt, dass jeder, der dieses Buch liest, in jedem Unterkapitel mindestens eine Sache dazulernt oder auf etwas aufmerksam wird, das er vorher noch nicht bewusst wahrgenommen hatte, dann bin ich ein zufriedener Autor.

Die *Major League Baseball (MLB)* ist mit Abstand die wichtigste Baseballliga der Welt, einerlei, ob man bei dieser Einstufung nach Spielniveau, Zuschauerzahlen, Spielergehältern oder generierter Aufmerksamkeit in den Medien geht. Es ist damit geradezu zwangsläufig, dass die MLB in einem Einführungsbuch über Baseball einen gewissen Schwerpunkt bildet. Doch Baseball ist ein Sport mit weltweiter Verbreitung, der in mehreren Ländern professionell und in fast allen anderen – zum Beispiel in Deutschland – als Amateursport gespielt wird. Auch das werde ich angemessen würdigen.

Bei den grundlegenden Beschreibungen des Spiels sowie in den Taktik- und Statistikkapiteln habe ich mich bemüht, diese so weit wie möglich allgemeingültig anzulegen, wenngleich die von mir angeführten Beispiele sich meistens auf die MLB beziehen werden.

Ein ausführliches Baseballwörterbuch ganz am Ende rundet das Buch ab. Auf diese Weise ist es mir zum einen möglich, den Lesefluss im Hauptteil nicht durch zu viele technische und begriffliche Erklärungen unterbrechen zu müssen. Zum anderen stehen diese Erklärungen aber jederzeit zur Verfügung und können sowohl während als auch nach dem Durchlesen der Hauptkapitel als kleines Nachschlagewerk genutzt werden.

Zur zweiten Auflage:

Es freut und ehrt mich außerordentlich, dass die erste Auflage dieses Buches auf so großes Interesse gestoßen ist. Die vorliegende Fassung habe ich in allen Bereichen aktualisiert und überarbeitet. Insbesondere wurden die Regeländerungen berücksichtigt, die sich in den vier Jahren seit der Erstauflage ergeben haben, und sämtliche Zahlen und Statistiken wurden auf den aktuellen Stand vor der Saison 2023 gebracht. Ein neuer Abschnitt im Kapitel über die Geschichte des Baseballs widmet sich den Entwicklungen der letzten Jahre – inklusive der Coronapandemie, einem aufsehenerregenden Skandal und einem hart geführten Arbeitskampf zwischen Spielern und Teambesitzern der MLB. Kapitel 2.2, in dem wir uns gemeinsam ein Inning anschauen, wurde auf Basis eines aktuelleren Spiels komplett neu formuliert. Zu guter Letzt wurde das Baseball-Wörterbuch um einige Begriffe erweitert.

★ 2 ★

WAS WIRD DENN DA GESPIELT?

2.1 DIE GRUNDLAGEN IN ALLER KÜRZE

Baseball ist ein ganz einfaches Spiel: Man schlägt einen Ball mit einem Schläger und rennt auf einer quadratischen Strecke. Wer nach rund 110 m wieder da ankommt, wo er losgelaufen ist, erhält einen Punkt, den sogenannten *Run*. Wer die meisten Runs erzielt, gewinnt.

Wenn man in die Details geht, wird es natürlich ein bisschen komplizierter. Insbesondere die Anwesenheit eines gegnerischen Teams erschwert die Sache ganz erheblich. Das hat Baseball mit anderen Mannschaftssportarten gemeinsam. In vielen Eigenschaften ist Baseball allerdings anders als die meisten Mannschaftssportarten:

- ★ Auf dem Spielfeld hat nicht jede Mannschaft ihre eigene Seite. Stattdessen spielt man abwechselnd und immer in dieselbe Richtung.
- ★ Nur ein Teil des Feldes – das *Infield* – hat eine vorgegebene Form und fest geregelte Maße. Der andere Teil – das *Outfield* – ist auf jedem Baseballplatz unterschiedlich groß, unterschiedlich geformt und obendrein oft asymmetrisch.

- ★ Spielzüge können nicht nur im Feld, sondern auch jenseits der Auslinien statt finden.
- ★ Obwohl Teams von je neun bis zehn aktiven Spielern gegeneinander antreten, stehen sie nie alle gleichzeitig auf dem Feld; im Mittelpunkt des Geschehens steht über weite Strecken des Spiels ein 1:1-Duell.
- ★ Nicht das angreifende, sondern das verteidigende Team ist in Ballbesitz.
- ★ Punkte werden dementsprechend nicht durch den Ball erzielt, sondern ausschließlich durch die Spieler.
- ★ Das Baseballspiel ist zeitlich nicht begrenzt.
- ★ Es gibt – von seltenen Ausnahmen abgesehen – keine Unentschieden.

Das alles trägt dazu bei, dass Baseball für uns überwiegend mit Fußball aufgewachsene Europäer etwas weniger intuitiv nachvollziehbar ist als zum Beispiel Handball, Basketball, (Eis-)Hockey, Football oder Rugby. Aber es lohnt sich, das bisschen Zeit zu investieren, um sich in dieses spannende und vielschichtige Spiel hineinzudenken. Die folgenden Seiten sollen dabei eine Hilfe sein.

2.1.1 Das Spielfeld und die Strikezone

Das Spielfeld besteht aus zwei Teilen, dem *Infield* und dem *Outfield*. Beides zusammen bildet das *Fair Territory*, also den Bereich, in dem der Ball regulär ins Spiel gebracht werden kann.

Die Maße des Infields sind verbindlich vorgegeben. Es hat die Form einer Raute, genauer gesagt, die eines auf der Spitze stehenden Quadrats – in Baseballsprache nennt man es den *Diamond*. Die untere Spitze des Diamonds ist die 17 Zoll (43,18 cm) breite *Homeplate*, der Dreh- und Angelpunkt des Spiels. Von dort wird der Ball geschlagen und dorthin muss man zurückkehren, um einen Run zu erzielen. Auf dem Weg muss man entgegen dem Uhrzeigersinn jede der drei Bases berühren, die die anderen drei Ecken des Diamonds markieren. Die Seitenlängen des Diamonds betragen 90 Fuß (27,43 m). Die Bases sind quadratische Kissen, deren Seitenlängen in der MLB bis 2022 mit 15 Zoll (38,1 cm) festgelegt waren. Ab der Saison 2023 werden die Bases auf 18 Zoll (45,72 cm) Länge und Breite vergrößert. Die Regeländerung soll vor allem die Verletzungsgefahr durch Zusammenstöße von angreifenden und verteidigenden Spielern minimieren. Gleichzeitig wird dadurch der Weg zwischen den Bases ein wenig verkürzt, was zu mehr erfolgreichen Offensivaktionen führen soll.

In der Mitte des Infields befindet sich der *Mound*, ein 10 Zoll (25 cm) hoher Hügel, von dem der Pitcher den Ball wirft. Auf dem Mound ist die *Pitcher's Plate* platziert, umgangssprachlich *Rubber* genannt. Vom Rubber bis zur Homeplate sind es genau 60 Fuß und sechs Inches (18,44 m). Das ist die Entfernung, aus der der Pitcher mit einem schnellen und gezielten Wurf die Strikezone treffen soll. Die *Strikezone* hat die Breite der Homeplate und ist in ihrer Höhe vom jeweiligen Schlagmann (*Batter*) abhängig: Sie beginnt unter seinen Knien und endet auf Höhe der Mitte seines Oberkörpers. Der Batter selbst steht in einer Kreidebox neben der Homeplate – links davon (aus Sicht des Catchers), wenn er Rechtshänder ist, als Linkshänder rechts davon.

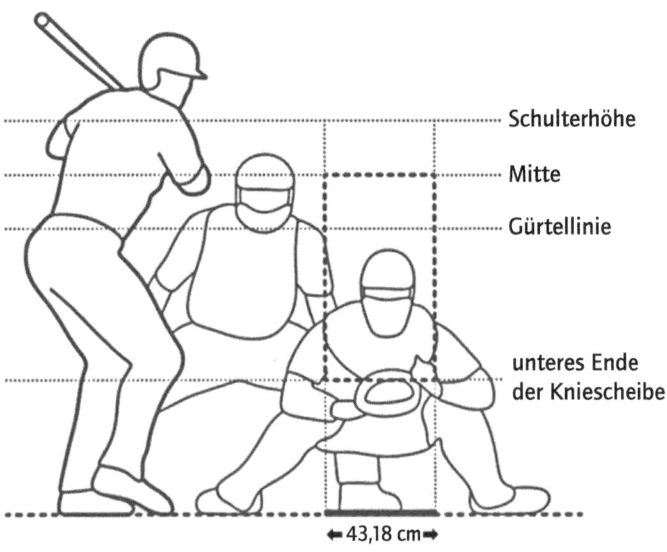

Im Gegensatz zum Infield ist das Outfield in seinen Ausmaßen nicht fest geregelt. Es wird rechts und links begrenzt durch die *Foullinien*, welche aus der Verlängerung der Strecken zwischen Homeplate und First Base bzw. Third Base entstehen. Am Ende jeder Foullinie steht der *Foulpost*, eine hohe Stange, die die Beurteilung erleichtert, ob ein weiter Schlag das Feld im Fair Territory überquert hat oder nicht. Die Entfernung zwischen der Homeplate und den Foulposts beträgt in den Ballparks der MLB zwischen 302 und 355 Fuß (92 bis 108 m). Es ist nicht ungewöhnlich, dass in einem Ballpark das *Rightfield* (das Outfield hinter der ersten Base) und das *Leftfield* (das Outfield hinter der dritten Base) unterschiedlich groß sind.

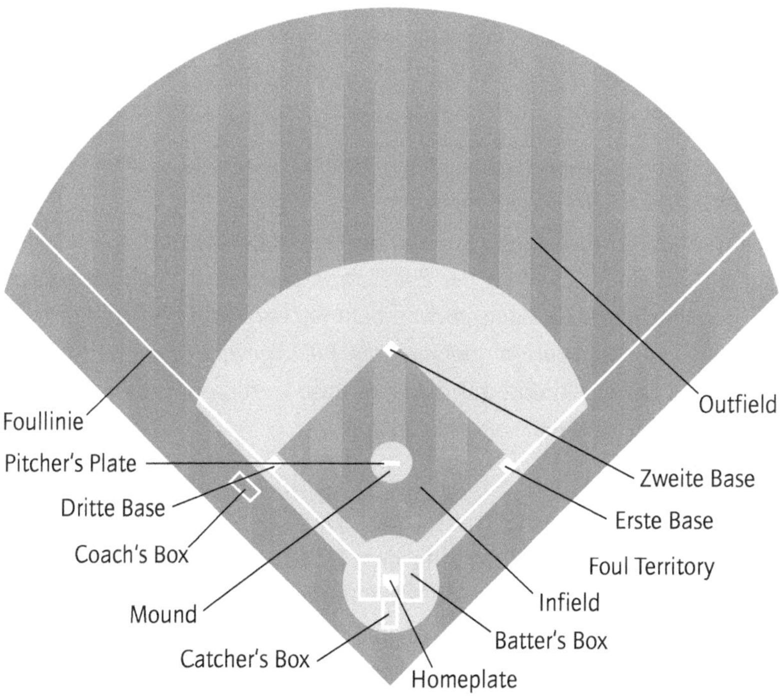

Die tiefste Stelle des Feldes befindet sich in der Regel im *Centerfield*, also in der Mitte des Outfields. In der MLB variiert die Tiefe des Centerfields von 395 bis 420 Fuß (120 bis 128 m). Die Grenze des Outfields bildet ein Zaun oder eine Mauer. Die Höhe dieser Begrenzung ist ebenfalls nicht festgelegt. Oft wird eine besonders kurze Felddimension eines Ballparks durch ein entsprechend höheres Grenzbauwerk kompensiert. Das berühmteste Beispiel dafür ist die *Green Monster* genannte Mauer im Leftfield von Fenway Park in Boston. Aufgrund der Unterschiede zwischen den Spielfeldern und Ballparks gibt es oft *Ground Rules*, also Regeln, die speziell auf die Eigenheiten des jeweiligen Stadions zugeschnitten sind.

2.1.2 Das Duell Pitcher gegen Batter

Der Kern des Spiels besteht darin, dass ein Spieler des verteidigenden Teams - der *Pitcher* - den Ball wirft und ein Schlagmann des angreifenden Teams - der *Batter* - versucht, den Ball mit seinem Schläger zu treffen. Dafür hat der Batter drei Versuche, genannt *Strikes*. Nach drei Strikes ist der Batter aus, der Pitcher hat das Duell per *Strikeout* gewonnen.

Der Pitcher hat seinerseits nur eine begrenzte Anzahl von Versuchen, dem Batter ein paar ordentliche Würfe anzubieten. Ein ordentlicher Wurf in diesem Sinne liegt vor, wenn der Ball in der Strikezone ankommt. Kommt der Ball außerhalb der Zone an und versucht der Batter auch nicht, danach zu schwingen, so wird dem Pitcher ein Fehlwurf angerechnet. Nach vier Fehlwürfen, sogenannten *Balls*, gewinnt automatisch der Batter das Duell und darf auf die erste Base vorrücken. Diesen Vorgang nennt man *Base on Balls* oder kurz: *Walk*.

Die Entscheidung über Strikes und Balls trifft der hinter der Homeplate stehende *Umpire* (Schiedsrichter). Wenn der Batter nach dem Ball schwingt und nicht trifft, ist es in jedem Fall ein Strike. Schwingt er nicht, muss der Umpire beurteilen, ob der Ball die Strikezone durchquert hat oder nicht. Neben Balls und Strikes gibt es noch den *Foulball*. Das bedeutet, dass der Batter den Ball trifft, dieser aber nicht ins Fair Territory, sondern nach hinten oder zur Seite fliegt. Ein Foulball zählt als erster oder zweiter Strike, führt aber nicht zum *Strikeout*.

Das Duell zwischen Pitcher und Batter kann dadurch theoretisch unendlich lange dauern. Das bislang längste Duell in einem MLB-Spiel lieferten sich am 22. April 2018 der Pitcher Jaime Barria von den Los Angeles Angels und der Batter Brandon Belt von den San Francisco Giants. Erst nach 21 Pitches brachte Belt damals den Ball ins Spiel - allerdings so schwach, dass der Verteidigung ein leichtes Aus gelang.

Die Verteidigung, bestehend aus den im Feld verteilten Spielern des gegnerischen Teams, kommt nur in rund zwei Dritteln der Fälle ins Spiel. Die restlichen Duelle klären Pitcher und Batter unter sich - sie enden mit einem *Strikeout*, einem *Walk* oder einem *Homerun* und lassen den Feldspielern somit keine Möglichkeit des Eingreifens.

2.1.3 Die Aufgabe der Offensive: Runs erzielen

Der *Homerun* ist das Beste, was dem Batter passieren kann. Er schlägt den Ball so fest und weit, dass dieser über das gesamte Feld hinweg sowie über den Zaun aus diesem hinaus fliegt. In dem Fall darf der Batter ungehindert über alle Bases und die Homeplate laufen und einen Run erzielen. Besser noch: Wenn es vor dem Batter schon weitere Angreifer auf eine der Bases geschafft hatten, kommen auch sie alle über die Homeplate. Einen Homerun, bei dem alle drei Bases besetzt waren und somit vier Runs auf einen Schlag erzielt werden, nennt man einen *Grand Slam*.

Homeruns sind die sicherste und spektakulärste Methode, um Runs zu erzielen, aber sie sind bei Weitem nicht die einzige. Lange Zeit in der Geschichte des Baseballs waren Homeruns eher eine Ausnahme; erst seit 1994 kommt im Durchschnitt regelmäßig etwas mehr als ein Homerun pro Spiel und Mannschaft vor. Die klassische und immer noch häufigste Art des Runscorings besteht darin, erst mal auf eine Base zu kommen und dann schrittweise vorzurücken, während die Mitspieler am Schlag sind.

Auf Base kommt man üblicherweise auf eine von drei Arten: per *Walk*, per *Hit by Pitch* oder per *Basehit*. Den Walk habe ich oben bereits erklärt. Ein *Hit by Pitch* bedeutet, dass der Batter automatisch auf die erste Base darf, weil der Pitcher ihn mit dem Ball am Körper getroffen hat; die Konsequenz ist also die Gleiche wie beim Walk.

Ein Batter, der mit seinem Schläger den Ball getroffen und ins Spielfeld befördert hat, übernimmt eine neue Rolle: Er wird zum *Runner*. Sein erstes Ziel besteht darin, die erste Base schneller zu erreichen, als die verteidigende Mannschaft es schafft, den Ball dorthin zu bringen. Wenn ihm das gelingt, hat er einen *Basehit* erzielt. Sofern die Spielsituation es erlaubt, kann der Runner gleich zur nächsten Base weiterrennen. Das tut er auf eigenes Risiko, denn zwischen den Bases ist er Freiwild und kann von der Abwehr leicht ausgemacht werden, sofern diese den Ball unter Kontrolle hat. Je nachdem, ob man es bei einem Hit bis zur ersten, zweiten oder dritten Base schafft, spricht man von einem *Single, Double* oder *Triple*.

In seltenen Fällen gelingt es sogar, den ganzen Weg um die Bases bis zur Homeplate zurückzulegen, ohne dass der Ball über den Zaun geschlagen wurde. Für einen solchen *Inside-the-Park-Homerun* muss man in der Regel sehr schnell sein und zusätzlich das Glück haben, dass der Ball im hintersten Eck des Feldes landet und am besten noch unberechenbar aufspringt.

Nachdem der Runner auf einer Base stehen geblieben ist, kommt der nächste Batter an den Schlag und der Runner lauert auf die Chance, weiter vorzurücken. Die Gelegenheit dazu hat er vor allem, wenn einer seiner Mitspieler den Ball ins Spiel bringt. Aber auch ohne dies kann er Fehler und Unaufmerksamkeiten der Defensive nutzen, um voranzukommen. Außerdem darf der Runner immer dann ungehindert eine Base weiterlaufen, wenn er seine aktuelle Base freimachen muss, weil durch einen Walk oder Hit by Pitch ein Runner nachrückt. Denn auf einer Base darf nie mehr als ein Runner stehen.

Natürlich wünscht man sich als angreifendes Team, einen Batter nach dem anderen auf Base zu bekommen, dabei immer wieder Runs über die Homeplate zu bringen und zwischendurch auch den einen oder anderen Homerun zu schlagen. In der Realität ist das leichter gesagt, als getan. Deshalb ist es oft nötig, sich taktischer Maßnahmen zu bedienen, die darauf ausgerichtet sind, um mit allen Mitteln wenigstens einen einzigen Run zu erzielen.

Zu diesen Mitteln gehört zum Beispiel der *Bunt*: Der Batter lässt den Ball locker vom Schläger abtropfen, was vorhandenen Runnern die Zeit verschaffen soll, eine Base weiterzukommen, auch wenn es für den Batter selbst meistens zum Aus führt.

Eine Technik mit ähnlichem Ziel ist der *Sacrifice Fly*: Man schlägt den Ball hoch ins Outfield und muss davon ausgehen, dass der Ball aus der Luft zum *Flyout* (siehe unten) gefangen wird. Aber einem Runner auf der dritten Base ermöglicht das Manöver in der Regel, von dort zur Homeplate zu laufen und den erhofften Run zu holen. Dieser Spielzug setzt voraus, dass die Offensivmannschaft zuvor weniger als zwei Outs auf dem Konto hat. Mehr über Offensivtaktiken gibt es in den Kap. 6.2 und 6.3 zu lesen.

2.1.4 Die Aufgabe der Defensive: Outs erzeugen

Im Baseball ist im Gegensatz zu den meisten anderen Ballsportarten nicht die angreifende, sondern die verteidigende Mannschaft in Ballbesitz. Mit dem Ball werden keine Punkte erzielt, sondern Outs. *Outs* sind überlebenswichtig, denn es gibt keine Möglichkeit, den Schlagdurchgang des Gegners zu beenden, außer durch das Erzielen von drei Outs.

Es gibt diverse Arten, auf die ein Out bewerkstelligt werden kann. Zu den wichtigsten Methoden gehören die folgenden:

- ★ Das *Strikeout*: Dem Pitcher gelingt es, gegen einen Batter drei Strikes zu werfen. Damit ist dieser aus. Ausnahme: Wenn der Ball beim dritten Strike vom Catcher nicht gefangen wird und die erste Base unbesetzt ist oder es bereits zwei Outs gab, darf der Batter versuchen, die erste Base zu erreichen.
- ★ Das *Flyout*: Wird ein geschlagener Ball direkt aus der Luft gefangen, so ist der Batter aus und etwaige Baserunner müssen zu der Base zurückkehren, die sie vor dem Schlag besetzt hatten. Ein Flyout kann sowohl im Fair Territory als auch im Foul Territory erzielt werden.

- Das *Forceout*: Wenn der Ball die erste Base vor dem Batter erreicht und ein Abwehrspieler diese Base berührt, während er den Ball in der Hand oder im Handschuh hat, so ist der Batter aus. Diese Regel gilt analog an jeder Base, die ein Runner erreichen *muss*. Steht ein Runner an der ersten Base, so muss er beim nächsten Schlag eines Mitspielers zwingend weiter zur zweiten Base, weil er die erste Base für diesen freimachen muss. Daher ist in dem Fall auch an der zweiten Base ein Forceout möglich. Das Gleiche gilt auch an der dritten Base und an der Homeplate, sofern alle vorherigen Bases besetzt sind. Wenn nach einem Flyout der Runner zur Ursprungsbase zurücklaufen muss und das nicht schnell genug schafft, ist an dieser Base ein Forceout möglich. Sofern die Abwehr schnell Kontrolle über den Ball bekommt, kann sie in solchen Situationen zwei Outs in einem Spielzug erzielen, ein sogenanntes *Double Play*. Die häufigste Art des Double Plays besteht darin, dass der Ball zuerst an die zweite Base und von dort direkt weiter zur ersten Base geworfen wird.
- Das *Tagout*: Jeder Spieler, der keinen Kontakt zu einer Base hat, kann durch Berühren (Taggen) mit dem Ball in der Hand oder im Handschuh ausgemacht werden. Es gibt zwei Ausnahmen: Bei einem Walk oder sonstigem „angeordneten" Vorrücken ist kein Taggen möglich; wenn man die erste Base überrennt und anschließend direkt zu ihr zurückkehrt, kann man ebenfalls nicht getagt werden.

Die Offensivspieler treten gemäß einer festgelegten Reihenfolge nacheinander gegen den Pitcher an. Das geht so lange, bis die Defensivmannschaft drei Outs erzielt hat. Mit dem dritten Out wechselt das Angriffsrecht.

2.1.5 Innings und Spieldauer

Ein Baseballspiel hat keine feste Spieldauer. Stattdessen ist die Zahl der Innings festgelegt, die zu absolvieren sind. Ein *Inning* besteht aus je einem Schlagdurchgang pro Team. In den Profi- und hohen Amateurligen von der Bundesliga bis zur MLB dauert ein Spiel in der Regel neun Innings. In jedem Inning ist zuerst die Auswärtsmannschaft am Schlag. Die neun Spieler dieser Mannschaft treten nacheinander gegen den gegnerischen Pitcher an.

Das geht so lange, bis die andere Mannschaft drei Outs erzielt hat. Damit wechselt das Angriffsrecht zum anderen Team und es beginnt das zweite *Halbinning*. Man spricht bei den beiden Halbinnings auch von der oberen und unteren Hälfte des Innings. Das kommt daher, dass bei der Punkteanzeige (siehe Kap. 2.2) stets das Auswärtsteam oben steht und das Heimteam unten.

Es wird immer so lange gespielt, bis der Sieger feststeht. Das heißt zum Beispiel, wenn nach achteinhalb Innings die Heimmannschaft vorne liegt und das letzte Halbinning somit nichts mehr am Ausgang des Spiels ändern kann, außer das Ergebnis nach oben zu treiben, dann wird dieses Halbinning nicht mehr gespielt. Gelingt es der Heimmannschaft, *während* des letzten Innings in Führung zu gehen, endet das Spiel ebenfalls sofort. Andererseits werden, wenn es nach neun Innings unentschieden steht, so lange Extra-Innings angehängt, bis ein Sieger gefunden ist.

Ein zügig durchgeführtes Baseballspiel kann nach rund zwei Stunden beendet sein, üblich sind eher zweieinhalb bis drei Stunden. Dadurch, dass es normalerweise keine Unentschieden gibt (Ausnahmen sind möglich, wenn es zu wetter- oder dunkelheitsbedingten Abbrüchen kommt), können Spiele auch mal sehr viel länger dauern. Das längste MLB-Spiel aller Zeiten fand 1984 zwischen den Milwaukee Brewers und den Chicago White Sox statt und dauerte acht Stunden und sechs Minuten. Die White Sox gewannen damals nach 25 Innings mit 7:6.

Solche Marathonduelle sind heutzutage deutlich unwahrscheinlicher als damals, denn seit 2020 gilt die Regel, dass während der regulären Saison ab dem 10. Inning jeder Schlagdurchgang mit einem automatischen Runner (auch „Ghost Runner" genannt) an der zweiten Base begonnen wird. Dadurch kommt es zu mehr Runs und zu schnelleren Entscheidungen, um die Gesundheit der Spieler und die Geduld der Zuschauer nicht übermäßig zu strapazieren. In Play-off-Spielen gibt es keine Ghost Runner, hier werden die Extra-Innings weiterhin ausgespielt wie alle anderen Innings.

Andere Ligen verwenden alternative Regeln, die die Spieldauer beeinflussen können. In der japanischen Profiliga werden reguläre Saisonspiele nach spätestens 12 Innings beendet und zur Not mit einem Unentschieden gewertet. In den deutschen Jugend- und Amateurligen gibt es zwei Ghost Runner, zu Beginn jedes Extra-Innings sind also die erste und die zweite Base besetzt. Zudem gibt es in den meisten Ligen – aber nicht in der MLB – sogenannte Mercy Rules. Diese legen fest, dass bei einer hohen Führung von zum Beispiel 10 oder 15 Runs Abstand nach einer bestimmten Zahl von Innings das Spiel beendet wird. Auf diese Weise soll verhindert werden, dass sehr einseitige Partien unnötig in die Länge gezogen werden.

2.2 WIR SCHAUEN GEMEINSAM EIN SPIEL

Man kann einen Sport bis zu einem gewissen Grad abstrakt beschreiben, wie ich es auf den vorangegangenen Seiten versucht habe. Am meisten lernt man aber doch, indem man einfach mal ein Spiel ansieht und sich das Geschehen auf dem Platz von jemandem erklären lässt. Genau das habe ich in diesem Kapitel vor. Man kann es natürlich auch einfach so lesen, aber ich möchte ausdrücklich dazu einladen, parallel zum Lesen den betreffenden Spielabschnitt mit mir zusammen anzuschauen.

Die MLB stellt dankenswerterweise viele Partien im Nachhinein kostenlos auf *YouTube*® zur Verfügung. Ein solche Partie habe ich ausgewählt und dabei darauf geachtet, dass sie ein möglichst abwechslungsreiches erstes Inning bietet. Es handelt sich um das Spiel der Seattle Mariners gegen die Cleveland Guardians vom 25. August 2022. Man findet es im offiziellen *YouTube*®-Kanal der MLB unter https://www.youtube.com/watch?v=qjtzooqcjgA. Wir reden hier über den Abschnitt ab Spielbeginn bei Minute 46:00 bis zum Ende des ersten Innings bei Minute 1:08:00 des Videos.

Da es ein Heimspiel der Seattle Mariners ist, haben die Cleveland Guardians das erste Schlagrecht. Ihre Spieler treten in einer festen Reihenfolge an, die vom Manager des Teams vor dem Spiel festgelegt und bekannt gegeben wurde. Ganz oben auf der Liste steht Steven Kwan, der somit als erster in die Batter's Box tritt – vom Catcher aus gesehen in die rechte, weil er Linkshänder ist. Derweil haben die Mariners in dieser oberen Hälfte des Innings die Aufgabe, Punkte zu verhindern. Ihr Starting Pitcher Marco Gonzales steht auf dem Mound, Catcher Cal Raleigh kauert hinter der Homeplate, die restlichen sieben Spieler haben ihre jeweiligen Positionen im Feld eingenommen.

Beim ersten Pitch von Gonzales hält Kwan den Schläger quer und deutet damit einen *Bunt* an, also den Versuch, den Ball vom Schläger abtropfen zu lassen. Im letzten Moment zieht er zurück, offenbar in der Annahme, dass der Pitch an der Strikezone vorbeigeht. Das tut er jedoch nicht, wie wir als TV-Zuschauer dank der eingeblendeten visuellen Hilfen sehr gut erkennen können. Das weiße Rechteck stellt die Strikezone des Schlagmanns dar, von den Knien bis knapp über den Gürtel. Der kleine Punkt und die Zahl, die kurz nach dem Einschlagen des Balls im Handschuh des Catchers angezeigt wird, gibt die genaue Verortung des Pitches in der Strikezone und die Geschwindigkeit des Wurfs in Meilen pro Stunde an. Der hinter dem Catcher stehende Umpire entscheidet korrekt auf Strike, indem er nach rechts zeigt und etwas schreit. Dieser Schrei hört sich übrigens bei jedem Umpire etwas anders an und hat meistens nur ganz entfernte Ähnlichkeit mit dem Wort „Strike".

Nach wenigen Sekunden nehmen alle Beteiligten wieder ihre Position ein und Gonzales wirft seinen zweiten Pitch. Dieses Mal schwingt Kwan den Schläger, trifft den Ball und befördert ihn ins Outfield. Kwan wird in diesem Moment vom *Batter* zum *Runner*. Da die gegnerischen Feldspieler eine Weile brauchen, bis sie den Ball unter Kontrolle bringen und Kwan ein schneller Läufer ist, gelingt es ihm, sicher bis zur zweiten Base zu rennen. Er hat somit ein *Double* geschlagen.

Nach dem Ende des Spielzugs gibt es eine kurze Unterbrechung auf Wunsch des Runners. Das ist ein üblicher Vorgang, damit er Ausrüstung wie Schienbein- und Ellenbogenschützer ablegen kann, die beim Baserunning nur hinderlich wären. Stattdessen zieht er einen speziellen Handschuh an, der vor Verletzungen beim *Sliden* zu einer Base schützt.

Als nächstes tritt Amed Rosario an, der zweite Batter der Guardians. Er ist Rechtshänder und steht deshalb auf der anderen Seite der Homeplate. Zu beachten ist, was der Baserunner an dieser Stelle macht: Kwan entfernt sich ein paar Schritte von der zweiten in Richtung dritte Base. Damit verschafft er sich einen kleinen Vorsprung für die nächste Gelegenheit, bei der er weiterrennen kann. Selbstverständlich auf eigenes Risiko, denn der Pitcher kann den Ball auch zur zweiten Base werfen. Wenn er den Runner dabei auf dem falschen Fuß erwischt und dieser nicht schnell genug zurück hechtet, kann dieser von einem Feldspieler getaggt werden und wäre aus.

Rosario schwingt nach dem ersten Pitch und bekommt zwar Kontakt zum Ball, aber dieser fliegt nach hinten ins Foul Territory. Es ist somit ein Foul Ball, der in diesem Fall als Strike zählt. Der zweite Pitch kommt deutlich außerhalb der Strikezone an. Rosario schwingt sinnvollerweise nicht danach und der Umpire entscheidet auf Ball. Man sieht das daran, dass er im Gegensatz zum Strike keine große Gestik ausübt. Der dritte Pitch kommt zwar erneut außerhalb der Strikezone an, doch dieses Mal schwingt Rosario danach und produziert einen weiteren Foul Ball.

Der Count, also quasi der Spielstand zwischen dem Pitcher und dem Batter, ist nun 1-2, das heißt, es gab in diesem Duell bisher einen Ball und zwei Strikes. 1-2 ist ein vorteilhafter Count für den Pitcher, denn er braucht nur noch einen Strike für ein Strikeout, kann sich aber andererseits noch mehrere Balls erlauben. Der Batter muss somit nach jedem weiteren Pitch, der nicht ganz klar außerhalb der Zone ist, schwingen, um das Aus zu verhindern. Das tut Rosario und hat Glück dabei: Er trifft den Ball zwar nur schwach und unplatziert, aber dieser rollt so günstig durch das Infield, dass Rosario die erste Base erreicht und Kwan gleichzeitig zur dritten vorrückt. Die gegnerischen Feldspieler hoffen kurz, dass der Ball ins Aus rollt und zum Foul Ball wird, aber er bleibt auf der Linie liegen und somit gültig.

Mit zwei Baserunnern und keinem Aus sind die Mariners schon früh im Spiel in arger Bedrängnis. Als dritter Schlagmann tritt José Ramírez an. Auch er nimmt Aufstellung als Rechtshänder, was für ihn nicht selbstverständlich ist: Ramírez ist ein *Switchhitter*, das heißt er kann von beiden Seiten schlagen und wählt die Seite abhängig vom gegnerischen Pitcher. Gegen einen linkshändigen Pitcher wie Gonzales ist es etwas erfolgversprechender, rechtshändig zu schlagen. Der erste Pitch dieses At-Bats ist ein Ball links unten. Der zweite Pitch ist schlagbar, Ramirez schwingt und trifft den Ball – allerdings nicht besonders gut. Der Second Baseman der Mariners kann den Ball problemlos aufnehmen und zum Shortstop werfen, der bereits auf der zweiten Base wartet. In dem Moment, in dem er dort den Ball fängt, ist der von der ersten Base kommende Runner aus. Mit einem guten Wurf zum First Baseman könnte auch Ramírez ausgemacht werden, dann wäre es ein *Double Play*. Doch der Wurf ist zu hoch. Der First Baseman muss zum Fangen die Base verlassen und Ramírez erreicht diese als erster. Zum Glück verletzt sich keiner der beiden Spieler bei dem leichten Zusammenprall. Dass Ramírez über die Base hinweg noch ein Stück weiter läuft bzw. fällt, ist übrigens völlig in Ordnung: Die erste Base darf überrannt werden, solange man danach auf direktem Weg dorthin zurückkehrt und keine Bewegung in Richtung zweite Base ausführt. Andernfalls würde man riskieren, von einem gegnerischen Spieler ausgetaggt zu werden. Während der aufregenden Szene hat Steven Kwan die Gelegenheit genutzt, von der dritten Base zur Homeplate durchzulaufen. Damit hat er den ersten Run des Spiels erzielt und die Guardians 1:0 in Führung gebracht.

Mit einem Aus und einem Baserunner haben die Guardians gute Chancen auf weitere Runs. Als nächstes tritt Oscar Gonzalez für sie an. Sein Beinahe-Namensvetter Marco Gonzales wirft den ersten Pitch etwas zu hoch, sodass es eigentlich ein Ball wäre, doch Gonzalez schwingt danach. Ein verfehlter Schwung ist immer ein Strike.

An dieser Stelle drücken wir kurz auf Pause und schauen links oben in die Ecke darauf, was uns die dortige Box mit Zahlen und Symbolen verrät:

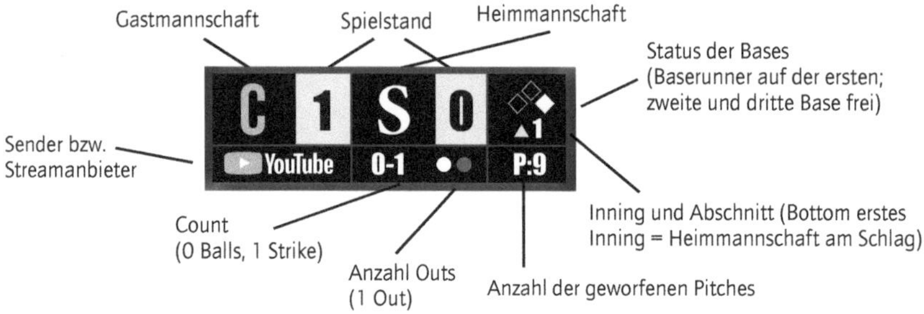

Weiter geht es mit dem begonnenen At-Bat von Gonzales gegen Gonzalez. Die drei nächsten Pitches kommen alle außerhalb der Strikezone an. Gonzalez lässt den ersten durch (Ball), schlägt den zweiten ins Foul Territory (Foul Ball, also Strike) und lässt den dritten wieder durch. In dem Moment kommt in der Defense Hektik auf, denn Ramírez ist von der ersten Base Richtung zweite Base durchgestartet und versucht einen Steal. Dieser misslingt, denn der Catcher wirft den Ball rechtzeitig und perfekt platziert zum Second Baseman, welcher Ramírez austaggt, bevor dieser Kontakt mit der Base hat. Das ist das zweite Aus für die Guardians.

Das At-Bat von Oscar Gonzalez geht an der Stelle weiter, an der es durch die Aktion unterbrochen wurde, also mit einem Count von 2 Balls und 2 Strikes. Gonzalez schwingt nach dem nächsten Pitch und landet einen soliden Treffer ins Centerfield. Die Guardians haben somit wieder einen Baserunner und dürfen einen weiteren Batter ins Rennen schicken. Der Auftritt von Josh Naylor währt allerdings nur kurz: Er schwingt nach dem ersten Pitch, der Ball ist leichte Beute für den First Baseman. Indem dieser mit dem Ball in der Hand auf die erste Base tritt, ist Naylor aus.

Das dritte Aus beendet den ersten Schlagdurchgang der Guardians. Sie haben zwar vier Spieler auf die Bases gebracht, aber nur einem von ihnen ist es gelungen, den vollständigen Weg über alle Bases bis zur Homeplate zurückzulegen. Die Mariners um Pitcher Gonzales können froh sein, mit einem blauen Auge in Form des 0:1-Rückstands davon gekommen zu sein.

Nach zwei Minuten Pause geht es weiter mit der unteren Hälfte des ersten Innings. Die Rollen sind nun genau andersherum: Die Mariners lassen ihre Schlagleute antreten, während die Guardians für das Pitching und die Abwehr im Feld verantwortlich sind. Der Starting Pitcher der Guardians für dieses Spiel ist Triston McKenzie.

Julio Rodríguez tritt als erster Schlagmann für die Mariners an. Den ersten Pitch lässt er als Ball unterhalb der Strikezone passieren. Die nächsten drei Pitches schlägt er allesamt ins Foul Territory. Foul Balls zählen bekanntlich als Strikes, allerdings nur, wenn es sich nicht um den dritten Strike handelt. Der Count lautet somit sowohl nach dem zweiten als auch nach dem dritten Foul Ball 1-2. Es folgen ein zu tiefer und ein zu hoher Ball, nach denen der Count bei 3-2 steht. Das nennt man auch einen Full Count, weil keine weiteren Balls oder Strikes mehr hinein passen, sondern diese unweigerlich entweder zum Walk oder zum Strikeout führen. In dem Fall wird es ein Walk, denn Rodríguez beweist ein gutes Auge und sieht, dass der Ball erneut zu hoch ankommt. Der Umpire entscheidet zum vierten Mal auf Ball, daher darf Rodríguez ungehindert die erste Base einnehmen.

Linkshänder Jesse Winker ist der nächste Batter. McKenzies erster Pitch gegen ihn verfehlt zwar knapp die Strikezone, aber der Umpire sieht das anders und sagt einen Strike an. Die beiden folgenden Pitches sind eindeutiger, beides sind sichere Balls und werden von Winker durchgelassen. Zwischendurch wirft McKenzie den Ball einmal überraschend zur ersten Base. Rodríguez, der sich wie üblich ein paar Schritte von der Base entfernt hat, muss schnell dorthin zurück hechten, denn wenn er keinen Kontakt zur Base hat, kann der First Baseman ihn austaggen. Ein solches Aus, auch Pickoff genannt, gelingt zwar selten, aber allein der gelegentliche Versuch hilft schon dabei, die Runner nah an der Base zu halten und die Motivation zu Stealversuchen zu senken. Winker produziert als nächstes einen hohen Foul Ball nach hinten, bevor er einen Pitch durchlässt, der nach einem Strike aussieht. Es wäre der dritte Strike und damit das Aus für Winker, aber dieses Mal hat er Glück mit der Entscheidung des Umpires auf Ball. Wir haben somit wieder einen Full Count und Winker eine weitere Chance. Er nutzt sie, indem er einen Schlag in die Mitte des Feldes landet, durch welchen er selbst die erste Base erreicht und Rodríguez zur zweiten vorrückt.

Auch die Mariners haben also schon vor dem ersten Aus zwei Runner auf den Bases und somit beste Chancen, frühzeitig Punkte auf das Scoreboard zu bringen - nicht zuletzt, weil der gegnerische Pitcher bislang offensichtlich Probleme hat, regelmäßig die Strikezone zu treffen. Der erste Pitch gegen Mitch Haniger ist ein Strike am unteren Rand der Zone, der zweite ist deutlich zu niedrig. Beim dritten Wurf wählt McKenzie die gleiche Pitchart wie zuvor - einen Slider -, platziert ihn dieses Mal aber mitten in der Strikezone. Offenbar ist das genau der Pitch, auf den Haniger gewartet hat. Er trifft ihn tief und hart, sodass der Ball in hohem Bogen über das Spielfeld hinweg fliegt. Das ist ein Homerun, der Ball ist aus dem Spiel und Haniger sowie alle vorhandenen Runner dürfen ungehindert den Weg über die Bases bis zur Homeplate laufen. Rodríguez, Winker und Haniger erzielen somit je einen Run und es steht 3:1 für Seattle.

Als vierter Batter der Mariners tritt Eugenio Suárez an. Auch gegen ihn tut McKenzie sich schwer mit der Platzierung der Pitches, doch nach einem weiteren Full Count gelingt das Aus, als Suárez unter dem Ball hindurchschwingt. Es ist das erste Strikeout in diesem Spiel, also ein Aus, das durch den dritten Strike zustande kommt.

Ty France ist der nächste Batter. Einen Fastball am unteren Rand der Strikezone schaut er sich an, auf den nächsten haut er drauf und für einen Moment sieht es so aus, als könnte er gleich den nächsten Homerun nachlegen. Doch der Ball fliegt nicht weit genug und kann problemlos vom Leftfielder gefangen werden. Ein direkt aus der Luft gefangener Ball ist die Art von Aus, die wir in diesem Spiel noch nicht hatten: ein Flyout.

Als sechster Schlagmann tritt für die Guardians Carlos Santana an (nein, nicht der mit der Gitarre). Das At-Bat verläuft ähnlich wie das vorherige. Auch Santana lässt einen tiefen Pitch durch, in dem Fall einen Curveball, bei dem der Umpire auf Strike entscheidet. Genau wie France bekommt Santana als zweiten Pitch einen Fastball, den er hoch in die Luft schlägt, und wieder ist der Leftfielder zur Stelle, um mit dem dritten Aus das Inning zu beenden.

Wären wir jetzt live im Stadion, könnten wir einen Blick auf das Scoreboard werfen, das im Baseball traditionell folgenden Aufbau hat:

	1	2	3	4	5	6	7	8	9	R	H	E
CLE	1									1	2	0
SEA	3									3	2	0

In der Spalte für das erste Inning ist eingetragen, dass es 1:3 Runs gab. Die restlichen Innings-Spalten sind logischerweise noch leer. In der Spalte „R" stehen die Runs für das gesamte bisherige Spiel. Dies ist die wichtigste Angabe auf der Tafel. Unter „H" ist zudem die Anzahl der Basehits je Team ausgewiesen und unter „E" die Zahl der Errors, die im Feldspiel unterlaufen sind. Dafür, dass diese beiden Werte standardmäßig angegeben werden, andere wie zum Beispiel die Zahl der Walks hingegen nicht, gibt es keine wirkliche Erklärung – man hat es vor rund 150 Jahren so begonnen und schlichtweg beibehalten.

Das Spiel dauert nun noch acht weitere Innings, die vom Grundprinzip her genauso ablaufen wie das erste. Nach dem neunten Schlagmann eines Teams geht es wieder mit dem ersten los. Hin und wieder werden auch Spieler ausgewechselt. Es kann im Rahmen der zulässigen Kadergröße – in der Regel 26 Spieler – beliebig oft gewechselt werden, aber wer einmal ausgewechselt ist, darf in dem Spiel nicht wieder eingewechselt werden. Der Starting Pitcher wird normalerweise irgendwann gegen einen Relief Pitcher ausgetauscht. Das passiert meistens nach fünf bis sieben Innings und rund 100 geworfenen Pitches, manchmal aber auch deutlich früher oder erst etwas später (siehe Kapitel 6.1.3).

★ 3 ★

DIE GESCHICHTE DES BASEBALLSPORTS

3.1 MYTHEN UND FAKTEN ZUR ENTSTEHUNG DES SPIELS

Um die Entstehung des amerikanischen Nationalsports ranken sich zahlreiche Legenden. Der bekannteste Gründungsmythos besagt, dass das Spiel im Jahr 1839 auf einer Kuhweide bei Cooperstown, New York, von Abner Doubleday erfunden wurde. Das ist eine nette, allerdings komplett erfundene Geschichte. Sie geht zurück auf eine von 1905 bis 1907 aktive Kommission von Baseballfunktionären unter Leitung von Abraham Mills, eingesetzt durch den Sportartikelunternehmer Albert Spalding. Die Kommission hatte Spaldings ausdrücklichen Auftrag, zu beweisen, dass der amerikanische Nationalsport auf einen amerikanischen Vater zurückgehe und nicht etwa eine bloße Variante der britischen Spiele *Rounders* und *Kricket* darstelle.

Der Brief eines Bergbauingenieurs, der behauptete, dabei gewesen zu sein, als der spätere Bürgerkriegsheld Doubleday in Cooperstown das Spiel erfand, kam der Mills-Kommission gerade recht. Dass Doubleday 1839 nachweislich gar nicht in Cooperstown gewesen war und dass er sich selbst nie mit der Erfindung von Baseball in Verbindung gebracht hatte, wurde geflissentlich ignoriert. Die Kommission hatte ihren amerikanischen Vater des Baseballs gefunden und somit ihren Zweck erfüllt. Die Legende hielt sich ein halbes Jahrhundert lang und wirkt bis heute nach. Denn ihretwegen wurde 1939, zum vermeintlichen 100. Jubiläum des Spiels, Cooperstown zur Heimat der *Baseball Hall of Fame*.

Die Wahrheit ist, dass schon hunderte Jahre vor Doubleday Spiele mit Schläger und Ball in historischen Quellen erwähnt wurden. Die britische Schriftstellerin Jane Austen schrieb beispielsweise bereits in ihrem 1798 bis 1803 verfassten Roman *Northanger Abbey* von einem Spiel namens *Base Ball*. Ein sehr früher Vorläufer des Spiels ist *Stoolball*, von dem bereits in Quellen aus dem 11. Jahrhundert die Rede war. In den frühen 1800er-Jahren war in den östlichen USA Kricket sehr verbreitet, das später nach und nach von Baseball abgelöst wurde.

Wenn man eine einzelne Person als Erfinder des heute bekannten Spiels benennen kann, dann den New Yorker Bankangestellten Alexander Cartwright. Cartwright schrieb 1845 das erste bekannte Regelwerk für Baseball auf. Die nach seinem Klub benannten *Knickerbocker Rules* legten unter anderem fest, dass drei Strikes ein Out ergeben und drei Outs ein Inning. Ansonsten unterschieden sie sich noch recht stark von den heutigen Regeln. Zum Beispiel dauerte ein Spiel damals noch nicht neun Innings, sondern so lange, bis eines der Teams 21 Runs erzielt hatte (und das andere Team genauso oft am Schlag gewesen war wie das führende).

Der Standort des Pitchers war nicht genau geregelt; eindeutig war aber die Vorschrift, dass ein Pitch *underhand* zu werfen war, also von unten und mit steifem Handgelenk und Ellbogen. Homeruns gab es damals nicht: Es wurde üblicherweise auf einem sehr großen Feld gespielt und falls der Ball tatsächlich über selbiges hinwegsegelte, galt er als Foulball.

Es dauerte rund 50 Jahre, bis sich durch Versuch und Irrtum die Regeln herauskristallisiert hatten, die weitgehend dem heute üblichen Spiel entsprechen. Als Meilensteine können die 1884 erteilte Erlaubnis von *Überhandpitches* sowie die 1893 erfolgte Festlegung des Abstands zwischen Pitcher und Homeplate auf 60 Fuß und 6 Zoll (18,44 m) gelten. Zwischenzeitlich hatte man sich auch auf neun Innings (1856), auf neun Spieler pro Team (1856), auf die Einführung von *Called Strikes* (1858), auf den Walk nach vier Balls (1889) und leider durch ein rassistisches „Gentlemen's Agreement" auch auf den Ausschluss dunkelhäutiger Spieler aus den Major Leagues (1889) geeinigt.

Das Recht des Batters, einen hohen oder niedrigen Pitch zu verlangen, wurde 1867 eingeführt und 1887 wieder abgeschafft. Eine der allerersten Regeln ist bis heute unverändert geblieben: Der Abstand zwischen den Bases betrug schon in den *Knickerbocker Rules* von 1845 (ungefähr) 90 Fuß (27,42 m).

Seit ca. 1900 spricht man von der modernen Ära des Baseballs und meint damit, dass die Grundregeln des Spiels sich in dieser Zeit kaum noch geändert haben. Schon einige Jahre früher waren die ersten professionellen Ligen entstanden. Die erfolgreichste Gründung war die *National League*, die 1867 mit acht Teams an den Start ging.

Im Laufe der Zeit gab es immer wieder Versuche, Konkurrenzligen zu etablieren. Diese waren in der Regel von kurzer Dauer, abgesehen von einer bedeutenden Ausnahme: 1901 ging die *American League of Professional Baseball Clubs* an den Start. Sie warb für sich mit besseren Gehältern, einem familienfreundlicheren Rahmen für die Zuschauer und mit besserem Benehmen der Spieler gegenüber Schiedsrichtern und Gegnern.

Das Konzept war ein voller Erfolg und schon nach gut einem Jahr waren die Eigentümer der *National League* zur Überzeugung gelangt, dass man sich mit einem so starken Gegner lieber zusammentun sollte, anstatt ihn zu bekämpfen. Dies war die Geburtsstunde der *Major League Baseball* (MLB) als gemeinsames Dach der *National League* (NL) und der *American League* (AL). 1903 fand die erste *World Series* statt, genau wie heute als Finalserie zwischen den Siegern der NL und der AL. Die erste Meisterschaft gewannen die Boston Americans, die sich 1908 in Boston Red Sox umbenannten und das dominierende Team während der sogenannten *Dead-Ball-Ära* waren.

3.2 DIE DEAD-BALL-ÄRA UND DER BLACK-SOX-SKANDAL

Unter der *Dead-Ball-Ära* versteht man eine Phase, die ungefähr die ersten 20 Jahre des modernen Baseballs umfasste, also von ca. 1900 bis 1919. Es war die Zeit, in der sich der organisierte Baseball professionalisierte und zum unumstrittenen Nationalsport der USA wurde. Es war aber auch eine Zeit, in der die Offensivleistungen in der MLB einen historischen Tiefpunkt erreichten. 1:0 oder 2:1 waren damals typische Ergebnisse von Baseballspielen.

Die offensive Durststrecke kam durch diverse zusammenwirkende Faktoren zustande. Einer davon war die (1901 in der NL und 1903 in der AL) neu eingeführte Regel, nach der Fouls als Strikes gezählt wurden. Bis dahin wirkten sich Foulballs nicht auf den Count aus, wurden also weder als Balls noch als Strikes gewertet. Das war für den Batter ein enormer Vorteil, der ihm durch die Änderung genommen wurde.

Ein anderer prägender Faktor dieser Ära war der Ball selbst: Ein Ball wurde damals so lange benutzt, bis er auseinanderfiel, nicht selten für ein ganzes Spiel. Das bedeutete, dass der Ball im Laufe der Partie immer dreckiger und damit schlechter sichtbar wurde, obendrein wurde er weicher und verformte sich unter dem Eindruck der vielen erlittenen Schläge. Für den Batter wurde die Flugbahn des Balls daher mit zunehmender Spieldauer immer unberechenbarer.

Dies war umso mehr der Fall, als in dieser Zeit unter Pitchern der sogenannte *Spitball* populär war. Das bedeutet, dass die Pitcher die Flugeigenschaften des Balls manipulierten, zum Beispiel – daher der Name – indem sie ihn mit Kautabak bespuckten oder auch, indem sie ihn anschabten oder gegen eine Mauer warfen. Auch die Ballparks der damaligen Zeit wirkten zuungunsten der Batter: Zum einen waren sie größer als heute, sodass Homeruns deutlich schwieriger waren und von den meisten Battern gar nicht erst versucht wurden. Zum anderen gab es kein Flutlicht, was es an trüben Tagen oder bei einsetzender Dämmerung nahezu unmöglich machte, als Batter den mit Dreck und Kautabak beschmierten Ball rechtzeitig zu sehen.

Ohne in direktem Zusammenhang mit den spielerischen Eigenheiten der *Dead-Ball-Ära* zu stehen, fällt ein prägendes Ereignis der Baseballhistorie zeitlich mit ihrem Ende zusammen: der *Black-Sox-Skandal* um die *World Series* 1919. Die Cincinnati Reds besiegten damals die Chicago White Sox in einer Best-of-Nine-Serie mit 5:3-Spielen.

Schon vor dem Beginn der Serie waren allerdings Gerüchte um eine mögliche Manipulation aufgekommen. Bei den Buchmachern wurden auffällig hohe Summen auf einen Sieg der Reds gesetzt. Wie sich später herausstellte, steckte dahinter der Mafiaboss Arnold Rothstein, der mehreren Spielern der White Sox Bestechungsgelder angeboten hatte, damit sie die Serie verlieren. Rothstein stieß auf offene Ohren, da viele White-Sox-Akteure ohnehin verärgert über ihren Teambesitzer Charles Comiskey waren, der niedrige Löhne zahlte und sogar am Waschmittel für die Uniformen sparte (was neben dem geflossenen Schwarzgeld ein weiterer Grund für die Etablierung des Begriffs „Black Sox" war).

Die Spieler Chick Gandil, Eddie Cicotte, Lefty Williams, Charles Risberg, Oscar Felsch und Fred McMullin ließen sich bestechen und sorgten dafür, dass die Reds, wie geplant, die Serie gewannen. Da Rothstein zwischenzeitlich Probleme hatte, die ausgelobte Summe von 100.000,- US-Dollar vollständig zu bezahlen, behalf er sich zusätzlich mit Morddrohungen gegen Williams' Familie. Er erreichte, dass Williams das entscheidende Spiel durch absichtlich locker geworfene Pitches aus der Hand gab.

Die Vorgänge kamen in den folgenden Monaten nach und nach ans Licht, allerdings konnten sich vor Gericht alle Beteiligten aus der Affäre ziehen. Die MLB selbst, geführt von ihrem kompromisslosen Commissioner Kenesaw Mountain Landis, griff härter durch und sperrte die sechs bestechlichen Spieler auf Lebenszeit. Ebenfalls lebenslang gesperrt wurden die Spieler Buck Weaver und „Shoeless" Joe Jackson, die Mitwisser waren, sich aber nicht an den Manipulationen beteiligt hatten. Das

Urteil gegen diese beiden wurde und wird als sehr hart empfunden, vor allem, weil es mit Jackson einen der herausragenden Spieler seiner Zeit traf und bis heute seine Aufnahme in die *Hall of Fame* verhindert. Die Tragik dieses Vorfalls hat mehrere Hollywoodfilme inspiriert, zum Beispiel *Eight Men Out* (1988) oder *Field of Dreams* (1989).

3.3 DER BALL LEBT WIEDER

Eine Reihe von Maßnahmen um das Jahr 1920 führte dazu, dass MLB-Baseball wieder offensivlastiger wurde und deutlich mehr Runs erzielt wurden. Die Herstellung der Bälle wurde optimiert, unter anderem, indem sie einen Korkkern anstelle von Gummi erhielten. Der *Spitball*, also das Manipulieren des Balls durch den Pitcher, wurde untersagt und es wurde festgelegt, dass jeder während des Spiels verdreckte Ball sofort auszutauschen war.

In vielen Ballparks wurden zusätzliche Tribünen hinter dem Outfield gebaut, was meistens mit einer Verkleinerung des Feldes um einige Meter einherging. Dadurch wurde der Homerun deutlich populärer. Als Vorreiter einer neuen Herangehensweise beim Batting, die bewusst auf das häufige Erzielen von Homeruns ausgelegt ist, gilt **Babe Ruth**. Der Aufstieg von Ruth zur Baseballlegende ist somit untrennbar mit dem Ende der *Dead-Ball-Ära* verbunden. Babe Ruth ist in Kap. 4.4 ein eigener Teil dieses Buchs gewidmet, aber man kann die Historie des Baseballs unmöglich erzählen, ohne ihn schon hier zu erwähnen.

Ruths Wechsel von den Boston Red Sox zu den New York Yankees ist ein weiteres Ereignis, das die Geschichte des Sports nachhaltig geprägt hat. Mit Ruth waren die Red Sox die Nummer eins im Baseball, was durch die gewonnenen *World Series* 1915, 1916 und 1918 untermauert wurde. 1920 verkaufte der damalige Eigentümer der Red Sox, Harry Frazee, Ruth für 125.000,- US-Dollar an die New York Yankees. Diese Transaktion gilt als einer der größten Fehler der Baseballgeschichte. Ruth entwickelte sich von einem bereits sehr guten zum möglicherweise besten Spieler aller Zeiten.

Gleich in seinem ersten Jahr in New York schlug er 54 Homeruns und pulverisierte damit den Rekord von 29, den er selbst im Jahr zuvor erst aufgestellt hatte. Die Yankees, die bis dahin noch nie die *World Series* erreicht hatten, schwangen sich zum dominierenden Team ihrer Sportart auf. Sie sind inzwischen Rekordmeister mit 27 World-Series-Siegen, vier davon unter Beteiligung von Babe Ruth. Die Red Sox hingegen mussten nach dem Verkauf von Ruth sage und schreibe 86 Jahre darauf warten, bis sie 2004 erstmals wieder eine *World Series* gewannen und damit endlich den „Fluch des Bambino" durchbrachen.

Ruth war nicht der Einzige, der das Ende der *Dead-Ball-Ära* durch Offensivrekorde markierte. George Sisler beispielsweise setzte 1920 die Marke von 257 Basehits in einer Saison. Dieser Rekord hielt 84 Jahre, bis 2004 Ichiro Suzuki 262 Hits erzielte.

Auf der anderen Seite brachen die Statistiken der meisten Pitcher ein und erreichten in vielerlei Hinsicht nie mehr das Niveau der *Dead-Ball-Ära*. Die 511 gewonnenen Spiele in der Karriere von Cy Young (siehe Kap. 4.1), die 48 kompletten Spiele und 41 Siege in nur einem Jahr (1904) von Jack Chesbro sowie Dutch Leonards ERA von 0.96 bei 36 Saisoneinsätzen 1914 sind Rekorde, die vermutlich für alle Zeiten Bestand haben werden.

3.4 INTEGRATION UND EXPANSION

Einen weiteren Rekord für die Ewigkeit stellte vom 15. Mai bis zum 16. Juli 1941 Joe DiMaggio auf, indem er in 56 Spielen am Stück jeweils mindestens einen Hit erzielte. Diese Marke wurde weder vorher noch nachher auch nur annähernd erreicht. Wenige Monate nach diesem sportlichen Meilenstein erreichte mit dem japanischen Überfall auf Pearl Harbor der Zweite Weltkrieg die USA.

Der Krieg war eine tiefe Zäsur nicht nur für die Welt-, sondern auch für die Baseballgeschichte. Präsident Roosevelt selbst ermunterte die MLB, die Saison 1942 auszutragen. Der Sport sei als Ablenkung von den Sorgen und der harten Arbeit, die der Krieg mit sich bringen würde, höchst willkommen. Also wurde in allen Kriegsjahren in vollem Umfang weitergespielt. Natürlich gab es Einschränkungen, zum Beispiel wurde weitgehend auf Vorbereitungsspiele verzichtet und Reisetätigkeiten wurden reduziert. Darüber hinaus folgten hunderte Spieler dem Ruf, in den Krieg zu ziehen, sodass die Teams mit weniger talentierten oder älteren Spielern aufgefüllt werden mussten und das Spielniveau entsprechend litt.

So furchtbar der Krieg auch war, eröffnete er doch in einigen Bereichen neue Möglichkeiten. Zum Beispiel trug die Notwendigkeit, tagsüber alle verfügbaren Arbeitskräfte zu nutzen, dazu bei, dass nahezu alle Ballparks mit Flutlichtanlagen ausgestattet wurden, um Spiele vermehrt in den Abendstunden austragen zu können. Darüber hinaus erfuhren während der Kriegsjahre sowohl Frauen-Baseball als auch die Negro Leagues für dunkelhäutige Spieler deutlich steigenden Zuspruch. Die von 1943 bis 1954 bestehende *All-American Girls Professional Baseball League* (AAGPBL) war bis heute die erfolgreichste Frauen-Baseballliga der Geschichte.

1945 endete nicht nur der Krieg, sondern es wurde auch das Ende eines der beschämendsten Kapitel in der Geschichte der MLB eingeläutet. Die Überwindung der Rassentrennung ging vor allem auf zwei Personen zurück: zum einen auf den damaligen General Manager der Brooklyn Dodgers, Branch Rickey, zum anderen auf den MLB-Commissioner Happy Chandler. Chandler war der deutlich offener eingestellte Nachfolger des 1944 verstorbenen Kenesaw Landis, welcher früheren Integrationsbestrebungen klare Absagen erteilt hatte.

Rickey ließ mit Chandlers Rückendeckung schwarze Talente sichten, zunächst unter dem Vorwand, die Dodgers wollten ein neues Negroteam gründen. Seine Absicht war aber von vornherein, die Rassenbarriere im Baseball aufzuheben. Zu diesem Zweck suchte er nach einem Spieler mit sowohl dem sportlichen Talent als auch der mentalen Stärke für die ihm zugedachte Pionierrolle.

Im Oktober 1945 machte Rickey Ernst mit seinem Vorhaben, indem er Jackie Robinson (siehe Kap. 4.6) vom Negroteam Kansas City Monarchs unter Vertrag nahm und ihn zunächst für die Montreal Royals, den Minor-League-Partner der Dodgers, einsetzte. Nach einer Saison für die Royals wurde Robinson in das MLB-Team befördert und am 15. April 1947 bestritt er sein erstes Spiel für die Brooklyn Dodgers. Trotz zahlreicher Anfeindungen und Drohungen von innerhalb und außerhalb des eigenen Klubs etablierte Robinson sich in der Liga und bereitete damit den Weg dafür, dass das Zusammenspiel schwarzer und weißer Sportler bald zu einer Selbstverständlichkeit wurde.

Die nächste große Entwicklung im professionellen Baseball war die Expansion der MLB, was sowohl räumlich als auch zahlenmäßig zu verstehen ist. Der erste große Schritt war die Verlegung gleich zweier traditionsreicher New Yorker Franchises an die Westküste, die bis dahin noch Niemandsland auf der Landkarte des Baseballs gewesen war. Die damaligen Besitzer der Erzrivalen, Walter O'Malley (Brooklyn Dodgers) und Horace Stoneham (New York Giants), traten 1958 gemeinsam an den Bürgermeister von San Francisco heran, um ihn für die Aufnahme der Giants zu gewinnen, nachdem der Umzug der Dodgers nach Los Angeles bereits beschlossene Sache war. Der Plan ging auf. Trotz massiver Proteste der New Yorker Fans verließen beide Teams im gleichen Jahr die Metropole gen Westen und die traditionelle Rivalität übertrug sich nahtlos auf die neuen Standorte, wo sie bis heute intensiv gepflegt und gelebt wird.

In den folgenden 30 Jahren wurde die Liga, die zuvor 60 Jahre lang immer aus 16 Teams bestanden hatte, in mehreren Schritten auf ihre heutige Größe von 30 Teams ausgebaut. Diese verteilen sich über das gesamte Gebiet der USA, wenngleich der geografische Schwerpunkt der MLB nach wie vor im Nordosten liegt. Zwei Teams wurden zudem im Nachbarland Kanada angesiedelt, 1969 die Montreal Expos in der NL und 1977 die Toronto Blue Jays in der AL. Die Expos wurden 2005 unter dem neuen Namen Nationals nach Washington verlegt, sodass die Blue Jays heute die einzige MLB-Franchise sind, die ihre Heimat außerhalb der USA hat.

3.5 DAS ZEITALTER DES HOMERUNS UND DIE ROLLE LEISTUNGSFÖRDERNDER SUBSTANZEN

Die jüngsten 30 Jahre der MLB-Geschichte werden wohl hauptsächlich für den massiven Anstieg der Rolle des Homeruns in Erinnerung bleiben. Dieser vollzog sich in zwei Phasen, von welchen die erste recht gut untersucht und hinsichtlich ihrer Ursachen geklärt ist.

Ab Mitte der 1990er-Jahre erlebte der professionelle Baseball eine plötzliche, massive Zunahme von Homeruns. Von 1994 bis 2009 lag der Durchschnitt in jedem Jahr bei zwei Homeruns oder mehr pro Spiel; vorher waren es (mit Ausnahme von 1987: 2,12 pro Spiel) immer deutlich weniger. Die Marke von 50 Homeruns in einem Jahr, die zwischen 1961 und 1994 nur dreimal knapp geknackt worden war, wurde auf einmal von zahlreichen Spielern durchbrochen. Marc McGwire stellte 1998 mit 70 Homeruns einen neuen Rekord auf, 2001 übertraf Barry Bonds (siehe Kap. 4.9) diesen mit 73 Homeruns in einem Jahr.

Die Zunahme spektakulärer Aktionen wurde zunächst allseits begrüßt und half dem Baseball, seine Popularität zu steigern, nachdem diese unter einem Spielerstreik 1994 etwas gelitten hatte. Allerdings gerieten die Heldentaten von McGwire, Bonds und Co. bald unter Verdacht, dass etwas nicht mit rechten Dingen zuging. Tatsächlich gab McGwire zu, während seiner Rekordsaison 1998 das Steroid Androstendion benutzt zu haben. Die Substanz war damals in mehreren Sportarten bereits verboten, nicht aber in der MLB. Die Liga beließ es jahrelang bei sanften Ermahnungen in Bezug auf leistungsfördernde Mittel.

Erst 2003 wurden flächendeckende Dopingtests eingeführt und 2005 eindeutige Verbote und Strafenkataloge festgelegt. Der Zeitraum von den 1990er-Jahren bis zur Mitte der 2000er-Jahre wird heute schuldbewusst als die *Steroidära* des Baseballs bezeichnet. Obwohl nur wenige herausragende Akteure aus dieser Zeit des Dopings handfest überführt wurden oder Geständnisse abgelegt haben, werden sämtliche in jenem Zeitraum erzielten Leistungen und Rekorde heute mit Vorsicht genossen und oft mit einer Klammer oder Fußnote versehen.

Das verstärkte Durchgreifen der MLB gegen leistungsfördernde Substanzen machte sich unter anderem darin bemerkbar, dass die Zahl der Homeruns zunächst wieder zurückging. Seit 2015 ist jedoch eine zweite Welle vermehrter Homeruns zu beobachten. 2019 wurden mit 2,78 Homeruns pro Spiel und 6.776 Homeruns in der gesamten Saison Rekorde aufgestellt, die sogar die Zahlen aus der Kernzeit der *Steroidära* in den Schatten stellen. Natürlich kamen direkt wieder Spekulationen um ein neues Dopingproblem auf. Das ist nicht auszuschließen, gilt aber in Anbetracht der verbesserten Kontrollen und allgemein gestiegener Sensibilität als unwahrscheinlich. Zahlreiche andere Ursachen wurden diskutiert, von veränderten Offensivphilosophien der Teams bis hin zum Klimawandel.

Als prominenteste unter den zahlreichen Theorien hat sich diejenige herauskristallisiert, die die Entwicklung auf eine veränderte Beschaffenheit der Bälle zurückführt. Die Bälle seien „juiced", also „gedopt", um weiter zu fliegen und für mehr aufsehenerregende Szenen zu sorgen, so wurde von vielen behauptet. Allerdings verneinte sowohl die Ligaleitung als auch die Firma Rawlings als Hersteller der Bälle, dass es bewusste Änderungen gegeben habe.

Um der Sache auf den Grund zu gehen, setzte MLB-Commissioner Rob Manfred eine 10-köpfige Forschungsgruppe aus Physikern, Mathematikern und Statistikern ein. Die Gruppe wertete Daten der MLB und von Rawlings sowie die Ergebnisse vorhandener Studien aus und führte zudem eigene Tests unter Laborbedingungen an benutzten und unbenutzten Bällen durch. Die Resultate der Untersuchung legen nahe, dass die steigenden Homerunzahlen tatsächlich auf die Bälle zurückzuführen sind. Konkret stellten die Wissenschaftler fest, dass die seit ca. 2015 hergestellten Bälle weniger Luftwiderstand erfahren und dadurch weiter fliegen. Dieser Effekt macht rund 6 Fuß (1,83 m) an zusätzlicher Flugdistanz bei einem durchschnittlichen Homerun aus – genug, um den Anstieg der Zahlen zu erklären.

Durch die Erkenntnisse der Untersuchung sind diverse andere Erklärungsansätze als widerlegt anzusehen. Wettereffekte spielen demnach kaum eine Rolle und auch eine veränderte Herangehensweise der Spieler, die auf mehr Fly-Balls abzielt, ist nicht der Grund für vermehrte Homeruns – vielmehr hat sich der durchschnittliche Winkel, in dem die Bälle geschlagen werden, in den betrachteten Jahren kaum verändert.

Nicht exakt klären konnte die Untersuchung, was genau an den Bällen anders ist als früher. Rawlings und die MLB beteuern nach wie vor, dass es keine gezielten Veränderungen am Material oder am Produktionsprozess gab und angesichts des gezeigten Aufklärungswillens gibt es wenig Grund, dies anzuzweifeln. Die Vermutung ist, dass kleine Fortschritte bei der Produktion, durch die der Ball mit der Zeit runder und symmetrischer wurde, zu der Nebenwirkung führten, dass der Ball weniger flattert und somit besser und weiter geschlagen werden kann.

Eine Rolle dürfte auch die Lagerung der Bälle spielen. In zwei besonders homerunfreundlichen Stadien, Coors Field in Denver und Chase Field in Phoenix, wurde damit begonnen, die Bälle vor den Spielen in einem speziellen temperatur- und feuchtigkeitsregulierten Raum aufzubewahren. Tatsächlich ist die Zahl der Homeruns dadurch etwas zurückgegangen. Seit 2022 schreibt die MLB diese Art der Aufbewahrung für alle Ballparks vor.

3.6. BASEBALL IN DEN 2020ER JAHREN

Das aktuelle Jahrzehnt begann für den Baseballsport mit einem Paukenschlag der hässlichsten Sorte. Gemeint ist nicht die Coronapandemie, von der gleich noch zu reden sein wird, sondern der sogenannte Sign-Stealing-Skandal, der im Januar 2020 ans Licht kam. Im Fokus stand das Team der Houston Astros für Vorkommnisse, die sich über die Saison 2017 und in Teile der Saison 2018 erstreckten. Kurz zur Einordnung: Sign-Stealing bedeutet, dass man die Zeichen beobachtet und entschlüsselt, die Catcher und Pitcher des Gegners austauschen, um den jeweils nächsten Pitch zu verabreden. Das Bestreben, ihnen dabei in die Karten zu schauen und diesen Vorteil für sich zu nutzen, ist schon immer Teil des Spiels und prinzipiell nicht verboten. Unfair bis kriminell wird das Ganze jedoch, wenn die Gegner sich dabei unerlaubter technischer Hilfsmittel bedienen. Das haben vor den Astros schon andere Teams versucht und sich teilweise dabei erwischen lassen, aber noch nie wurde ein so ausgefeiltes Sign-Stealing-System aufgedeckt wie beim World-Series-Gewinner von 2017.

Bekannt wurde das Thema durch ein Interview von Mike Fiers. Der ehemalige Pitcher der Astros berichtete in The Athletic, dass sein Team bei den Heimspielen eine Videokamera im Centerfield platziert hatte, die die Handzeichen des generischen Catchers auffing. Hinter dem Dugout verfolgten Spieler und andere Angestellte den Videostream und signalisierten dem Schlagmann den jeweils kommenden Pitch – wer schon mal Baseball gespielt hat, weiß, was für ein enormer Vorteil dieses Wissen ist. Die Signale an die Batter erfolgten auf unterschiedlichen Wegen. Besondere Berühmtheit erlangte das Verfahren per Klopfen auf eine Mülltonne.

Die Ligaleitung leitete nach dem Bekanntwerden der Vorwürfe eine zweimonatige Untersuchung ein. Es wurden Aufnahmen sämtlicher Heimspiele der Astros im betreffenden Zeitraum gesichtet und 68 Zeugen befragt, darunter 23 Spieler. Schließlich sah man den Regelverstoß als erwiesen an und verkündete lange Sperren gegen mehrere Trainer und Manager der Astros. Darüber hinaus verloren die Astros ihre Erst- und Zweitrundenpicks in den beiden folgenden Drafts und mussten 5 Millionen Dollar Strafe zahlen. Interessant und diskussionswürdig ist, welche Strafen **nicht** ausgesprochen wurden: Obwohl zum ersten Mal seit dem Black-Sox-Skandal (siehe Kap. 3.4) nachgewiesen wurde, dass es bei einer Meisterschaft nicht mit rechten Dingen zugegangen war, durften die Astros den Titel der Saison 2017 behalten. Die an dem System beteiligten Spieler blieben allesamt straffrei. Die MLB argumentierte, dass die Spieler erstens deshalb verschont wurden, weil sie allesamt kooperierten und zur Aufklärung des Falles beitrugen. Zweitens sei angesichts der Vielzahl der Beteiligten nicht zu differenzieren, welche Spieler Rädelsführer des Systems waren und welche nur Mitläufer oder Mitwisser. Namentlich genannt wurde von den Spielern lediglich Outfielder Carlos Beltrán. Er erhielt ebenfalls keine formale Strafe, jedoch verlor er wegen seiner Rolle in dem Skandal den Managerposten bei den New York Mets, den er gerade erst angetreten hatte.

Sogar der informellen Strafe, nach dem Bekanntwerden des Skandals in den gegnerischen Stadien ausgebuht zu werden, konnten die Houston Astros weitgehend entrinnen. Denn kurz vor dem geplanten Saisonbeginn Ende März 2020 hatte Corona die Welt in den Griff genommen. Die MLB konnte zunächst nicht starten und beschränkte sich schließlich auf eine verkürzte Saison ab Ende Juli mit nur 60 Spieltagen und einem anschließenden Play-off-Turnier an neutralen Orten, jeweils ohne Zuschauer in den Stadien. Auch die Saison 2021 wurde durch Limitierungen der Zuschauerzahlen, Reisebeschränkungen zwischen USA und Kanada sowie kleinere Auflagen von der Pandemie beeinflusst, fand aber ansonsten in normalem Umfang statt.

2022 war die Pandemie in den USA in der öffentlichen Wahrnehmung weit in den Hintergrund gerückt, dafür geriet die MLB-Saison aus anderen, hausgemachten Gründen in Gefahr. Ligaleitung und Teambesitzer auf der einen und die Spielergewerkschaft MLBPA auf der anderen Seite stritten monatelang um die Inhalte eines neuen Rahmentarifvertrages, des sogenannten Collective Bargaining Agreement (CBA). Die meisten Streitpunkte drehten sich um Finanzfragen wie die zukünftige Höhe der Mindestgehälter und der Luxury-Tax-Grenze, also der Deckelung von Spielergehältern je Team.

Die Eigentümer versuchten, die Spieler mittels einer mehr als drei Monate währenden Aussperrung unter Druck zu setzen, was die Fronten verhärtete und zu wochenlanger Funkstille zwischen den Verhandlungspartnern führte, obwohl beide Seiten dadurch massive finanzielle Verluste erlitten. Man einigte sich schließlich im März 2022 gerade rechtzeitig, um die Saison mit einer Woche Verspätung, aber noch für die volle Länge von 162 Spielen beginnen zu können.

Verhandelt und beschlossen wurden im Rahmen des neuen CBA neben den finanziellen Regelungen auch die ligaweite Einführung des Designated Hitters sowie eine Ausweitung der Play-offs. Diese beiden Punkte waren weniger strittig, weil sie den Interessen der Spieler und der Eigentümer gleichermaßen entsprachen.

Generell ist die Liga unter der aktuellen Leitung von Rob Manfred sehr aufgeschlossen gegenüber Regeländerungen, die dem Ziel dienen, das Spiel schneller und attraktiver zu machen – und somit die seit 15 Jahren rückläufigen Zuschauerzahlen zu stützen. Auch zur Saison 2023, die bei Drucklegung dieser Auflage gerade begonnen hat, gibt es einige Neuerungen: Die Pitcher werden nun von einer Pitch Clock gezwungen, den Ball innerhalb von 15 Sekunden (ohne vorhandene Baserunner) bzw. 20 Sekunden (mit Baserunnern) zu werfen; die Bases wurden vergrößert, um zu mehr Baserunning zu animieren und Verletzungen zu verhindern (siehe Kap. 2.1.1); das Stellungsspiel in der Defensive wurde eingeschränkt (siehe Kap. 6.4.2).

Üblicherweise werden Anpassungen der Regeln zunächst in den Minor Leagues getestet, bevor sie in der MLB eingeführt werden. Eine Entwicklung, die sich bereits auf diesem Weg befindet und schon bald Serienreife erlangen könnte, ist der Einsatz sogenannter Robo-Umpires. Das bedeutet nicht wirklich, dass die Schiedsrichter durch Roboter ersetzt werden, sondern dass sie möglicherweise demnächst Unterstützung durch ein System erhalten, das automatisch Balls und Strikes unterscheidet.

★ 4 ★

DIE 10 GRÖSSTEN BASEBALLSPIELER ALLER ZEITEN

4.1 CY YOUNG

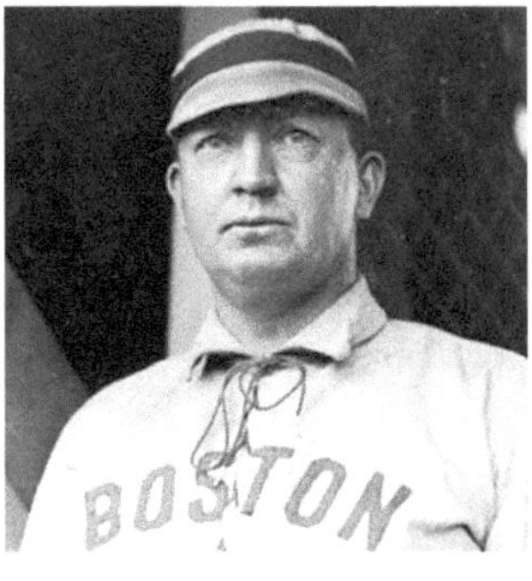

MLB-Karriere: 1890-1911

Hauptteams: Cleveland Spiders, Boston Americans (später Red Sox)

"I probably won more big league games than you'll ever see."

- Cy Young[1]

Der Name Cy Young ist bis heute in aller Munde. Jahr für Jahr wetteifern die Werfer in der MLB um den Cy-Young-Award für den besten Pitcher der Saison. Genau wie man es erwarten würde, war der Namensgeber dieser Auszeichnung selbst ein ganz hervorragender Pitcher. Er prägte die Frühphase des professionellen Baseballs wie kaum ein anderer.

Denton True Young begann seine Profikarriere 1890 im Alter von 23 Jahren mit einem kurzen Gastspiel in der Tri-State-League in Canton, Ohio. In dieser Zeit erwarb er den Spitznamen „Cyclone", nachdem sein extrem harter

1 Browning (2000, S. 205).

Fastball im Training einige Schilder umgeworfen hatte, sodass es aussah wie ein Sturmschaden. Der Name blieb in der verkürzten Version „Cy" für immer haften. Nach wenigen Monaten in Canton wechselte Young in die *National League* zu den Cleveland Spiders. Dort etablierte er sich schnell als dominierender Pitcher. 1892 führte er die National League sowohl mit den meisten Wins (36) als auch mit dem niedrigsten ERA (1.93) an. 1895 gewann er mit den Spiders die damalige Meisterschaft, den *Temple Cup*.

1901 gründete sich die *American League* und Young war einer der ersten Topspieler, die in die neue Liga überliefen. Mit den Boston Americans, den späteren Red Sox, holte er gleich in ihrem ersten Jahr die sogenannte *Triple Crown* der *American League*, indem er sie in Strikeouts, Wins und ERA anführte. 1903 warf er den ersten Pitch der ersten *World Series*. Das erste Spiel ging gegen die Pittsburgh Pirates verloren, doch im weiteren Verlauf der Serie steuerte Young zwei der fünf Siege bei, mit denen Boston letztendlich die Meisterschaft gewann.

Cy Young hält zahlreiche Rekorde, die aller Voraussicht nach niemals übertroffen werden. Das liegt natürlich auch daran, dass das Spiel sich verändert hat. Young spielte in der pitcherfreundlichen *Dead-Ball-Ära* (siehe Kap. 3.2) und zudem in einer Zeit, in der man Pitchern weitaus häufigere und längere Einsätze zumutete, als es heute üblich ist (siehe Kap. 6.1.3). Youngs 7.356 gepitchte Innings gelten ebenso als ein Wert für die Ewigkeit wie seine 815 Spiele als Starter, seine 746 Complete Games und seine 511 Wins.

Youngs nach eigener Aussage größte Stunde schlug am 5. Mai 1904 in einem Spiel der Red Sox gegen die Philadelphia Athletics. Young gelang an diesem Tag das erste *Perfect Game* des 20. Jahrhunderts, zugleich das erste aus der bis heute üblichen Pitchingdistanz. Es war der zweite von insgesamt drei No-Hittern in seiner Karriere.

Cy Young wurde 1937 in die *Hall of Fame* gewählt. Nach seiner Zeit als Baseballstar lebte er in bescheidenen Verhältnissen als Untermieter eines befreundeten Ehepaars in Ohio und arbeitete zeitweise als Verkäufer in einem Geschäft. Er starb 1955 im Alter von 88 Jahren. Ein Jahr nach seinem Tod wurde der nach ihm benannte Award eingeführt.

4.2 TY COBB

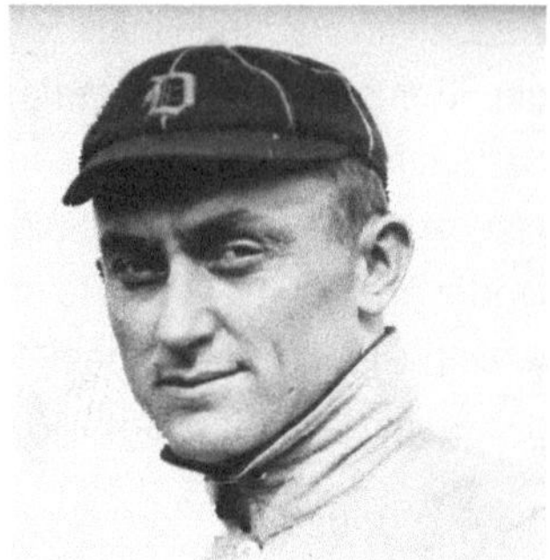

MLB-Karriere: 1905-1928

Hauptteam: Detroit Tigers

"[Baseball is] a struggle for supremacy, a survival of the fittest. I had to fight all my life to survive. They were all against me, but I beat the bastards and left them in the ditch."

- Ty Cobb[2]

In der *Dead-Ball-Ära* glänzten zwar vor allem die Pitcher und so sind es Namen wie Cy Young, Walter Johnson oder Christy Mathewson, die aus dieser Zeit haften geblieben sind. Doch es gab auch überragende Schlagmänner im frühen 20. Jahrhundert. Honus Wagner ist hier ebenso zu nennen wie „Shoeless" Joe Jackson und besonders Tyrus Raymond Cobb. Ty Cobb setzte Maßstäbe, von denen einige trotz aller die Offensive fördernden Veränderungen des Spiels immer noch unerreicht sind.

Zwar war Cobb seiner Zeit entsprechend nicht für viele Homeruns bekannt. Nur einmal führte er in dieser Kategorie die Liga an, 1909 mit aus heutiger Sicht lächerlichen neun Homeruns. Auch diese Zahl ist jedoch beeindruckend angesichts der Tatsache, dass kein Einziger der neun Hits über den Zaun ging - es waren allesamt Inside-the-Park-Homeruns. In anderen Statistiken lag Cobb regelmäßig ganz vorne, vor allem beim *Batting Average*. Mit einem Karriere-Schlagdurchschnitt von .366 führt er noch heute die ewige Rangliste an. 23 seiner 25 Saisons beendete er mit einem Average von über .300, 12 davon mit dem jeweils höchsten Average der Liga. 4.189 Hits, 2.244 erzielte Runs, 3.034 absolvierte Spiele, 11.434 At Bats, 5.854 Total Bases waren zum Zeitpunkt seines Karriereendes ebenfalls Rekorde, die allesamt mehrere Jahrzehnte lang hielten.

---

2 Cohen (2015, S. 3).

Cobb war ein sehr intelligenter Spieler. Er verstand es, die Schwächen gegnerischer Pitcher und Feldspieler zu analysieren und auszunutzen, um Hits zu erzielen und Bases zu stehlen. Andererseits galt er sowohl auf dem Feld als auch jenseits davon als unangenehmer Charakter, als hitzköpfig, egoistisch und extrem ehrgeizig. Er ging selten einer Prügelei aus dem Weg und wurde häufig unfairer Aktionen beschuldigt. In mehreren Fällen fügte er Gegenspielern Verletzungen zu, indem er mit hohem Bein zur Base rutschte, einmal ging er auf einen Zuschauer auf der Tribüne los und nach einer Attacke auf einen Hotelangestellten wurde ihm gar versuchter Mord vorgeworfen. Da dieser Angestellte schwarz war und Cobb diverse weitere verbale und körperliche Auseinandersetzungen mit dunkelhäutigen Menschen hatte, wurde ihm Rassismus unterstellt.

Dieser Vorwurf geht wahrscheinlich zu weit, denn Cobb war auch ein früher und vehementer Verfechter davon, schwarze Spieler zu integrieren und ihnen die Anerkennung zu gewähren, die sie durch ihre Leistung verdient haben. Es trifft wohl eher zu, dass Cobb die Neigung hatte, sich unter Menschen, unabhängig von Herkunft oder Hautfarbe, wenige Freunde und viele Feinde zu machen.

Seinen persönlichen Leistungen und Rekorden zum Trotz gewann Cobb nie eine Meisterschaft – weder in seiner langen Zeit bei den Detroit Tigers (1905-1926), obwohl er mit ihnen 1907 bis 1909 dreimal hintereinander in der *World Series* stand, noch in den beiden letzten Jahren seiner Karriere bei den Philadelphia Athletics.

Ty Cobb wurde 1936 als eines der ersten fünf Mitglieder der *Baseball Hall of Fame* gewählt und erhielt mit 98 % den höchsten Stimmenanteil innerhalb dieser Gruppe. Er starb 1961 im Alter von 74 Jahren an Prostatakrebs.

4.3 WALTER JOHNSON

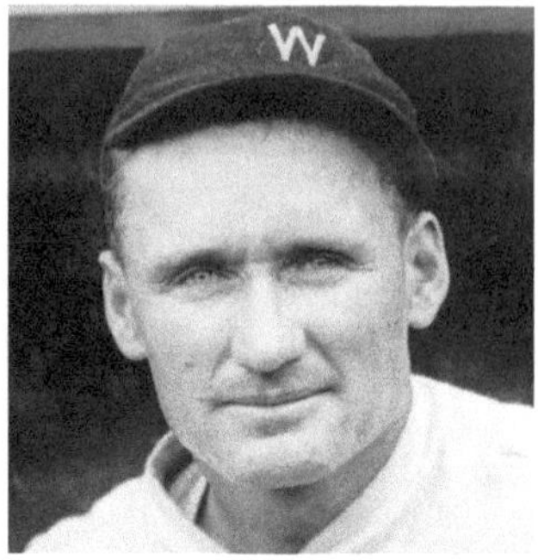

MLB-Karriere: 1907-1927

Hauptteam: Washington Senators

"From the first time I held a ball it settled in the palm of my right hand as though it belonged there."

– Walter Johnson[3]

Wer war der beste Pitcher der *Dead-Ball-Ära*? Nach allem, was wir vor ein paar Seiten über Cy Young gelesen haben, sollte man meinen, die Frage wäre leicht zu beantworten. Das ist sie nicht, ganz im Gegenteil. Seit über 100 Jahren besteht Uneinigkeit darüber, ob Cy Young oder Walter Johnson der bessere Werfer war.

Für Youngs Verehrer thronen über allem die 511 Wins in seiner Karriere – fast 100 mehr als Johnson, der mit 417 immerhin den zweiten Platz in der ewigen Rangliste belegt. Bei der Interpretation von Pitcher-Wins ist allerdings Vorsicht angebracht. Denn ob einem Pitcher ein Sieg gutgeschrieben wird, hängt nicht nur von seiner eigenen Leistung, sondern auch ganz massiv von der seiner Mitspieler am Schlag und im Feld ab (siehe Kap. 7.2). Cy Young hatte das Glück, während seiner Laufbahn fast immer für starke Teams zu spielen.

Walter Johnson hatte dieses Glück nicht. Er trat während seiner gesamten Profikarriere ausschließlich für die Washington Senators an. Mit diesen erreichte er zwar zweimal die *World Series* und gewann eine davon, aber über die gesamten 21 Jahre hinweg waren die Senators ein bestenfalls mittelmäßiges Team. Johnson musste sich somit, um Outs zu generieren und die Chance auf einen Sieg zu haben, stärker auf seine eige-

3 Thomas (1998, S. 5).

nen Fähigkeiten verlassen als Young oder jeder andere Pitcher in einem dauerhaft konkurrenzfähigen Team. Das gelang ihm vor allem dadurch, dass er es auf 3.509 Strikeouts brachte - ein Wert, der damals jeden Vergleich sprengte und in der MLB-Historie bis heute nur von acht Pitchern übertroffen wurde. Keiner davon war zu der Zeit, als Johnson den Rekord aufstellte, überhaupt geboren.

Das Vermächtnis von Walter Johnson, genannt *The Big Train*, ist das des ersten großen Power-Pitchers der Geschichte. Sein Hauptpitch war ein schneller, gerader *Fastball*, den er mit einer Sidearmtechnik warf. Radarpistolen waren damals noch nicht im Einsatz, doch zwei Experimente - das erste ein Vergleich mit einem fahrenden Motorrad, das zweite ein Wurf gegen ein Pendel - bezifferten Johnsons Pitches jeweils auf 99,7 Meilen pro Stunde (160,5 km/h). Das wäre auch in der heutigen MLB ein Wert der Spitzenklasse; für damalige Verhältnisse war er völlig einzigartig.

Johnson brachte es in seiner Karriere auf einen ERA von 2.17 und gewann dreimal (1913, 1918, 1924) die *Triple Crown* der *American League*. Seine 110 Shutouts, also Spiele „zu null", sind MLB-Rekord. Zum Vergleich: Die meisten Shutouts eines noch aktiven Pitchers hatte zu Beginn der Saison 2019 Clayton Kershaw auf dem Konto und zwar ganze 15.

Walter Johnson war nach seiner aktiven Zeit für einige Jahre als Manager tätig, von 1929 bis 1932 in Washington und von 1933 bis 1935 für die Cleveland Indians. Mit einer Gesamtbilanz von 529 Siegen und 432 Niederlagen war er auch in dieser Rolle erfolgreich, wenngleich seine Teams nie in die Nähe eines Titels kamen. 1936 gehörte Johnson zu den ersten fünf Spielern, die in die *Hall of Fame* gewählt wurden. Er starb 1946 an einem Gehirntumor.

4.4 BABE RUTH

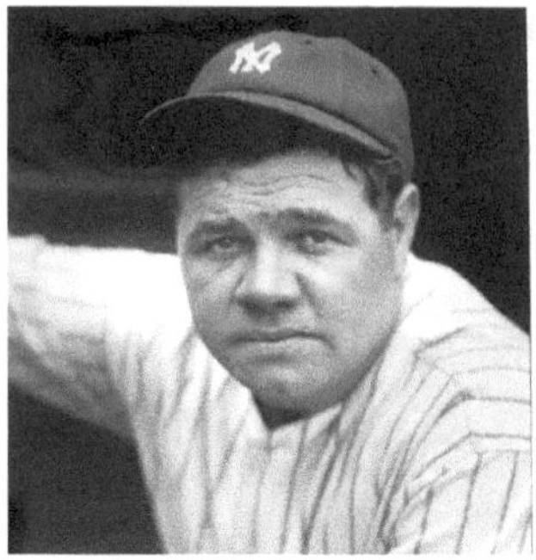

MLB-Karriere: 1914-1935

Hauptteam: New York Yankees

"I am out for a home run every time I get to bat. I hit or miss big."
- Babe Ruth[4]

Wäre die Reihenfolge der 10 größten Baseballspieler in diesem Buch nicht chronologisch, sondern nach Wichtigkeit geordnet, so würde George Herman Ruth ohne Diskussion auf Rang eins stehen. Er war ein Superstar, wie ihn der Baseball zuvor nicht gekannt hatte und an dem sich bis heute jeder andere messen lassen muss.

In Ruths früher Kindheit deutete wenig darauf hin, dass er es mal zum Topsportler bringen würde. Seine deutschstämmigen Eltern, die einen Saloon in Baltimore betrieben, kamen mit ihm nicht zurecht. Er schwänzte schon im ersten Schuljahr häufig die Schule, trieb sich herum und trank heimlich Bier. Im Alter von sieben Jahren wurde er schließlich in ein katholisches Erziehungsheim geschickt. Für ihn erwies sich das als Glücksfall.

Trotz oder vielleicht gerade wegen des streng regulierten Alltags fühlte er sich in dem Heim wohl. Vor allem wurde dort von einem Pater sein Talent für das Baseballspiel entdeckt und gefördert. Mit 19 Jahren wurde Ruth vom Team seiner Heimatstadt, den Baltimore Orioles, unter Vertrag genommen. Schon nach wenigen Spielen in der Minor League wurde er an die Boston Red Sox verkauft.

In Boston etablierte Ruth sich zunächst als Pitcher und gewann mit den Red Sox die *World Series* 1915, 1916 und 1918. Auch als Batter machte

4 Ruth (2011, S. 29).

er bereits auf sich aufmerksam, insbesondere wegen seiner neuartigen Herangehensweise, gezielt Homeruns über den Zaun zu schlagen. 1918 führte er die Liga mit 11 Homeruns an, obwohl er wegen der als Pitcher nötigen Ruhepausen viel weniger Spiele absolvierte als die meisten Batter. 1919 schlug er für damalige Verhältnisse unglaubliche 29 Homeruns. Obwohl er ein guter Pitcher war, wurde er immer seltener als solcher eingesetzt, denn man wollte ihn jeden Tag im Lineup haben. Die Red Sox spielten zwar in dem Jahr eine schwache Saison, aber allein wegen des spektakulären Ruth explodierten die Zuschauerzahlen gegenüber dem Vorjahr.

Es folgte jener fatale 3. Januar 1920, an dem Red-Sox-Eigentümer Harry Frazee Babe Ruth an die New York Yankees verkaufte. Sein Glaube, den eigenen Verein durch die Abgabe eines überschätzten Spielers sanieren zu können, erwies sich in jeder Hinsicht als falsch. Die Red Sox mussten weitere Spieler abgeben und versanken für Jahrzehnte im Mittelmaß, während die Yankees zum erfolgreichsten Baseballklub aller Zeiten aufstiegen. Ruth brach mehrfach seinen eigenen Homerunrekord und zementierte ihn 1927 bei 60. Diese Marke sollte 34 Jahre lang Bestand haben. Insgesamt schlug er 714 Homeruns, bis heute die drittmeisten der MLB-Geschichte.

Babe Ruth war ein Ausnahmesportler, der nie wie ein solcher lebte: Er rauchte, trank, aß Hot Dogs in rauen Mengen und umgab sich mit häufig wechselnden Frauen. Er engagierte sich aber auch stark für soziale Projekte und war stets zugänglich für seine Fans. Einen besonders guten Draht hatte er zu Kindern – vermutlich weil er selbst passend zu seinem Spitznamen immer ein Stück weit ein Kindskopf blieb.

Gemeinsam mit Ty Cobb, Walter Johnson, Honus Wagner und Christy Mathewson bildete Babe Ruth 1936 die erste Hall-of-Fame-Klasse. Er starb 1948 im Alter von 53 Jahren an Krebs.

4.5 TED WILLIAMS

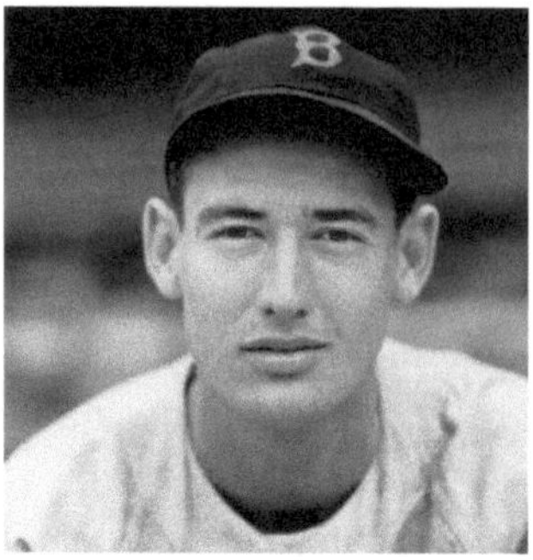

MLB-Karriere: 1939-1960

Hauptteam: Boston Red Sox

"A man has to have goals - for a day, for a lifetime - and that was mine, to have people say, 'There goes Ted Williams, the greatest hitter who ever lived'."

- Ted Williams[5]

Die wichtigste Aufgabe eines Schlagmanns im Baseball besteht nicht darin, Homeruns oder überhaupt Hits zu erzielen. Sie besteht darin, auf Base zu kommen, im Endeffekt einerlei, wie. Ein Lineup, dessen Spielern das regelmäßig gelingt, wird zwangsläufig Erfolg haben. Bei der Würdigung der Leistungen von Babe Ruth wird oft übersehen, dass er nicht nur mit seinen zahlreichen Schlägen über den Zaun das Spiel revolutioniert, sondern auch sehr viele Walks herausgeholt hat. So brachte er es alles in allem auf eine On-Base-Percentage (OBP) von .474. Das heißt, wenn er in die Batter's Box trat, dann kam er in 47,4 % der Fälle auf eine Base. Nur ein einziger Spieler der MLB-Geschichte war in dieser Fähigkeit langfristig erfolgreicher als Ruth: Ted Williams, Rekordhalter mit einer Karriere-OBP von .482.

Theodore Samuel Williams wurde 1939 von den Boston Red Sox beim damaligen Minor-League-Team San Diego Padres entdeckt. Im gleichen Jahr gab er im Alter von 20 Jahren sein MLB-Debüt. Williams produzierte von Anfang an beeindruckende Schlagwerte und zwei Jahre nach seinem Debüt, 1941, gelang ihm eine der besten Saisons, die je ein Hitter hatte: Er kam in dem Jahr auf eine OBP von .553, einen Batting Average von .406, 37 Homeruns und 120 RBI - und wurde bei der MVP-Wahl dieses Jahres nur Zweiter hinter Joe DiMaggio.

5 Williams (1988, S. 7).

DiMaggio lag zwar in fast allen statistischen Kategorien hinter Williams, genoss in dem Jahr aber die größere Aufmerksamkeit, zum einen wegen seiner epischen Serie von 56 Spielen hintereinander mit mindestens einem Hit und zum anderen, weil er beim erfolgreicheren Team, den Yankees, spielte.

Die große Stärke von *Teddy Ballgame* war seine herausragende Hand-Auge-Koordination, die mit einer übernormalen Sehkraft zusammenhing. Williams konnte laut medizinischen Untersuchungen aus 6 m Entfernung so gut sehen wie durchschnittliche Menschen aus 3 m. Dieses Talent war nicht nur im Baseball nützlich, sondern auch im Militär. Von 1943 bis 1945 diente Williams als Marinepilot im Zweiten Weltkrieg und dann noch einmal von 1952 bis 1953 im Koreakrieg. Eine Karrierepause zum Ableisten von Kriegsdiensten mussten viele Spieler in Williams' Generation einlegen. Nur wenige traf es allerdings so oft und so lange wie ihn.

Seinen sportlichen Fähigkeiten taten die Pausen keinen Abbruch. 1946, nachdem er erst im Januar aus dem Krieg zurückgekehrt war, holte Williams sich den ersten von zwei MVP-Titeln und erreichte zum einzigen Mal in seiner Karriere mit den Red Sox die *World Series*. In dieser war Williams allerdings nicht in Bestform: Ihm gelangen in 25 At-Bats lediglich fünf Singles und die Serie ging in sieben Spielen an die St. Louis Cardinals.

Nach seiner Laufbahn als Spieler für die Red Sox war Williams von 1969 bis 1972 als Manager bei den Washington Senators tätig. 1966 wurde er zum frühestmöglichen Zeitpunkt in die *Hall of Fame* gewählt. Er starb 2002 mit 83 Jahren an Herzversagen.

4.6 JACKIE ROBINSON

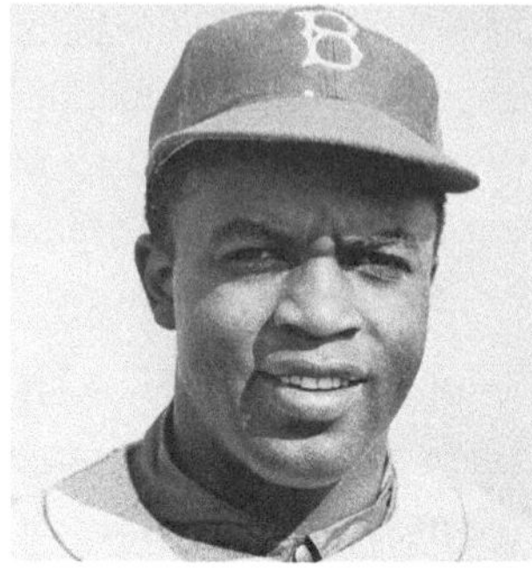

MLB-Karriere: 1947-1956

Hauptteam: Brooklyn Dodgers

"A life is not important except in the impact it has on other lives."
- Jackie Robinson[6]

Wie alle hier Vorgestellten war Jack Roosevelt Robinson - besser bekannt als *Jackie* Robinson - ein sehr guter Baseballspieler. Robinsons Bedeutung für den Sport und dessen Geschichte geht jedoch weit über seine Leistungen auf dem Platz hinaus. Als er am 15. April 1947 als First Baseman der Brooklyn Dodgers in Ebbets Field auflief, bedeutete dies das Ende der jahrzehntelangen Rassentrennung im Baseball.

Entgegen einem verbreiteten Irrglauben war Robinson nicht der erste schwarze Spieler in den Major Leagues und es gab auch nie eine schriftliche Regel, die den Einsatz farbiger Akteure in der MLB verbot. Es gab solche Regeln aber zum einen in einigen Minor Leagues und es gab zum anderen Spieler und Teams in der MLB, die mit Streik für den Fall drohten, dass sie gegen Mannschaften antreten sollten, die dunkelhäutige Spieler einsetzten.

Nach einem einzigen Spiel von William Edward White für die Providence Grays 1879 sowie einigen Einsätzen der Brüder Fleet und Weldy Walker für die Toledo Blue Stockings 1884 war die Rassentrennung im Baseball über 60 Jahre lang Fakt. Schwarze Baseballer konnten ihr Können in dieser Zeit lediglich in den in puncto Infrastruktur und Verdienstmöglichkeiten klar benachteiligten Negro Leagues zeigen.

6 Eig (2007, S. 10).

Als erster Spieler, der diese beschämenden Zustände durchbrach, stieß Robinson in den ersten Monaten seiner MLB-Karriere erwartungsgemäß auf massive Drohungen und Anfeindungen – nicht nur von gegnerischen Fans und Spielern, sondern auch innerhalb des eigenen Teams. Sein souveräner Umgang damit ließ diese wirkungslos verpuffen und zeigte, dass sein Förderer Branch Rickey, der General Manager der Dodgers, mit ihm eine weise Wahl getroffen hatte. Rickey hatte gezielt nach einem Spieler gesucht, der nicht nur von den sportlichen Fähigkeiten, sondern auch von der Persönlichkeit her stark genug war, die Widerstände zu überwinden. Robinson berichtete später von einem der ersten Treffen mit Rickey und von dessen Bitte, auf rassistische Angriffe nicht zu reagieren. „Sie wollen einen Spieler, der nicht den Mumm hat, sich zu wehren?", fragte der durchaus für sein feuriges Temperament bekannte Robinson. „Ich will einen Spieler, der den Mumm hat, sich *nicht* zu wehren"[7], war Rickeys berühmte Entgegnung.

Robinson wurde 1947 zum *Rookie* des Jahres und 1949 – inzwischen auf seiner Stammposition als Second Baseman – zum *wertvollsten Spieler der Liga* gewählt. Trotz seines mit 28 Jahren späten Einstiegs erlebte er mit den Dodgers eine 10 Jahre währende, produktive MLB-Karriere. Diese krönte er 1955 mit dem Gewinn der *World Series* gegen den Stadtrivalen New York Yankees. 1962, im ersten Jahr seiner Wählbarkeit wurde Jackie Robinson in die *Baseball Hall of Fame* in Cooperstown aufgenommen. Er starb 1972 im Alter von 53 Jahren an einem Herzinfarkt.

Der Jahrestag von Jackie Robinsons erstem MLB-Einsatz hat sich seit 2004 ligaweit als besonderer Feier- und Gedenktag etabliert. Alle Spieler, Schiedsrichter, Coaches und Manager tragen am 15. April die Rückennummer 42, die ansonsten – als einzige Nummer überhaupt – in der gesamten Liga nicht mehr vergeben wird.

7 Ebd., S. 15.

4.7 WILLIE MAYS

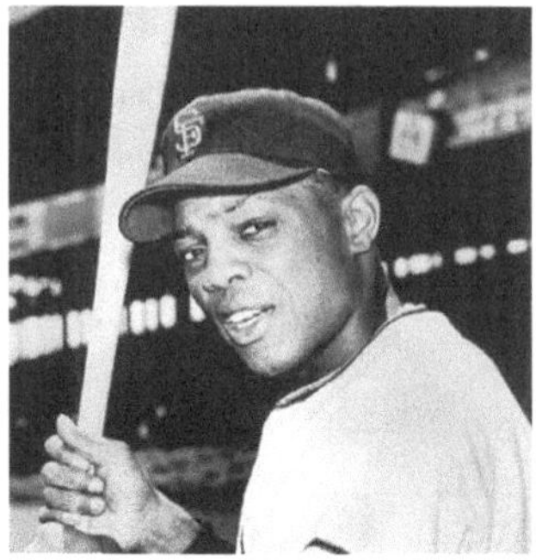

MLB-Karriere: 1951-1973

Hauptteam: San Francisco Giants

"People talk about that catch and, I've said this many times, that I've made better catches than that many times in regular season. But of course in my time, you didn't have a lot of television during the regular season. A lot of people didn't see me do a lot of things."

- Willie Mays[8]

Willie Mays ist der Hauptdarsteller der wahrscheinlich berühmtesten Feldspielszene aller Zeiten: Im achten Inning des ersten Spiels der *World Series* 1954 schlug Vic Wertz einen Ball weit in das sehr tiefe Centerfield der Polo Grounds. Der Ball schien unerreichbar für Mays und doch gelang es ihm, ihn in vollem Lauf mit dem Rücken zum Feld über der eigenen Schulter aus der Luft zu pflücken. Die Aktion bewahrte die New York Giants vor einem Rückstand und legte damit den Grundstein, das Spiel und schließlich auch die *World Series* gegen die Cleveland Indians zu gewinnen. Sie ist bis heute als *The Catch* bekannt.

Man wird Willie Mays allerdings nicht gerecht, wenn man ihn auf *The Catch* beschränkt. Mays war nicht nur der wohl beste Outfielder der Baseballgeschichte, sondern geradezu der Prototyp eines sogenannten *Five-Tool-Players*. Gemeint ist damit ein Spieler, der alle fünf Kernkompetenzen des Spiels in sich vereint: den Ball oft treffen, den Ball hart treffen, schnelles Baserunning, sicheres Fangen sowie hartes und präzises Werfen. Willie Mays schlug einen Karriereaverage von .302, hat mit 660

8 Interview der „Academy of Achievement" (1996): http://www.achievement.org/achiever/willie-mays/#interview

Homeruns die fünftmeisten aller Zeiten erzielt und 338 Bases gestohlen. Die 7.095 Outs, die er als Outfielder produziert hat, führen bis heute die Allzeit-Rangliste an.

In den Zählstatistiken hätte Mays noch besser aussehen können - er hätte wahrscheinlich sogar Babe Ruths Homerunrekord gebrochen -, wenn er nicht den größten Teil der Saison 1952 und die gesamte Saison 1953 verpasst hätte, weil auch er zum Koreakrieg eingezogen wurde. 1954 war der *Rookie of the Year* von 1951 zurück in der Liga und legte direkt eine überragende Saison hin, an deren Ende er mit den Giants die *World Series* gewann und zum *wertvollsten Spieler* gewählt wurde. Er wurde zudem zum ersten Mal in das *All-Star-Game* berufen, was ihm ab da in jedem einzelnen Jahr gelingen sollte, bis er 1973 im Alter von 42 Jahren seine Karriere beendete.

Mays verbrachte fast seine ganze Karriere bei den Giants, mit denen er 1958 von New York nach San Francisco umzog. Ganz am Ende kehrte er für eineinhalb Jahre zurück nach New York und erreichte mit den Mets noch einmal die *World Series*. Diese ging in sieben Spielen an die Oakland Athletics. Mays hatte als Pinch-Hitter in Spiel drei den letzten Auftritt seiner Karriere.

1979 wurde Willie Mays bei erster Gelegenheit mit 95 % Zustimmung in die *Hall of Fame* gewählt. Mays blieb auch nach seiner aktiven Zeit eine engagierte und beliebte öffentliche Persönlichkeit. 2015 verlieh Barack Obama ihm die „Presidential Medal of Freedom". In der Lobrede dankte er Mays für sein zivilgesellschaftliches Engagement, mit dem er dazu beigetragen habe, dass jemand wie er - Obama - überhaupt daran denken durfte, für das Präsidentenamt zu kandidieren[9].

9 https://obamawhitehouse.archives.gov/the-press-office/2015/11/24/remarks-president-medal-freedom-ceremony

4.8 HANK AARON

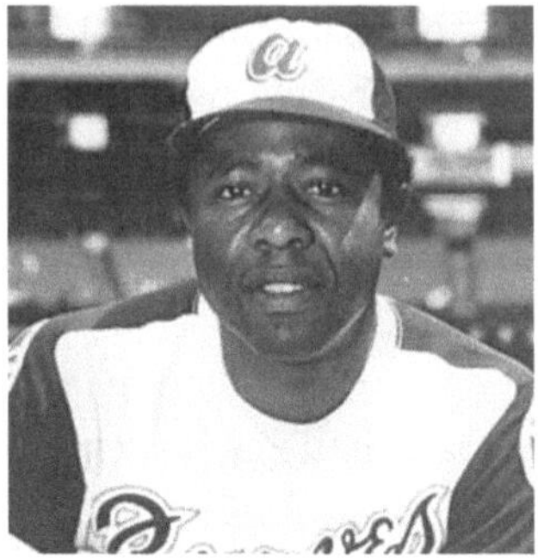

MLB-Karriere: 1954-1976

Hauptteam: Milwaukee/Atlanta Braves

"The Ruth chase should have been the greatest period of my life, and it was the worst. I couldn't believe there was so much hatred in people. It's something I'm still trying to get over, and maybe I never will."

- Hank Aaron[10]

Was Willie Mays wegen seines Kriegsdienstes knapp verpasst hatte, gelang wenige Jahre später Hank Aaron: Er schlug als erster MLB-Spieler in seiner Karriere mehr Homeruns als Babe Ruth. Um ein Haar hätten Mays und Aaron übrigens gemeinsam im Outfield der Giants gespielt. Es scheiterte an 50,- US-Dollar pro Monat, die die Boston Braves 1952 mehr boten als die New York Giants, sodass Aaron in Boston unterschrieb.

Die Braves zogen wenig später nach Milwaukee um, wo Aaron 1954 sein MLB-Debüt gab. Sein erstes Jahr war solide, ab dem zweiten Jahr waren Aarons Leistungen herausragend. Er schaffte es 25-mal in Folge ins *All-Star-Team*. Das ist bis heute Rekord. Seine wohl beste Saison spielte *Hammerin' Hank* 1957. Mit einem Average von .322, 44 Homeruns und 132 RBI wurde er zum MVP der NL gewählt und führte die Braves zu ihrem ersten *World-Series-Sieg* seit 1914. 1958 erreichten die Braves erneut die *World Series*, verloren aber dieses Mal gegen die New York Yankees. In den folgenden Jahren konnten die Braves trotz ihres konstant überragenden Leistungsträgers Aaron nicht an ihre Erfolge anknüpfen. 1966 zog die Franchise erneut um, dieses Mal nach Atlanta. Aaron blieb seinem Team treu und passierte in den Folgejahren diverse Meilensteine:

10 Aaron (1992, S. 3f.).

seinen 500. Homerun 1968, seinen 3.000. Hit 1970, seinen 600. Homerun 1971.

Als er 1973 die Marke von 700 Homeruns knackte und somit Babe Ruths Rekord von 714 in offensichtliche Gefahr brachte, sah Aaron sich massiven Drohungen und Anfeindungen ausgesetzt. Diese waren überwiegend rassistischer Natur und zeigten, dass, trotz der 1947 durchgesetzten Integration, ein gleichberechtigtes Nebeneinander von Spielern unterschiedlicher Hautfarbe leider noch keine Selbstverständlichkeit war. Nachdem er die Saison mit 713 Homeruns beendet hatte, fürchtete Aaron während der Saisonpause ernsthaft um sein Leben und wurde während der ersten Spiele der Saison 1974 unter Polizeischutz gestellt. Die Drohungen wurden zum Glück keine Wirklichkeit und am 8. April 1974 fiel der Rekord Babes, als Aaron gegen die Los Angeles Dodgers Nummer 715 über den Zaun drosch.

In den restlichen drei Jahren seiner Karriere, von denen er die letzten zwei bei den Milwaukee Brewers verbrachte, hob er die Messlatte noch auf 755. Damit liegt er heute auf Rang zwei der ewigen Liste hinter Barry Bonds. Angesichts des Mogelverdachts gegen Bonds (siehe Kap. 4.9) sehen viele Aaron nach wie vor als den besten Power-Hitter aller Zeiten an.

Aaron wurde 1982 mit 98 % der Stimmen in die *Hall of Fame* aufgenommen. Seit 1980 übt er das Amt eines Senior-Vizepräsidenten der Atlanta Braves aus. 1999, zum 25. Jubiläum von Aarons Homerunrekord, wurde der *Hank-Aaron-Award* als Auszeichnung für den besten Offensivspieler ins Leben gerufen. Dieser wird seitdem jährlich an je einen Spieler der *American League* und der *National League* vergeben.

4.9 BARRY BONDS

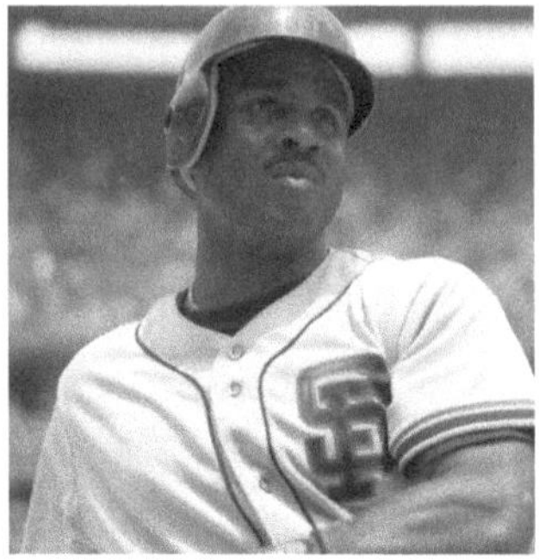

MLB-Karriere: 1986-2007

Hauptteam: San Francisco Giants

"I don't know [...] if steroid is going to help you in baseball. I just don't believe it. I don't believe steroids can help you, eye-hand coordination, technically hit a baseball."

- Barry Bonds[11]

Barry Bonds ist die wohl umstrittenste Figur der Baseballgeschichte. Er ist Rekordhalter mit den meisten Homeruns sowohl in einer Saison (73 im Jahr 2001) als auch insgesamt (762). Er hat mehr Walks (2.585) herausgeholt als irgendein anderer MLB-Spieler. Die beste On-Base-Percentage, die je in einer Saison erzielt wurde (.601 im Jahr 2004), geht auf sein Konto – die zweitbeste (.582 im Jahr 2002) übrigens auch. Seine sieben MVP-Titel sind Rekord, ebenso die längste Serie von vier hintereinander. Trotzdem wurde Bonds bis heute nicht in die *Hall of Fame* aufgenommen, erreichte in den zehn Jahren seiner Wählbarkeit nie die erforderlichen 75 % Zustimmung.

Das Talent war Bonds quasi in die Wiege gelegt: Sein Vater Bobby Bonds war selbst ein erfolgreicher MLB-Spieler und dessen bester Freund Willie Mays übernahm die Patenschaft für den kleinen Barry. Dieser begann 1986 – nur fünf Jahre nach dem Karriereende seines Vaters – bei den Pittsburgh Pirates seine eigene Laufbahn. Er etablierte sich schnell als Topspieler und wurde 1990 und 1992 zum MVP der Liga gewählt. 1993 machten ihn die San Francisco Giants mit einem Sechs-Jahres-Vertrag über 43,75 Millionen US-Dollar zum damals bestbezahlten Baseballer

11 Auf einer Pressekonferenz (2005): http://mlb.mlb.com/content/printer_friendly/mlb/y2005/m02/d22/c948340.jsp

aller Zeiten. Seine überragenden Leistungen in den folgenden Jahren rechtfertigten den teuren Vertrag. Ungefähr um das Jahr 1998 traf Bonds jedoch offenbar eine folgenschwere Entscheidung. Vermutlich aus Frust über die Erfolge anderer mutmaßlicher Steroidnutzer wie Sammy Sosa und Marc McGwire griff er selbst zu verbotenen Substanzen.

Der Fall ist nicht ganz einfach: Bonds selbst gab das Doping nie zu und ist auch nie positiv getestet worden. Die MLB hat daher auch keine Sperren oder sonstigen Strafen ausgesprochen, die aufgestellten Rekorde haben offizielle Gültigkeit. Gleichwohl gibt es keine ernsthaften Zweifel, dass Barry Bonds leistungsfördernde Mittel genutzt hat. Im Jahr 2003, also noch während Bonds aktiver Karriere, kam der sogenannte *BALCO-Skandal* ans Licht. BALCO war eine Firma, die Sportler systematisch mit anabolen Steroiden versorgte. Bonds war einer ihrer prominentesten Kunden. Vor einem Geschworenengericht räumte er damals ein, von einem in die Affäre verwickelten Trainer Substanzen verabreicht bekommen zu haben. Er habe aber nicht gewusst, dass es sich um Steroide handelte.

In einem späteren Verfahren wurde Bonds wegen dieser Aussage der Irreführung des Gerichts schuldig gesprochen. Nach Berufung wurde dieses Urteil aufgehoben mit der Begründung, Bonds Falschaussage habe das Verfahren von 2003 nicht entscheidend beeinflusst.

Letzten Endes stehen sich nach Bonds Karriere zwei Fakten unversöhnlich gegenüber. Erstens: Barry Bonds hat – wie viele Akteure seiner Generation – sein Leistungsvermögen durch unfaire Mittel gesteigert. Zweitens: Bonds war einer der besten Baseballspieler aller Zeiten und das wird man nicht allein durch Spritzen. Vielleicht vergibt ihm die Baseballwelt irgendwann so weit, dass er den Platz in der Ruhmeshalle einnehmen darf, welcher ihm ohne die Dopinggeschichte längst sicher wäre. Ungeachtet dessen werden seine Rekorde für immer gedanklich mit einer einschränkenden Fußnote versehen sein.

4.10 MIKE TROUT

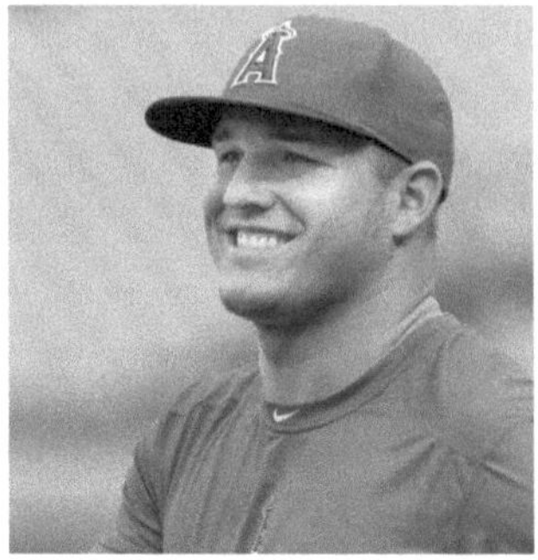

MLB-Karriere: seit 2011

Hauptteam: Los Angeles Angels

"I never thought about leaving a mark. I just try to approach things in a positive manner every day and, as my parents taught me, when you respect others, they respect you back."

- Mike Trout[12]

Die MLB hat heute zahlreiche aufregende Stars – die Auftritte von Shohei Ohtani, Aaron Judge, Jacob deGrom und vielen weiteren lassen das Herz jedes Baseballfans höher schlagen. Der eine aktive Spieler, der es aufgrund seiner bisherigen Karriereleistung verdient, hier in einer Reihe mit den historischen Größen des Baseballs zu stehen, ist aber unzweifelhaft Mike Trout.

Trout gab 2011 mit nur 19 Jahren sein Debüt für die Los Angeles Angels und ist seit seiner ersten vollständigen Saison 2012 aus der MLB nicht mehr wegzudenken. Dabei fällt es schwer, ein oder zwei Dinge herauszupicken, die Trout unter allen anderen aktiven Major Leaguern hervorheben. Er ragt nicht in einzelnen Bereichen heraus, er hat bisher auch keine nennenswerten Rekorde aufgestellt. Er ist vielmehr das komplette Paket, ein Spitzenspieler in nahezu jedem Aspekt des Baseballsports. In seinen 12 Karrierejahren, von denen zwei durch Verletzungen stark verkürzt waren, führte er die Liga viermal in Runs, viermal in OBP, dreimal in Walks, dreimal in Slugging, zweimal in Fielding Percentage sowie je einmal in RBI und Stolen Bases an.

---

12 Interview im *Pelican Hill Magazine* (2017): https://www.pelicanhillmagazine.com/stories/mike-trout-angels/

Betrachtet man Mike Trouts Gesamtleistung mithilfe der übergreifenden Statistik *Wins Above Replacement* (WAR in der Version von *Fangraphs*, siehe Kap. 7.5), so kommt er für die Jahre 2011 bis 2022 auf einen Wert von 82,1. Damit ist er nicht einfach nur der beste Spieler der MLB in diesem Zeitraum, er scheint vielmehr in einer komplett eigenen Liga zu spielen angesichts von 28 WAR Vorsprung auf den zweitplatzierten Paul Goldschmidt (54,1).

Mike Trout wurde 2012 zum *Rookie of the Year* und seitdem jedes Jahr außer 2020 in das *All-Star-Team* der *American League* gewählt. Er wurde dreimal MVP, viermal Zweiter in dieser Wahl und einmal Vierter in einer Saison, die er zu einem Viertel wegen einer Verletzung verpasste. Das alles erreichte er trotz des ungünstigen Umstands, bei den in diesen Jahren selten konkurrenzfähigen Angels unter Vertrag zu stehen. Die Angels erreichten während Trouts Zeit bisher lediglich 2014 die Play-offs und schieden in der ersten Runde mit 0:3 gegen die Kansas City Royals aus. Hätte Trout von seinem Team etwas mehr Schützenhilfe erhalten und das eine oder andere Mal mehr in den Play-offs gespielt, wäre wohl längst unstrittig, dass wir es mit einem der größten Baseballspieler aller Zeiten zu tun haben. Stattdessen haftet ihm in der öffentlichen Wahrnehmung der Makel an, nie ein Team zum Erfolg geführt zu haben.

Das entbehrt nicht einer gewissen Ironie, denn Trout ist charakterlich alles andere als ein Selbstdarsteller. Trotz aller individuellen Errungenschaften hat er sich eine angenehm bodenständige Persönlichkeit bewahrt. Statt mit eigenen Leistungen zu prahlen, stellt er in Interviews und Reden stets das Team in den Vordergrund und nimmt er sich vor jedem Spiel die Zeit, ein paar Autogramme zu geben.

4.11 BONUS: MAX KEPLER – DER DEUTSCHE MAJOR LEAGUER

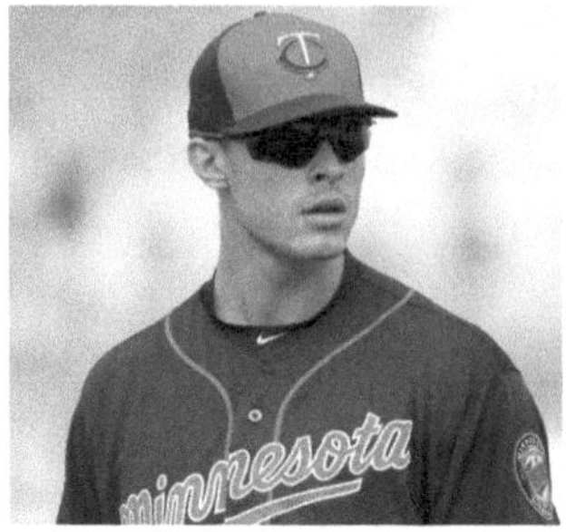

MLB-Karriere: seit 2015

Hauptteam: Minnesota Twins

„Am Anfang haben die Leute gefragt: Woher kommt der? Aber jetzt kommt diese Frage nicht mehr. Wir haben hier viele Nationalitäten, sind eine große Familie."

- Max Kepler[13]

Damit keine Irritationen aufkommen: Im Gegensatz zu den anderen in diesem Kapitel vorgestellten Spielern wird Max Kepler vermutlich nie zu den größten Baseballern aller Zeiten gezählt werden. Aber als erster in Deutschland geborener und aufgewachsener Spieler, der sich in der MLB etabliert hat, ist er hier allemal eine Erwähnung wert.

Kepler ist erst der zweite Deutsche überhaupt, der es bis in die höchste Profiliga geschafft hat. Vor ihm ist dies nur Donald Lutz gelungen, der 2013 und 2014 insgesamt 113 Plate Appearances für die Cinicinnati Reds absolvierte. Mit Battingleistungen von .211/.239/.284 hat Lutz sich nicht auf Dauer durchsetzen können. Nachdem er 2015 zu allem Überfluss von einer Ellbogenverletzung heimgesucht wurde, war der Zug für die Chance auf weitere MLB-Einsätze offenbar abgefahren. Die Einträge in die Geschichtsbücher als erster Deutscher, der in einem MLB-Spiel auflief (am 29. April 2013), sowie als erster Deutscher, dem in der MLB ein Homerun gelang (am 12. Mai 2013 gegen die Milwaukee Brewers), kann dem im hessischen Friedberg aufgewachsenen Lutz aber nie-

13 Interview mit der *Berliner Morgenpost* (2017): https://www.morgenpost.de/sport/article211067391/Max-Kepler-In-Berlin-erkennt-mich-keiner.html

mand mehr nehmen. Er lebt inzwischen in Australien und ist dort für die Brisbane Bandits aktiv.

Fast auf den Tag genau ein Jahr nach Lutz' letztem Spiel für die Reds erhielt im September 2015 bei den Minnesota Twins der 22-jährige Berliner Maximilian Kepler-Rozycki – in Amerika der Einfachheit halber nur Max Kepler genannt – seine ersten kurzen MLB-Einsätze. Er hatte zu dem Zeitpunkt schon sechs Jahre Erfahrung in den Minor Leagues der Twins gesammelt. Mit 16 Jahren hatten diese ihn 2009 aus dem Baseballinternat der Regensburg Legionäre verpflichtet. Für seine Unterschrift erhielt er einen Bonus von 800.000,- US-Dollar; das war damals die höchste Summe, die je für einen europäischen Spieler bezahlt wurde. Der tiefe Griff in die Tasche war für die Twins nötig geworden, weil außer ihnen noch mindestens fünf weitere Teams um Keplers Dienste gebuhlt hatten, darunter die New York Yankees und die Boston Red Sox.

Bis einschließlich 2011 war Kepler auch noch gelegentlich für das Regensburger Bundesligateam aktiv. In seinem letzten Jahr dort spielte er nach Ende der Minor-League-Saison in den Play-offs bei den Legionären mit und gewann mit ihnen die deutsche Meisterschaft in der Finalserie gegen die Paderborn Untouchables.

Zu Beginn des Jahres 2016 absolvierte Kepler zwar die Saisonvorbereitung mit dem MLB-Team der Twins, doch im Kader war für ihn zunächst kein Platz. Er begann die Saison daher in der *International League* bei den Rochester Red Wings, dem höchsten Minor-League-Team der Twins. Im Juni des Jahres verletzte sich der Rightfielder der Twins, Miguel Sano, und Kepler wurde in die MLB-Mannschaft geholt. Er war zunächst nur als kurzfristiger Ersatzmann vorgesehen, doch er ergriff seine Chance beim Schopf, überzeugte durch solide Leistungen und ist seitdem Stammspieler im Outfield der Twins. Vor der Saison 2019 unterschrieb er bei den Twins einen Fünfjahresvertrag über 35 Millionen US-Dollar.

★ 5 ★

DIE MAJOR LEAGUE BASEBALL (MLB)

5.1 STRUKTUR DER LIGA UND ABLAUF DER SAISON

Die MLB besteht seit ihrer letzten Erweiterung im Jahr 1998 aus 30 Teams. Von diesen gehören je 15 zur *American League* (AL) und zur *National League* (NL). Die beiden Teilligen AL und NL sind seit 1903 unter dem Dach der MLB vereint, haben sich aber bis heute eine gewisse Eigenständigkeit bewahrt. So werden zum Beispiel die meisten Einzelauszeichnungen wie *MVP, Rookie of the Year, Cy-Young-Award* usw. jeweils einmal für die AL und einmal für die NL vergeben. Die Play-offs spielt jede Liga für sich, erst in der World Series trifft das Siegerteam aus der AL auf jenes der NL. Bis 2021 gab es einen einzigen Unterschied in den Spielregeln der beiden Ligen: Die AL spielte mit Designated Hitter, die NL ohne. Seit 2022 sind die Regeln in AL und NL vereinheitlicht, in allen Spielen der MLB darf ein DH eingesetzt werden (siehe Kapitel 6.2.1).

Jede der beiden Teilligen gliedert sich ihrerseits in drei Divisionen mit je fünf Teams auf. Die Divisionen sind sowohl in der AL als auch in der NL geografisch eingeteilt in jeweils eine East-, eine West- und eine Central-Division.

Die Teams der National League	Die Teams der American League
NL East	*AL East*
Atlanta Braves	Baltimore Orioles
Miami Marlins	Boston Red Sox
New York Mets	New York Yankees
Philadelphia Phillies	Tampa Bay Rays
Washington Nationals	Toronto Blue Jays
NL Central	*AL Central*
Chicago Cubs	Chicago White Sox
Cincinnati Reds	Cleveland Guardians
Milwaukee Brewers	Detroit Tigers
Pittsburgh Pirates	Kansas City Royals
St. Louis Cardinals	Minnesota Twins
NL West	*AL West*
Arizona Diamondbacks	Houston Astros
Colorado Rockies	Oakland Athletics
Los Angeles Dodgers	Los Angeles Angels
San Diego Padres	Seattle Mariners
San Francisco Giants	Texas Rangers

Das Baseballjahr beginnt mit dem *Spring Training*, einer rund sechswöchigen Saisonvorbereitung von Mitte Februar bis Ende März. Die Teams halten sich in dieser Zeit in Trainingseinrichtungen in Arizona oder in Florida auf. Dort herrscht in dieser Jahreszeit schon Baseballwetter und durch die räumliche Nähe zueinander können die Teams ohne viel Aufwand zahlreiche Vorbereitungsspiele bestreiten.

Ende März oder Anfang April beginnt die reguläre Saison, die bis Ende September oder Anfang Oktober dauert. In diesem Zeitraum absolviert jedes Team 162 Spiele. Diese teilen sich nach einem festen Schlüssel auf: 13 Spiele gegen jeden der vier Divisionsgegner (insgesamt 52 Spiele); je sechs oder sieben Spiele gegen die 10 Teams in den anderen Divisionen der eigenen Liga (insgesamt 64 Spiele); 46 Interleague-Spiele, also AL-Teams gegen NL-Teams und umgekehrt. Vier dieser Spiele werden in jedem Jahr zu Hause und auswärts gegen einen festgelegten „natürlichen Rivalen" aus der anderen Liga absolviert - beispielsweise die New York Mets gegen die New York Yankees, die Chicago Cubs gegen die Chicago White Sox oder die Oakland Athletics gegen die San Francisco Giants. Die restlichen 42 Interleague-Spiele teilen sich auf Serien gegen die 14 übrigen Teams der anderen Liga auf. Somit spielt man jedes Jahr mindestens drei Partien gegen jeden Gegner.

Gespielt wird fast täglich, sechs Spiele pro Woche sind für ein MLB-Team die Regel. Damit die Teams nicht ständig reisen müssen, werden die Spiele als Serien organisiert; das heißt, man spielt üblicherweise an 2-4 Tagen hintereinander gegen denselben Gegner und absolviert meistens mehrere Serien nacheinander zu Hause oder auswärts. Manchmal, vor allem wenn vorher ein Spiel wegen schlechten Wetters ausfallen musste, werden an einem Tag zwei Spiele direkt hintereinander absolviert, ein sogenannter *Doubleheader*.

Ungefähr in der Mitte der Saison gibt es eine kleine Verschnaufpause für die meisten Spieler, den *All-Star-Break*. Für 4-5 Tage ruht der Ball mit Ausnahme von ein paar besonderen Veranstaltungen innerhalb dieser Pause. Die Wichtigste davon ist das *All-Star-Game*, ein Freundschaftsspiel zwischen den besten Spielern der NL und jenen der AL. Zudem findet während dieser Tage das *Homerun Derby* statt, bei dem einige ausgewählte MLB-Spieler um die Wette Bälle über den Zaun schlagen, sowie das *Futures Game*, bei dem die vielversprechendsten Nachwuchstalente aus den Minor Leagues ihr Können zeigen dürfen.

Nach 162 Spieltagen steht fest, welche 12 Teams in die Play-offs einziehen. Gesetzt sind zum einen die erstplatzierten Teams aller sechs Divisionen; hinzu kommen von den restlichen Teams der AL und der NL jeweils die drei mit der besten Sieg-Niederlagen-Bilanz als sogenannte Wild-Card-Teams. In seltenen Fällen kommt es vor, dass trotz der vielen Saisonspiele am Ende zwei Teams die gleiche Anzahl von Siegen und Niederlagen aufweisen und somit keine klare Entscheidung in Bezug auf den Gewinn einer Division oder der Play-off-Teilnahme gefallen ist. In diesen Fällen werden die Ergebnisse des direkten Vergleichs zwischen den beiden Teams und bei Bedarf weitere Tie-Breaker-Regeln herangezogen.

Die gesamten Play-offs bis zum Finale werden getrennt nach NL und AL durchgeführt. Die beiden besten Divisionssieger jeder Teilliga dürfen in der ersten Play-off-Runde, der Wild-Card-Runde, pausieren. In dieser Runde spielen der dritte Divisionssieger gegen das drittbeste Wild-Card-Team und das beste Wild-Card-Team gegen das zweitbeste. Diese Serien werden im Modus Best-of-Three ausgetragen, das heißt, wer zuerst zwei Spiele gewinnt, kommt in die nächste Runde.

Die zweite Runde sind die Divisional Series (NLDS bzw. ALDS). Sowohl in der NL als auch in der AL erwarten in dieser Runde die beiden Divisionsgewinner mit der besten Bilanz die beiden Siegerteams der Wild-Card-Runde. Jede dieser Serien wird im Modus Best-of-Five ausgetragen, es sind also drei Siege notwendig, um weiterzukommen.

Die Sieger der *Divisional Series* treffen in der *League Championship Series* (NLCS bzw. ALCS) aufeinander. Es sind die Finalserien der beiden Teilligen und damit gleichzeitig die Halbfinales um den Gesamttitel. Die Championships werden jeweils im Modus *Best-of-Seven* ausgetragen, man muss also vier Spiele gewinnen.

Die Sieger der ALCS und der NLCS treffen schließlich in der *World Series* aufeinander, dem Finale um die *World Championship*. Den Titel als Weltmeisterschaft zu bezeichnen, klingt ein bisschen hochtrabend, da es letztlich nur eine US-Meisterschaft (unter Beteiligung eines kanadischen Teams) ist. Aber wer will schon bestreiten, dass das beste Team der MLB gleichzeitig das beste Baseballteam der Welt ist? Die *World Series* wird ebenfalls als *Best-of-Seven-Serie* ausgetragen.

5.2 DIE MINOR LEAGUES

Ein prägendes Merkmal des professionellen Baseballs in den USA ist die Existenz eines umfassenden Unterbaus. Dieser besteht aus den sogenannten *Minor Leagues*, also nachrangigen Ligen. Es gibt derzeit 11 offizielle Minor Leagues auf sieben hierarchischen Ebenen:

Niveau	Ligen
AAA (Triple-A)	International League, Pacific Coast League
AA (Double-A)	Eastern League, Southern League, Texas League
Class A Advanced (High-A)	Midwest League, Northwest League, South Atlantic League
Class A (Single-A)	California League, Carolina League, Florida State League

Die Minor Leagues sowie deren Teams werden größtenteils rechtlich eigenständig betrieben, sind aber regelmäßig vertraglich an ein bestimmtes MLB-Team gebunden. Jeder MLB-Klub kooperiert mit vier Minor-League-Klubs aus den genannten Ligen. Üblicherweise besteht die Kooperation darin, dass der MLB-Klub sowohl die Spieler als auch die Trainer sowie deren grundlegende Ausrüstung (vor allem Schläger und Bälle) bereitstellt und bezahlt. Reisekosten, den Betrieb des Ballparks und andere organisatorische Kosten trägt der Minor-League-Klub.

Eine MLB-Franchise hat üblicherweise rund 250-300 Spieler unter Vertrag. Von diesen gehören 40 dem erweiterten Kader des MLB-Teams an, können also jederzeit in der höchsten Liga eingesetzt werden. Die tatsächliche Auswahl am Spieltag beschränkt sich – mit zwei Ausnahmen – auf einen aktiven Kader von 26 Spielern. Die 14 Spieler des erweiterten Kaders, die gerade nicht zum aktiven Kader gehören, sowie die über 200 weiteren Spieler der Franchise werden auf die mit dem Klub verbundenen Minor-League-Teams und ggf. auf weitere Teams in sogenannten Rookie-Leagues verteilt.

Von den beiden erwähnten Ausnahmen gilt eine für den Fall, dass ein Doubleheader gespielt wird, also zwei Spiele an einem Tag. An solchen Tagen ist ein zusätzlicher Spieler im aktiven Kader erlaubt, der meistens extra für diesen Zweck eingeflogen wird und anschließend direkt zu seinem Minor-League-Team zurückkehrt. Die andere, größere Ausnahme tritt jährlich ab dem 1. September in Kraft: In diesem letzten Monat der regulären Saison werden die aktiven MLB-Kader auf 28 Spieler erweitert. So ist es den Teams möglich, den einen oder anderen jungen Spieler Major-League-Luft schnuppern zu lassen und gleichzeitig die Stammspieler in der Endphase der langen Saison zu entlasten.

Der vorgesehene Ablauf einer jungen Baseballkarriere ist, dass man die verschiedenen Ebenen der Minor Leagues eine nach der anderen durchläuft und idealerweise irgendwann die MLB-Reife erreicht. Der Weg durch die Minor Leagues ist allerdings keineswegs eine Einbahnstraße nach oben – Versetzungen nach unten, sowohl aus der MLB als auch aus einer höheren Minor League in eine niedrigere, sind genauso üblich wie der umgekehrte Weg. Im Gegensatz zu dem System, das wir in Europa vom Fußball und anderen Sportarten kennen, steigen also nicht ganze Mannschaften auf oder ab, sondern jeder Spieler für sich.

Viele hoffnungsvolle Talente müssen an einer Stelle dieses Wegs erkennen, dass dieser sie nicht so schnell wie erhofft oder auch überhaupt nicht bis in die höchste Liga führen wird. Andere erweisen sich als so stark und lernfähig, dass sie die eine oder andere Ebene überspringen. Im Gegensatz zu dem System, das wir in Europa vom Fußball und anderen Sportarten kennen, steigen zwar nicht ganze Mannschaften zwischen den Ligen auf oder ab, wohl aber jeder Spieler für sich.

Neben der längerfristigen Talententwicklung sind sogenannte *Rehab Assignments* ein weiterer Zweck, für den die MLB-Teams ihre Minor-League-Kooperationen nutzen. Das bedeutet, dass MLB-Spieler nach einer Verletzungspause für begrenzte Zeit in Minor-League-Teams abgeordnet werden, um Spielpraxis zu sammeln und anschließend in den MLB-Kader zurückzukehren.

5.3 WAS VERDIENT EIN MLB-SPIELER?

MLB-Stars gehören zu den bestbezahlten Sportlern der Welt. Zwar erreichen ihre Jahresgehälter in der Regel nicht ganz die der absoluten Topverdiener im Fußball, Football oder Basketball. Allerdings erhält man in diesen Sportarten in der Regel bestenfalls Verträge über fünf oder sechs Jahre, während in der MLB für herausragende Akteure Laufzeiten von 10 oder noch mehr Jahren keine Seltenheit sind. Eine zusätzliche Annehmlichkeit von MLB-Verträgen besteht darin, dass die Gehälter in aller Regel garantiert sind. Das heißt, selbst wenn ein hoch bezahlter Spieler sich nach drei von 10 Vertragsjahren verletzt oder dauerhaft seine Form verliert, kommt der Verein nicht aus der Verlegenheit heraus, ihm die komplette, vertraglich vereinbarte Summe zu bezahlen.

Der MLB-Spieler mit dem höchsten Jahresgehalt war in der Saison 2022 Max Scherzer mit 43,3 Millionen US-Dollar im Rahmen eines Drei-Jahres-Vertrags bei den New York Mets. Den Vertrag mit dem größten Gesamtvolumen hat Mike Trout. Er unterschrieb im März 2019 für 12 Jahre bei den Los Angeles Angels und bekommt dafür 426,5 Millionen US-Dollar.

Das Durchschnittseinkommen in der MLB lag 2022 bei rund 4,4 Millionen US-Dollar. Das war der zweithöchste Gehaltsdurchschnitt von allen Sportligen weltweit, übertroffen nur von der Basketball-Liga NBA. Selbst mit dem Mindestgehalt der MLB lässt es sich sehr gut leben: Dieses wird im Collective Bargaining Agreement (CBA), dem Rahmenvertrag zwischen der Liga und der Spielergewerkschaft MLBPA, vereinbart. Es lag 2022 bei 700.000,- US-Dollar, steigt gemäß dem aktuellen CBA 2023 auf 720.000,- und bis 2026 auf 780.000,- US-Dollar.

Zwei Haken hat die Sache allerdings: Der erste Haken ist, dass nahezu jeder potenzielle MLB-Profi zunächst mehrere Jahre lang den oben beschriebenen schwierigen und unsicheren Weg durch die Minor Leagues beschreiten muss, bevor für ihn auch nur das Mindestgehalt in Reichweite kommt. Die Gehälter in den Minor Leagues sind weit weniger üppig. Die Untergrenzen liegen zwischen 20.000,- US-Dollar pro Jahr in den

Rookie-Ligen und 36.000,- US-Dollar auf AAA-Niveau. Lediglich die Top-Draftpicks haben den Vorteil, beim Unterzeichnen ihres ersten Vertrags einen großzügigen Signingbonus zu erhalten, mit dem sie die Zeit in den Minor Leagues komfortabel überbrücken können. Für viele andere bedeuten die Minor Leagues geradezu prekäre Verhältnisse, Gelegenheitsjobs über den Winter und die ständige Unsicherheit, entlassen zu werden und sich von einem Moment auf den anderen nach einer „normalen" Berufsperspektive umsehen zu müssen.

Der zweite Haken: Wenn man es schließlich in die MLB geschafft hat, winken selbst bei hervorragenden Leistungen nicht gleich die großen Zahltage. Man ist nämlich für sechs Jahre an den jeweiligen Verein gebunden und somit in einer schlechten Verhandlungsposition. Auch dies ist eine Festlegung aus dem CBA: In den drei Jahren nach der ersten Berufung in die MLB muss der Spieler das Gehalt akzeptieren, das das Team ihm gibt. Dabei handelt es sich in der Regel um das Mindestgehalt.

Das vierte bis sechste Jahr der Ligazugehörigkeit ist die sogenannte *Arbitrationphase*. In dieser Zeit bleibt der Spieler an sein Team gebunden, hat aber das Recht auf Gehaltsverhandlungen. Sofern er sich mit dem Klub nicht auf eine Laufzeit und ein Gehalt einigen kann, kommt es zu einem Schiedsverfahren (Arbitration). In diesem schlagen beide Seiten eine Gehaltshöhe vor und argumentieren, warum sie diese für gerechtfertigt halten. Logischerweise ist der Vorschlag des Spielers bzw. seiner Vertreter immer höher als der des Klubs. Der Schiedsausschuss trifft dann eine Entscheidung für einen der beiden Vorschläge (nicht für eine Zahl in der Mitte) und legt diesen verbindlich als Gehalt des jeweiligen Jahres fest.

Erst nach dem dritten Arbitrationjahr, also nach insgesamt sechs Jahren in der Liga, kann der Spieler seinen Vertrag mit einem beliebigen Team frei aushandeln. Er ist dann ein *Free Agent* und kann sich berechtigte Hoffnungen machen, bei überragenden Leistungen auch überragend zu verdienen.

5.4 SPIELERVERPFLICHTUNGEN UND -TRANSFERS

Die Möglichkeiten, wie man als MLB-Klub Spieler bekommt und wie man sie wieder loswird oder eintauscht, sind vielfältig und teilweise etwas kompliziert. Ich möchte hier zumindest die wichtigsten Verfahren kurz vorstellen.

5.4.1 Die Draft

Der klassische Weg in die MLB führt über die *First-Year-Player-Draft*, der Kürze halber meist nur *Draft* genannt. Es handelt sich dabei um ein Auswahlsystem, wie es in allen großen US-Sportarten in ähnlicher Form existiert. Der Hauptzweck der Draft besteht darin, den Übergang vom College in den Profisport möglichst gerecht zu gestalten – gerecht in dem Sinne, dass die besten Nachwuchsspieler nicht automatisch alle bei den Teams landen, die das meiste Geld, die größten Titelchancen oder das beste Wetter anzubieten haben.

Für die Draft wird eine Reihenfolge ausgelost, bei der die schwächsten Teams der Vorsaison – gemessen an Siegen und Niederlagen – die größten Chancen auf die früheste Spielerauswahl haben. Die Teams, die es nicht in die Play-offs geschafft haben, sind vor den Play-off-Teilnehmern dran und diese anschließend in der Reihenfolge des Abschneidens bis hin zum World-Series-Gewinner, der als letzter einen Spieler wählt. Danach geht das Ganze von vorne los, insgesamt 20 Runden lang.Die Draftreihenfolge ist nicht in Stein gemeißelt, denn es gibt diverse Regeln, aufgrund derer die Liga den Teams zusätzliche *Picks* – sogenannte *Compensatory Picks* – zuerkennt oder als Strafe bzw. Vorteilsausgleich aberkennt. Zudem kann ein Teil der Picks zwischen den Teams gehandelt werden.

Welche Spieler bei einer Draft gewählt werden dürfen, ist klar definiert:

- Man muss Einwohner oder Absolvent des Bildungssystems der USA, Kanadas oder eines US-Territoriums (z. B. Puerto Rico) sein.
- Man darf noch nie einen MLB- oder Minor-League-Vertrag unterschrieben haben.
- Man muss die Highschool abgeschlossen und
  - entweder kein College besucht haben;
  - oder ein Junior oder Community College besuchen;
  - oder drei Jahre eines regulären Colleges absolviert haben;
  - oder das 21. Lebensjahr vollendet haben.

Wenn man gedraftet wurde, ist man keinesfalls verpflichtet, bei dem jeweiligen Team einen Vertrag zu unterschreiben – man darf aber bei keinem anderen Team unterschreiben. Das draftende Team hat nach der Draft rund sechs Wochen Zeit, sich mit dem Spieler auf einen Vertrag zu einigen. Gelingt dies nicht, so kann der Spieler ein Jahr später bei der nächsten Draft von einem anderen Team gewählt werden, sofern er nach wie vor die obigen Voraussetzungen erfüllt.

Bei der Gestaltung der Verträge mit ihren gedrafteten Spielern müssen die Klubs eine Grenze, den sogenannten *Bonuspool*, einhalten. Dieser ist für jedes Team unterschiedlich hoch und bemisst sich an der Draftposition, der Anzahl an Draftpicks und der Summe, die im Vorjahr für gedraftete Spieler ausgegeben wurde. Die Bonuspools der Teams lagen 2023 zwischen 5,2 und 16,2 Millionen US-Dollar. Von diesem Geld erhält man in aller Regel als Erst- oder Zweit-Runden-Pick für seine Unterschrift eine siebenstellige Summe, für spätere Picks werden die Summen logischerweise immer kleiner. Insbesondere für Spieler, die direkt nach der Highschool in einer späten Runde gedraftet werden, kann es sich durchaus lohnen, auf den Spatz in der Hand zu verzichten, um nach ein paar Jahren sportlicher und menschlicher Weiterentwicklung im College deutlich höher gedraftet zu werden.

In fast jedem Fall – und anders als in den meisten anderen US-Sportarten – ist der Weg von der Draft bis zum ersten MLB-Spiel sehr lang und selbst ein sehr hoher Pick ist längst keine Garantie für eine Major-League-Karriere. Rund drei Viertel der Erst-Runden-Picks aus dem College und nur gut die Hälfte der Erst-Runden-Picks aus der Highschool schaffen es irgendwann in die MLB. Schon ab der dritten Draftrunde liegt die Wahrscheinlichkeit, den betreffenden Spieler eines Tages in der MLB zu sehen, deutlich unter 50 %.

5.4.2 Die Rule-5-Draft

Die zweite, weniger bekannte und auch weniger relevante Draft der MLB ist die *Rule-5-Draft*. Sie findet jährlich während der MLB Wintermeetings Mitte Dezember statt, also mit ziemlich genau einem halben Jahr Abstand zur „normalen" Draft.

Der Zweck der Rule-5-Draft besteht darin, zu verhindern, dass MLB-Teams übermäßig Talente horten, ohne sie einzusetzen. Zur Auswahl stehen Spieler, die mit 18 oder 19 Jahren verpflichtet wurden, seit fünf bzw. vier Jahren unter Vertrag stehen und nicht Teil des 40-Spieler-Kaders ihrer Franchise sind. Diese Spieler können von anderen Franchises – in der Reihenfolge der normalen Draft, also vom schlechtesten bis zum besten Team der letzten Saison – angefordert werden.

Im Gegenzug muss das neue Team dem alten 100.000,- US-Dollar bezahlen und den Spieler die gesamte Saison über im 26-Spieler-Kader behalten. Tut es das nicht, hat das alte Team das Recht, den Spieler für 50.000,- US-Dollar zurückzukaufen. Interessant ist die Rule-5-Draft naturgemäß vor allem für Teams im Neuaufbau, denen es nichts ausmacht, einen Kaderplatz mit jemandem zu besetzen, den ein anderes Team als noch nicht MLB-bereit eingestuft hat.

Üblicherweise wechseln über die Rule-5-Draft jährlich zwischen 10 und 20 Spieler das Team. Die zur Wahl stehenden Spieler kommen meist mit mehr oder weniger großen Fragezeichen, denn schließlich werden es sich die bisherigen Teams gut überlegt haben, welche Spieler es ihnen wert sind, sie durch Aufnahme in den 40-Spieler-Kader vor der Rule-5-Draft zu schützen.

5.4.3 Die Free Agency

Die *Free Agency* ist die einfachste Art, sein Team durch die Verpflichtung eines erfahrenen Spielers zu verstärken – vorausgesetzt, man kann es sich leisten. Free-Agent-Verträge werden frei zwischen Teams und Spielern ausgehandelt. Dabei müssen natürlich die gültigen Regeln und Rahmenvereinbarungen der MLB und der Spielergewerkschaft MLBPA eingehalten werden, die zum Beispiel den Mindestlohn festlegen (siehe Kap. 5.3).

Zum Free Agent kann man auf unterschiedliche Weise werden. Die übliche und häufigste Situation ist, dass der Vertrag eines Spielers ausläuft, nachdem er seine ersten sechs Jahre in der MLB absolviert hat. Wenn das bisherige Team darauf verzichtet, dem Spieler in der Arbitrationphase (in der Regel das vierte bis sechste MLB-Jahr) ein Angebot vorzulegen, wird dieser vorzeitig zum Free Agent, das nennt man dann einen *Non-Tender-Free-Agent.*

Zum Free Agent wird man auch, wenn man von seinem bisherigen Team aus einem laufenden Vertrag entlassen (auf Englisch: *released*) wird. Spieler, denen das passiert, werden oft zum Schnäppchen für ein neues Team, weil das bisherige Team ihnen noch das Gehalt aus dem alten Vertrag zahlen muss.

Außerdem ist man auch dann ein Free Agent, wenn man einmal für die Draft qualifiziert war (und es nach wie vor wäre, also zum Beispiel kein Collegestudium aufgenommen hat) und nicht gedraftet wurde. Angesichts von jährlich 20 Draftrunden kommt es in der MLB selten vor, dass sich ein ungedrafteter Spieler zum Star entwickelt, viel seltener jedenfalls, als beispielsweise in der NFL mit nur sieben Draftrunden.

5.4.4 Die internationale Free Agency

Für internationale Spieler - also alle von außerhalb den USA, Kanada oder den US-Territorien - gelten beim Einstieg in die MLB oder die Minor Leagues spezielle Regeln. Diese Spieler werden nicht gedraftet, sondern verhandeln direkt mit den MLB-Klubs. Die Art und das finanzielle Volumen des Vertrags, den man mit einem internationalen Spieler abschließen darf, hängt von dessen Alter und Erfahrung ab. Wenn ein Spieler mindestens 25 Jahre alt ist und mindestens sechs Jahre lang in einer professionellen Liga gespielt hat - als solche gelten beispielsweise die in Kuba, Korea und Japan -, dann gilt er als Free Agent und die Teams unterliegen bei der Vertragsgestaltung keinen besonderen Einschränkungen.

5.4.5 Das internationale Prospect-Signing

Für alle ausländischen Spieler, die nicht die genannten Voraussetzungen erfüllen, gilt das System der internationalen Bonuspools. Ähnlich wie für die Verpflichtung von Draftpicks steht auch für die Verpflichtung von internationalen Rookies jedem Team eine bestimmte Summe zur Verfügung, die es insgesamt für solche Spieler ausgeben darf. Der Bonuspool liegt bei rund fünf Millionen US-Dollar pro Jahr und kann sich aufgrund verschiedener Ausgleichsregelungen sowie durch Trades nach oben oder unten verändern. Aus diesem Budget können die Teams internationalen Talenten Geld für eine Vertragsunterschrift anbieten.

Der Vertrag selbst ist zwangsläufig ein Minor-League-Vertrag - also im Wesentlichen der gleiche Vertrag, den ein gedrafteter Rookie erhält: Man bekommt ab der Berufung in die MLB drei Jahre lang das Mindestgehalt und anschließend drei weitere Jahre lang eine über das Arbitrationverfahren ausgehandelte Summe, bevor man als Free Agent einen „großen" Vertrag anstreben kann.

In den letzten Jahren wurde zwischen der MLB und der Spielergewerkschaft mehrfach über die Einführung einer internationalen Draft verhandelt, ohne dass man sich auf eine solche einigen konnte.

5.4.6 Der Trade

Die Franchises der MLB haben das Recht, untereinander Spieler gegen andere Spieler zu tauschen. Logischerweise können nur Spieler getradet werden, die aktuell unter Vertrag stehen. Zudem wechseln oft im Zuge eines Trades auch Geldsummen oder Bonuspoolkapazitäten den Besitzer. Draftpicks können ebenfalls getradet werden, allerdings nicht die regulären Picks, sondern nur zugesprochene Kompensationspicks.

Eine zeitliche Einschränkung für Trades besteht in der sogenannten *Trade-Deadline* am bzw. um den 31. Juli. Vom Ende der vorherigen *World Series* bis zu diesem Tag ist den Teams der Handel mit Spielern erlaubt, danach für den Rest der Saison nicht mehr.

In der Regel können Trades ohne Zustimmung der betroffenen Spieler durchgeführt werden. Das ist manchmal bedauerlich, aber andererseits verdienen die Spieler selbst auf dem Niveau des Mindestgehalts genug Geld, um Vergleiche mit einem Sklavenhandel als äußerst unanständig dastehen zu lassen.

In zwei Fällen ist die Zustimmung der Spieler zu einem Trade aber doch erforderlich: zum einen, wenn sie seit mindestens 10 Jahren in der MLB spielen und mindestens fünf Jahre davon bei ihrem aktuellen Team verbracht haben; zum anderen, wenn sie beim Abschluss ihres aktuellen Vertrags eine *No-Trade-Klausel* vereinbart haben. Eine solche Klausel kann sich auf sämtliche denkbaren Trades beziehen, aber auch auf bestimmte Teams beschränkt sein – das ist letztlich reine Verhandlungssache.

5.4.7 Der Waiver

Wenn man einen Spieler loswerden möchte, dann kann man ihn auf den *Waiver* setzen. Das ist eine Art Angebotsliste, auf der die anderen Klubs sich informieren können, welche Spieler unter bestimmten Bedingungen zu haben sind. Für Außenstehende ist der Inhalt des Waivers geheim, wenngleich die Informationen oft an die Medien durchsickern.

Für einen Spieler auf dem Waiver kann jedes Team seinen Anspruch anmelden, einen sogenannten *Waiver-Claim*. Wenn es mehrere Claims für einen Spieler gibt, so wird der Claim des Teams mit der aktuell schlechtesten Bilanz bevorzugt (im ersten Monat der Saison geht es nach der Bilanz des Vorjahres). Nach einem erfolgreichen Claim hat das aktuelle Team des Spielers drei Möglichkeiten, wie es damit umgeht:

★ Es kann sich innerhalb von zwei Werktagen mit dem anfordernden Team auf einen Trade einigen (diese Option gibt es nur bis zum 31. Juli).

★ Es kann den Waiver-Move zurückziehen, das heißt, der Spieler bleibt im Kader und alles ist wie vorher.

★ Es kann entscheiden, den Spieler ziehen zu lassen. Das neue Team bezahlt dem bisherigen eine Gebühr von 50.000,- US-Dollar und übernimmt den bestehenden Vertrag des Spielers.

Die beiden erstgenannten Möglichkeiten gibt es pro Spieler und Jahr nur einmal. Das heißt, wenn ein Spieler zum zweiten Mal im Jahr auf den Waiver gesetzt wird, kann er von einem berechtigten Team quasi zum Nulltarif aufgenommen werden, für das alte Team gibt es dann kein Zurück mehr.

Wenn für einen Spieler auf dem Waiver innerhalb von drei Werktagen kein Claim eingeht (in Baseballsprache heißt das *Cleared Waivers*), dann kann er von seinem aktuellen Team in die Minor-League beordert, vor der Deadline zu einem beliebigen anderen Team getradet oder schlichtweg entlassen werden.

5.4.8 Die Minor-League-Option

Will man einen Spieler nicht unbedingt komplett loswerden, sondern nur eine Weile parken, damit er sich weiterentwickeln oder zu sich selbst finden kann, empfiehlt sich eine Versetzung in die *Farm*, also in eines der *Minor-League-Teams* der Franchise. Das geht sehr einfach, solange der Spieler sich in einem Optionsjahr befindet. Üblicherweise hat ein Spieler, der im erweiterten MLB-Kader seines Teams steht, drei solcher Optionsjahre. Ein Optionsjahr gilt als verbraucht, sobald der Spieler in dem jeweiligen Jahr 20 oder mehr Tage in den Minor Leagues verbracht hat.

Über einen Spieler, der die Optionsjahre hinter sich hat, sagt man, er sei *out of Options*. Eine zusätzliche Einschränkung besteht darin, dass ein Spieler nicht öfter als fünfmal in einer Saison in die Minor League versetzt werden darf.

Nach dem Aufbrauchen der Optionsjahre ist die Sache nicht mehr ganz so einfach: Um einen MLB-Spieler außerhalb der Optionsjahre in die Minor League zu schicken, muss dieser zunächst auf den Waiver gesetzt werden; man riskiert also, den Spieler zu verlieren. Erst wenn er den Waiver ungeclaimt *gecleart* hat, kann man ihn, auch gegen seinen Willen, in die Minor League versetzen; dieses Vorgehen ist nur einmal in der Karriere eines Spielers zulässig.

Noch schwieriger wird es, wenn ein Spieler bereits fünf Jahre MLB-Erfahrung besitzt und/oder schon einmal gegen seinen Willen versetzt wurde. In diesem Fall ist eine Versetzung in die Minor Leagues nur mit seiner ausdrücklichen Zustimmung (*Veteran's Consent*) möglich. Verweigert er die Zustimmung, muss das Team ihn entweder im MLB-Kader behalten oder ihn entlassen - mit allen Konsequenzen, die ich weiter unten in Kap. 5.4.9 und 5.4.10 beschreibe.

5.4.9 Die Designation for Assignment

Oft liest man, dass ein Spieler *DFA'd* wird. Die Abkürzung steht für *Designation for Assignment* und bedeutet eine Art Zwischenstatus: Der Spieler wird unmittelbar aus dem 40-Mann-Kader gestrichen, das Team hat aber noch 10 Tage Zeit, um zu entscheiden, was genau es mit ihm anstellen wird. Es gibt dafür folgende Möglichkeiten:

★ Das Team kann den Spieler innerhalb der 10 Tage zurück in den 40-Mann-Kader holen.

★ Es kann ihn auf den Waiver setzen.

★ Es kann ihn traden.

★ Es kann ihn releasen, nachdem er den Waiver durchlaufen hat.

★ Es kann ihn in die Minor League schicken, nachdem er den Waiver durchlaufen hat (sofern er nicht unter die oben genannten Einschränkungen fällt).

5.4.10 Der Release

Wenn alle Versuche, einen Spieler auf andere Art loszuwerden, gescheitert sind, kann man ihn auch einfach entlassen. Das Problem dabei ist, dass man dann als Team auf dem vollen Gehalt für die volle Restlaufzeit des Vertrags sitzen bleibt. Wenn ein anderes Team den Spieler aufnimmt, dann wird es ihm in aller Regel nur das Mindestgehalt zahlen und der Spieler wird damit einverstanden sein - denn das alte Team muss in jedem Fall die Differenz zu dem Vertrag tragen, aus dem es ihn entlassen hat.

★ 6 ★

TAKTIKEN UND TECHNIKEN

6.1 PITCHING

6.1.1 Mehr als nur Werfen: Die Pitches

An dieser Stelle möchte ich noch einmal auf die Behauptung aus der Einleitung zurückkommen, das Schlagen eines Baseballs sei eine der schwierigsten Aufgaben im Sport überhaupt. Man könnte auf den ersten Blick meinen, dass es doch so schwer eigentlich gar nicht sein kann, einen aus gut 18 m zugeworfenen Ball mit einem Schläger zu treffen. Das ist es tatsächlich nicht – solange der Ball wirklich nur *zugeworfen* wird. Was das Schlagen so schwierig macht, ist, dass Pitching weit mehr ist als bloßes Werfen. Ein von einem MLB-Pitcher abgefeuerter Ball erreicht mitunter eine Geschwindigkeit von 160 km/h oder mehr. Das lässt dem Batter nur Bruchteile einer Sekunde für die Beurteilung, wo der Ball ankommen wird.

Viele Pitches scheinen mitten durch die Strikezone zu fliegen, biegen aber dann plötzlich nach unten oder zur Seite ab – oder genau umgekehrt. Andere behalten ihre gerade Flugbahn bei, aber bis man sich dessen einigermaßen sicher sein kann, hat man die Chance auf einen guten Schwung bereits verpasst. Beim nächsten Mal nimmt man sich vielleicht vor, schneller zu schwingen, schaut aber wieder in die Röhre, weil der Pitch gezielt langsamer geworfen wurde. Pitching ist eine sportliche und taktische Hochleistung und Major-League-Pitching ist ihre Perfektion.

Es gibt zig verschiedene Pitches, sofern man die diversen Unterarten und Varianten berücksichtigt. Wenn man ein bisschen zusammenfasst und sich auf die im modernen Baseball gebräuchlichsten Pitches konzentriert, kommt man auf die acht, die ich im Folgenden vorstelle. Die sichtbaren Unterschiede zwischen den Pitches bestehen vor allem in der Geschwindigkeit des Balls sowie in der Form seiner Flugbahn. Das geht teilweise auch aus den Bezeichnungen der Pitches hervor.

Die begriffliche Einordnung richtet sich allerdings grundsätzlich nicht nach Geschwindigkeit und Bahn der Bälle, sondern danach, auf welche Art sie gehalten und geworfen werden. Daher kommt es zum Beispiel durchaus vor, dass der Fastball des einen Pitchers langsamer ist als der Changeup eines anderen, aber es bleibt dennoch ein Fastball aufgrund der Wurfmethode.

Als normaler Zuschauer sieht man normalerweise nicht, was genau der Pitcher mit dem Ball anstellt – klar, denn erstens will er das vor dem Gegner verbergen und zweitens passiert das Ganze verdammt schnell. Deswegen kann man oft nur raten, um welche Art von Pitch es sich jeweils handelt. Hilfreich sind dabei technische Hilfsmittel wie Radarmessung und Aufzeichnung der Flugbahn, vorhandenes Wissen über das Repertoire des jeweiligen Pitchers sowie natürlich vor allem zwei geübte Augen. Erfahrene Schlagleute erkennen an minimalen Änderungen während des Bewegungsablaufs des Pitchers, mit welchem Pitch zu rechnen ist. Die Pitcher wiederum versuchen, dies durch Kontrolle ihrer Bewegungen so weit wie möglich zu verhindern.

Knapp die Hälfte (49,1%) der in der MLB-Saison 2022 geworfenen Pitches waren Fastballs – oder etwas mehr als die Hälfte, wenn man die beiden auf der Statistik-Website Fangraphs getrennt erfassten Fastballvarianten Cutter (6,6 %) und Splitter (1,5 %) hinzuzählt. Wie der Name schon sagt, handelt es sich beim Fastball um die schnellste Art, einen Pitch zu werfen. Ein Fastball wird immer mit *Backspin*, also mit Rückwärtsdrall, geworfen. Dadurch verliert er nur langsam an Höhe.

4-Seam-Fastball

Der *4-Seam-Fastball* ist der typischste und am häufigsten verwendete Fastball. Man nennt ihn auch *4-Seamer, Cross-Seam-Fastball* oder *Rising Fastball*. Der 4-Seamer lebt von hoher Geschwindigkeit bei möglichst geradliniger Flugbahn. Er wird vor allem dann eingesetzt, wenn das Ziel ein Strike ist, denn die Platzierung des 4-Seamers ist für den Pitcher relativ gut kontrollierbar. Idealerweise führt er dazu, dass der Batter zu langsam reagiert und den Ball entweder verfehlt oder so schlecht trifft, dass ein einfaches Out herausspringt. Der Nachteil des 4-Seamers ist, dass er relativ anfällig für Homeruns ist.

Einen 4-Seam-Fastball greift man mit Zeige- und Mittelfinger direkt auf der oberen Naht des Balls. Der Arm schwingt gestreckt von oben herab und während der Daumen den Ball schon loslässt, geben die beiden Finger ihm noch den Rückwärtsdrall mit, indem sie an der gegriffenen Naht nach unten rollen.

Wie jeder Fastball dreht sich der 4-Seamer während des Flugs rückwärts, auf MLB-Niveau ungefähr 20- bis 40-mal pro Sekunde. Durch diesen Backspin, in Verbindung mit der nur sehr geringfügig absinkenden Flugbahn, entsteht für den Batter mitunter der optische Eindruck, die Flugbahn wäre sogar ansteigend. Das ist dann der sogenannte *Rising Fastball* – allerdings nur ein optisches Phänomen, denn ein tatsächliches Ansteigen des von oben geworfenen Balls ist physikalisch unmöglich.

2-Seam-Fastball/Sinker

Die zweite verbreitete Variante des Fastballs ist der *2-Seam-Fastball* oder kurz *2-Seamer*. Auch der 2-Seamer zeichnet sich gegenüber anderen

Pitcharten durch eine hohe Wurfgeschwindigkeit und eine relativ geradlinige Flugbahn mit rückwärts drehendem Ball aus. Im Vergleich mit dem 4-Seamer ist er jedoch sowohl etwas langsamer als auch etwas weniger geradlinig. Letzteres erschwert dem Pitcher die Kontrolle – dem Batter aber natürlich ebenfalls. Das Ziel eines 2-Seamers ist meist, den Ball im unteren Bereich der Strikezone zu platzieren und damit entweder einen Strike oder einen schwachen Groundball zu verursachen, der sich leicht in ein Aus oder gar ein Double Play umsetzen lässt.

Der 2-Seam-Fastball wird so gegriffen, dass Zeigefinger und Mittelfinger auf zwei parallelen Nähten aufliegen. Die Armbewegung ist die Gleiche wie beim 4-Seamer, die Finger bewegen sich aber etwas anders. Durch erhöhten Druck des Zeigefingers wird der für den 2-Seamer typische Drall nach rechts unten bei einem rechtshändigen bzw. links unten bei einem linkshändigen Pitcher erzielt.

Eine etwas kontroverse Frage ist, ob es sich beim *Sinker* um eine eigene Pitchart handelt oder nur um ein anderes Wort für einen 2-Seam-Fastball. Es gibt hierzu unterschiedliche Positionen und außerdem noch die Zwischenposition, dass der Sinker als Unterform des 2-Seamers zu sehen ist – demnach handelt es sich um einen 2-Seam-Fastball mit überdurchschnittlich starker Abwärtsbewegung.

Cut Fastball

Eine Zwischenform, die zwar noch zu den Fastballs zählt, aber etwas weniger Geschwindigkeit und etwas mehr Bewegung aufweist als die oben genannten Pitches, ist der *Cut Fastball* oder kurz *Cutter*. Der Cutter ist üblicherweise 2-5 mph langsamer als ein klassischer Fastball. Die durchschnittliche Geschwindigkeit eines Cutters lag in der Saison 2022 bei 89,1 mph (143 km/h), die eines 4-Seamers bei 93,9 mph (151 km/h). Die ideale Flugbahn eines Cutters verläuft bis kurz vor der Strikezone relativ geradlinig und bricht dann zur Handschuhseite des Pitchers (bei einem rechtshändigen Pitcher also nach links) hin aus.

Ziel des Cutters ist, dem Batter schlechten Kontakt zu verschaffen und somit entweder einen Foul Ball oder ein Groundout zu verursachen, da sich der Ball spät vom sogenannten *Sweet Spot* – dem optimalen Kontaktpunkt – des Schlägers weg bewegt. Insbesondere bei andershändigen Battern (z. B. Linkshändern bei rechtshändigem Pitcher) kommt es recht häufig vor, dass der Schläger durch einen Cutter zu Bruch geht, weil der Batter den Ball zwar mit voller Wucht, aber viel zu weit unten an einer dünnen Stelle des Schlägers trifft.

Der Griff und die Armbewegung eines Cutters sind im Prinzip die Gleichen wie beim normalen Fastball, wahlweise einem 2-Seamer oder 4-Seamer. Den Unterschied macht, dass der Ball nicht ganz zentriert gehalten wird und ein wenig zusätzlichen Druck mit dem Daumen erhält. Dies gibt ihm – neben der für einen Fastball üblichen Rückwärtsdrehung (Backspin) – einen leichten Seitwärtsdrall mit und zwar genau in die andere Richtung, als es bei einem 2-Seamer oder Sinker der Fall ist.

Split-Finger-Fastball

Direkt an der Grenze zwischen Fastball und Breaking Ball liegt der *Split-Finger-Fastball* oder *Splitter*. Ein durchschnittlicher Splitter hatte in der MLB-Saison 2022 eine Geschwindigkeit von 84,8 mph (136 km/h) – gut 4 mph weniger als ein Cutter. Der Splitter ist eine Weiterentwicklung des kaum noch gebräuchlichen *Forkballs*.

Die Flugbahn eines gut geworfenen Splitters ist zu Beginn kaum zu unterscheiden von der eines normalen Fastballs oder eines Cutters, fällt aber kurz vor Erreichen der Schlagzone scharf nach unten ab. Mit diesen Eigenschaften ist der Splitter in erster Linie ein Groundball-Pitch, der besonders in Double-Play-Situationen seine volle Wirksamkeit entfalten kann. Durch das späte Absacken des Balls trifft ihn der Schläger oft in der oberen Hälfte und produziert einen Kullerball, der sich von der Defense für ein einfaches Aus oder auch zwei nutzen lässt.

Der Splitter wird mit gespreizten Fingern an der Außenseite der Nähte gegriffen und wie ein 2-Seamer mit gestrecktem, von oben schwingendem Arm geworfen. Der Griff des Splitters steht im Ruf, stärker als andere Pitches die Schulter und den Ellbogen zu belasten und bei übermäßiger Verwendung der Fastballgeschwindigkeit des Pitchers zu schaden. Aus diesem Grund sind die Trainer mehr und mehr davon abgekommen, jungen Pitchern den Splitter beizubringen. Dementsprechend ist auch in der MLB die Nutzung des Splitters rückläufig: Nur 1,5 % aller Pitches der Saison 2022 waren Splitter.

Curveball

Der *Curveball* hält genau das, was der Name verspricht: Seine Flugbahn weist einen ausgeprägten Bogen nach unten auf; je nach Technik des jeweiligen Pitchers kann auch eine horizontale Bewegung in Richtung von dessen Handschuhseite hinzukommen. Einen Curveball, dessen Bahn ohne horizontales Element gerade von oben nach unten bricht, nennt man in Anlehnung an die Zeiger einer Uhr auch *12-6-Curveball*. Dieser ist in der Regel schwerer zu schlagen als ein Curveball mit horizontaler Bewegung.

Im Gegensatz zum mit Backspin geworfenen Fastball weist ein Curveball typischerweise *Topspin* auf, das heißt, der Ball dreht sich während des Flugs vorwärts statt rückwärts. Zu diesem Zweck ist eine Wurftechnik nötig, die sich von den anderen Pitches deutlich unterscheidet: Der übliche Griff besteht darin, den Mittelfinger oben auf eine Naht des Balls zu legen, den Zeigefinger direkt daneben und den Daumen von unten auf die dem Mittelfinger schräg gegenüberliegende Naht. Beim Release vollzieht der Pitcher eine abwärts schnappende Bewegung mit dem Arm und dem Handgelenk, lässt den Ball zuerst mit dem nach oben ziehenden Daumen los und unterstützt mit dem nach unten schiebenden Zeige- oder Mittelfinger den Topspin.

Ein durchschnittlicher Curveball hatte in der MLB-Saison 2022 eine Geschwindigkeit von 78,9 mph (127 km/h), was ihn (abgesehen vom Spezialistenpitch *Knuckleball*) zum langsamsten in der MLB üblichen Pitch macht. Für den Batter bedeutet das, dass er gegenüber einem 4-Seam-Fastball eine Zehntelsekunde mehr Zeit hat, um zu reagieren. Das ist eine ganze Menge und stellt einen dementsprechend hohen Anspruch an den Pitch, die zusätzlich eingeräumte Zeit durch schlechtere Vorhersagbarkeit der Flugbahn auszugleichen.

Das Ziel ist, dass der Pitch stärker nach unten ausbricht, als es für den Batter zunächst aussieht. Auf diese Weise sieht der Ball entweder so aus, als ob er in der Strikezone ankommt, landet aber tiefer und verführt zu einem *Swinging Strike*; oder er sieht so aus, als käme er zu hoch, bevor er dann doch zum *Called Strike* in die Zone fällt. Mit diesen Charakteristika eignet sich der Curveball besonders als Strikeout-Pitch.

Den Curveball haben die meisten MLB-Pitcher im Repertoire. Für fast alle von ihnen ist er ein sekundärer Pitch, der als Abwechslung zum deutlich häufiger verwendeten Fastball genutzt wird. 9,7 % aller 2022 in der MLB geworfenen Pitches waren Curveballs.

Slider

Der *Slider* gehört wie der Curveball zu den *Breaking Balls*, also zu den Bällen mit deutlich gebrochener Flugbahn. Die Bahn des Sliders vereinigt die beiden Hauptmerkmale des Cutters und des Curveballs: Der Ball bricht vor allem seitlich zur Handschuhseite des Pitchers, aber auch etwas nach unten hin aus, also bei einem rechtshändigen Pitcher nach unten links und bei einem linkshändigen Pitcher nach unten rechts.

Während der Cutter als Unterart des Fastballs während des Flugs rückwärts rotiert (Backspin) und der Curveball vorwärts (Topspin), ist die entscheidende Drehrichtung des Sliders seitwärts *(Sidespin)*. Ein effektiver Slider bricht spät, aber deutlich aus der geraden Flugbahn aus und bringt im Erfolgsfall den Batter dazu, daneben zu schwingen oder nur schlecht zu treffen.

Auch hinsichtlich der Geschwindigkeit ordnet sich der Slider zwischen Curveball und Fastball bzw. Cutter ein. Im Durchschnitt war ein Slider in der

MLB-Saison 2022 84,4 mph (136 km/h) schnell. Mit 21,8 % war er der am häufigsten verwendete Nicht-Fastball. Ein Großteil der MLB-Pitcher hat ihn im Repertoire, aber nur sehr wenige benutzen ihn als ihren Hauptpitch.

Changeup

Der *Changeup* sieht aus wie ein Fastball, ist aber keiner. Mit durchschnittlich 84,3 mph (136 km/h) in der Saison 2022 ist der Changeup zwar schneller als ein Curveball oder ein Knuckleball, aber auch deutlich langsamer als ein Fastball und genau darauf kommt es an. Der Batter soll denken, dass er einen Fastball bekommt; bis er merkt, dass der Ball viel langsamer fliegt, ist sein Timing bereits ruiniert. „Viel langsamer" heißt in dem Fall, dass der Ball ungefähr eine Zwanzigstelsekunde später auf Höhe der Homeplate ist als der erwartete Fastball – klingt wenig, ist im Ergebnis aber oft der Unterschied zwischen Homerun und Foul Ball.

Der Changeup kommt fast immer im Zusammenhang mit einem oder mehreren Fastballs zum Einsatz. Eine typische Situation ist zum Beispiel, dass der Batter gerade bei einem Fastball etwas zu spät am Ball war und ihn verfehlte oder foulte. Nun nimmt er sich ganz fest vor, beim nächsten Pitch schneller zu sein. Der Pitcher ahnt das und serviert ihm einen Changeup, woraufhin der Batter viel zu früh schwingt oder die Bewegung gleich ganz abbricht.

Entscheidend für einen erfolgreichen Changeup ist, dass die Illusion eines Fastballs möglichst lange aufrechterhalten wird. Die Armbewegung des Pitchers und die Flugbahn des Balls sollten daher identisch zum Fastball sein. Der Unterschied liegt darin, dass der Ball tiefer in der Hand gehalten wird, wodurch der Pitch automatisch langsamer wird. In der MLB wurden 2022 in 11,3 % der Fälle Changeups geworfen.

Knuckleball

Der *Knuckleball* wird von den meisten Pitchern nie, von wenigen Spezialisten hingegen fast ausschließlich geworfen. 2018 waren lediglich 0,1 % aller geworfenen Pitches Knuckleballs. Im Gegensatz zu allen bisher vorgestellten Pitches, die sich im Fluge rückwärts (Fastball), vorwärts (Curveball) oder seitwärts (Slider) drehen, weist ein korrekt geworfener Knuckleball minimale bis gar keine Rotation auf. Das macht ihn zum einen recht langsam, sogar langsamer als alle anderen Pitches: Ein durchschnittlicher Knuckleball in der MLB-Saison 2022 wies eine Geschwindigkeit von 75,7 mph (122 km/h) auf.

Zum anderen setzt die Abwesenheit von Rotation den Ball einer kaum vorhersagbaren Luftströmung aus; es entsteht das, was man wohl als „Flatterball" übersetzen kann. Der Ball bewegt sich nicht unbedingt mehr als ein normaler Pitch, aber eben in unberechenbarer Art und Richtung. Das macht ihn zu einer schwierigen Angelegenheit für alle Beteiligten: natürlich für den Batter, aber auch für den Pitcher beim Treffen der Strikezone, für den Catcher beim Fangen und für den Umpire bei der Beurteilung von Balls und Strikes.

Knuckleballer waren und sind im modernen Baseball immer eine Ausnahmeerscheinung. Das liegt zum einen daran, dass der Knuckleball sehr schwer zu kontrollieren ist und es nur wenige Pitcher schaffen, ihn so sehr zu meistern, dass sie nicht ständig Walks und Hit-by-Pitches provozieren.

Schon ein schlecht gefeilter Fingernagel kann dazu führen, dass ein Knuckleball zu sehr rotiert und dadurch leicht schlagbar wird. Zum anderen benötigt ein Knuckleballer auch das richtige Umfeld, um seine Kunst zeigen und weiterentwickeln zu können – die meisten Coaches, Scouts und Catcher sind schlichtweg nicht eingestellt auf diesen Pitch, der so ganz anders ist als alle anderen. In der Regel finden sich zu einem gegebenen Zeitpunkt kaum jemals mehr als ein oder zwei Knuckleballer in der gesamten Liga. Da zurzeit kein Knuckleball-Spezialist regelmäßig in der MLB spielt, wurden 2022 lediglich rund 20 Knuckleballs gepitcht (0,0%).

6.1.2 Die Auswahl der Pitches

Kein professioneller Pitcher beherrscht alle der hier vorgestellten Pitches. Die meisten haben ein Arsenal von 3-4 verschiedenen Pitches im Repertoire. Neben der Art des Pitches ist dessen Platzierung die zweite

Variationsmöglichkeit, über die man als Pitcher verfügt. Jeder Pitch zielt auf eine bestimmte Stelle innerhalb oder außerhalb der Strikezone. Der Verlauf eines Basesballspiels hängt ganz wesentlich davon ab, ob es dem Pitcher gelingt, seine Würfe so auszuwählen, dass er die Batter überraschen und verwirren kann, oder ob er für den Gegner durchschaubar ist.

Die Entscheidung, welcher Pitch geworfen und wohin er gezielt wird, wird vom Pitcher gemeinsam mit dem Catcher getroffen. Die beiden verständigen sich über verdeckte Zeichen: Der Catcher macht per Fingerzeig einen Vorschlag, den der Pitcher entweder akzeptiert oder durch ein Kopfschütteln ablehnt, um einen neuen Vorschlag zu erhalten. Üblicherweise steht ein Finger für einen Fastball, zwei Finger signalisieren einen Curveball, drei einen anderen Breaking Ball (zum Beispiel einen Slider), vier einen Changeup. Hinzu kommt ein Zeichen, auf welche Seite und welche Höhe der Pitch zielen soll.

In der MLB ist seit 2022 ein elektronisches System namens PitchCom im Einsatz. Es besteht aus einem Armband mit Tasten für den Catcher, dessen Signale an einen Lautsprecher in der Kappe des Pitchers übermittelt werden. Auf diese Weise funktioniert die Verständigung schneller und es sinkt das Risiko, dass gegnerische Spieler die Zeichen entschlüsseln, um sich auf den kommenden Pitch einzustellen.

Häufig gibt es bei der Pitchauswahl auch Vorgaben des Managers oder des Pitching Coaches. Da die Coaches keine elektronischen Hilfsmittel nutzen dürfen, werden ihre Anweisungen dem Catcher nach wie vor vom Dugout aus per Zeichen übermittelt. Dafür ist ein etwas ausgefeilteres System von Signalen nötig, damit diese von den gegnerischen Battern, Runnern und Basecoaches nicht verstanden werden. Das könnte zum Beispiel so aussehen: Ein Streichen des Managers über seinen rechten Arm bedeutet, dass er einen hohen Fastball sehen will. Er verpackt diese Vorgabe, indem er vorher und nachher ein paar andere Bewegungen macht, aber der Catcher weiß, dass nur die Anweisung zählt, die der Manager nach einem Griff an die Nase gibt. Wenn er sich anschließend an den Schirm seiner Kappe greift, sind alle vorherigen Anweisungen aufgehoben und es folgt ein neues Signal. Berührt er irgendwann während der

Sequenz sein linkes Ohr, so ist, unabhängig von allen anderen Zeichen, noch einmal der gleiche Pitch zu werfen wie der letzte.

Welcher Pitch letztlich gewählt wird, hängt von diversen Faktoren ab. Einer davon sind die Stärken und Vorlieben des jeweiligen Pitchers. Jeder Pitcher möchte Outs erzielen, aber manchen gelingt das bevorzugt über Groundballs, während andere stärker auf Strikeouts und wieder andere mehr darauf setzen, leicht zu fangende Pop-ups zu verursachen.

Neben den persönlichen Voraussetzungen des Pitchers spielt bei der Entscheidung für einen Pitch primär die Spielsituation eine Rolle – der aktuelle Count, die Anzahl der Outs und die vorhandenen Baserunner, die bekannten Tendenzen des Batters usw. Um ein paar konkrete Beispiele zu nennen:

★ Mit einem Runner auf der ersten Base und weniger als zwei Outs wünscht man sich einen Groundball, aus dem sich ein Double Play produzieren lässt. Dazu braucht es einen niedrigen Pitch, bei dem der Schläger die obere Hälfte des Balls trifft. Es bietet sich ein Curveball oder ein Sinker an.

★ Schlägt der Batter gegen den Wind und hat daher kaum Chancen auf einen Homerun, so könnte der Pitcher darauf abzielen, dass der Ball „südlich des Äquators" getroffen wird, um hoch in die Luft zu fliegen. Dafür eignet sich ein hoher Fastball.

★ Fast jeder Batter hat sogenannte *Hot Zones* und *Cold Zones*, also Bereiche innerhalb der Strikezone, in denen es ihm üblicherweise gut oder eben nicht gut gelingt, die Bälle zu treffen. Dementsprechend empfiehlt es sich für den Pitcher, die Cold Zones des jeweiligen Schlagmanns zu kennen und auf diese zu zielen.

★ Wenn ein schneller Runner vorhanden ist, der eine Base stehlen könnte, will der Catcher den Ball möglichst schnell und sicher empfangen. Es bietet sich ein Fastball an, nicht zu tief und nicht zu nah am Batter.

★ Mit einem Count von 3-0 (drei Balls, null Strikes) oder 3-1 möchte man das Risiko vermeiden, einen weiteren Ball und damit einen

Walk zuzulassen. Daher wählt man einen Pitch, den man gut kontrollieren kann, und zielt damit klar in die Strikezone.

★ Steht der Count hingegen bei 0-2, so kann man sich ohne Weiteres einen Ball erlauben, während der Batter sich keinen weiteren Strike leisten darf. Es bietet sich ein Pitch an, der bewusst die Strikezone verfehlt, ihr aber nahe genug kommt, um den Batter zu einem voreiligen Schwung zu verführen.

In den aufgeführten Beispielen scheint relativ klar zu sein, welcher Pitch jeweils sinnvoll ist. Nun kommt aber erschwerend hinzu, dass jede der angestellten Überlegungen auch dem Batter und seinen Kollegen bewusst ist. Der Pitcher muss daher nicht nur die Spielsituation berücksichtigen, sondern auch die bestehenden Erwartungen und Erwartungserwartungen. Er muss häufig genug einen anderen als den scheinbar logischen Pitch wählen, damit der Batter sich nie zu sicher sein kann.

Einen Sonderfall stellt eine Spielkonstellation dar, in der ein Walk aus Sicht des Pitchers das geringste Übel darstellt. Das kann zum Beispiel der Fall sein, wenn ein besonders starker Batter am Schlag ist und nach ihm eine vermeintlich leichtere Aufgabe wartet. Oder wenn die zweite Base besetzt, die erste aber frei ist. In dem Fall erhöht man die Chancen, im Infield ein leichtes Out oder auch zwei zu erzielen, indem man den Batter auf die erste Base lässt.

Das kann man ganz offen tun, indem man einen *Intentional Walk* signalisiert: Der Manager hält vier Finger in die Höhe, woraufhin der Umpire den Batter direkt zur Base schickt. Oder man wählt die Variante *half-intentional* – das heißt, man wirft bewusst Pitches außerhalb der Strikezone und überlässt es dem Batter, ob er das Geschenk annimmt oder sich an einem wenig aussichtsreichen Schwung versucht.

Eine weitere Situation, in der absichtlich außerhalb der Strikezone geworfen wird, ist der sogenannte *Pitch Out*. In dem Fall wirft der Pitcher einen Fastball outside (also zu der vom Batter fernen Seite der Homeplate), damit der Catcher diesen schnell aufnehmen und ein Basestealing vereiteln kann.

6.1.3 Vom Starter bis zum Closer

Die Auswahl der Pitches ist eine der beiden großen taktischen Herausforderungen beim Pitching. Die andere besteht in der Entscheidung des Managers, wann und wie lange die vorhandenen Pitcher eingesetzt werden. In den frühen Jahrzehnten des Baseballs stellte sich diese Frage kaum. Es gab wie heute eine Rotation aus mehreren Starting Pitchern, die sich von Spiel zu Spiel abwechselten - wobei es damals meistens drei bis vier Starter waren, während heute fünf üblich sind.

Vom jeweiligen Starting Pitcher wurde erwartet, dass er das komplette Spiel absolvierte. Gewechselt wurde nur, wenn der Starter sich verletzte oder wenn seine Leistung nicht stimmte. Das änderte sich mit der Zeit mehr und mehr und heutzutage sind Complete Games eine Rarität.

Jahr	Complete Games	Anteil
1882	1.142	94,6 %
1902	1.950	87,6 %
1922	1.240	50,0 %
1942	1.128	46,1 %
1962	844	26,0 %
1982	510	18,3 %
2002	214	4,4 %
2022	36	0,7 %

Üblicherweise wird der Starter heute spätestens nach 100-120 Pitches gegen einen *Relief Pitcher* ausgewechselt. Das ist meistens nach 5-7 Innings der Fall. Für die Entwicklung hin zu kürzeren Starts sprechen zwei wichtige Argumente: Erstens ist man zunehmend zu der Einsicht gelangt, dass bei einem hohen Pitch Count die Belastung der Muskeln und Gelenke so hoch wird, dass die Effektivität der Pitches ab- und das Verletzungsrisiko für den Pitcher zunimmt.

Zweitens zeigt die Erfahrung, dass die Batter umso leichteres Spiel haben, je öfter sie einem bestimmten Pitcher gegenüberstehen, weil sie sich auf diesen einstellen und in einen Rhythmus finden. Aus Sicht des verteidigenden Teams ist es daher sinnvoll, einen Wechsel vorzunehmen, nachdem der Starter zwei- bis höchstens dreimal durch das Batting Lineup gepitcht hat.

Einhergehend mit der Tendenz zu kürzeren Starts, hat sich auch die Rolle der *Relief Pitcher* verändert. Waren sie früher schlichtweg Ersatzleute, die, wenn nötig, für den Starter einsprangen und das Spiel zu Ende pitchten, handelt es sich heute um Spezialisten für besondere Aufgaben und Situationen. Hier einige typische Rollen, die Relief Pitcher ausfüllen:

- ★ *Long Reliever*. Er übernimmt für mehrere Innings, falls der Starter mal besonders früh ausgewechselt werden muss. In der Regel füllt diese Rolle ein Pitcher aus, der selbst Erfahrung als Starter hat und auch von Anfang an einspringen kann, wenn zum Beispiel durch Verletzungen mal eine Lücke in der Starting Rotation entsteht.
- ★ *Middle Reliever*. Pitcht in der Regel ein oder zwei Innings, bevor das Spiel in die Endphase geht. Übernimmt gegebenenfalls auch mal ein spätes Inning, wenn das Spiel ohnehin weitgehend entschieden ist und man die Top-Reliever schonen will.
- ★ *Lefty Specialist*. Linskhändige Reliever sind oft stark auf linkshändige Batter spezialisiert. Bislang war *LOOGY* (*Lefty-One-Out-GuY*) ein verbreiteter Begriff für einen Spezialisten-Pitcher, der nur für einen Batter ein- und anschließend wieder ausgewechselt wurde. In dieser extremen Form gibt es die Rolle nicht mehr, denn seit der Saison 2020 darf ein Pitcher nur zwischen den Innings ausgewechselt werden oder nachdem er mindestens gegen drei Batter angetreten ist.
- ★ *Set-up-Man*. In der Regel der zweitbeste Reliever im Team. Sein Job ist es, spät im Spiel – meistens im achten Inning – einen engen Spielstand zu verteidigen.
- ★ *Closer*. Der zuverlässigste Reliever hat die Aufgabe, das Spiel zu Ende zu bringen, vor allem, wenn es sich um eine Savesituation handelt, es also eine knappe Führung zu retten gilt.

★ *Opener*. Bei dieser relativ neuen taktischen Variante beginnt ein Pitcher das Spiel, dessen Start von vornherein nicht für einen längeren Auftritt ausgelegt ist. Man spricht von einem *Bullpen-Game*, wenn anstelle des üblichen Starter-Reliever-Modells von Anfang an alle ein, zwei Innings der Pitcher gewechselt wird.

Eine neue Entwicklung der letzten ein, zwei Jahre ist die Rolle des *Openers*. Gemeint ist damit, dass ein Pitcher das Spiel beginnt, dessen Start von vornherein nicht für einen längeren Auftritt ausgelegt ist. Die damit verbundene Taktik nennt sich *Bullpenning*. Anstelle des üblichen Starter-Reliever-Modells wird beim Bullpenning von Anfang an alle ein, zwei Innings der Pitcher gewechselt.

Eine Variante besteht darin, direkt nach dem Opener einen Pitcher einzusetzen, der für einen längeren Zeitraum eingeplant ist. Für die Rolle dieses „verspäteten Starters" hat sich noch kein Name eingebürgert. Bislang handelt es sich bei diesen Arten des Pitchereinsatzes um eine Ausnahme, aber der Trend scheint das Potenzial zu haben, sich auszuweiten.

Bei der Entscheidung, welcher konkrete Pitcher zum jeweiligen Zeitpunkt eingewechselt wird, kommt es neben der beschriebenen Rollenverteilung stark auf den Spielstand an. Je deutlicher das Spiel bereits in die eine oder in die andere Richtung entschieden ist, desto mehr tendieren die Manager dazu, ihr schwächeres Personal einzusetzen und dieses verhältnismäßig lange im Spiel zu lassen. In engeren Spielen hingegen schaut man sehr genau auf jedes einzelne Match-up und setzt immer den Reliever ein, der gerade die höchste Erfolgswahrscheinlichkeit gewährt.

Eine typische Match-up-Entscheidung ist, dass bevorzugt linkshändige Pitcher gegen linkshändige Batter eingesetzt werden. Bei gleichhändigen Match-ups haben Pitcher den Vorteil, dass Breaking Balls sich vom Batter weg bewegen und somit schwerer zu schlagen sind, als wenn die Bewegung in die andere Richtung geht. Um diesen Effekt zu minimieren, lassen die Teams in der Schlagreihenfolge meist gezielt abwechselnd links- und rechtshändige Batter antreten.

Die Händigkeit ist aber bei Weitem nicht das einzige relevante Kriterium, um ein vorteilhaftes Match-up zu finden. Die Teams nutzen den riesigen Datenfundus, den es über jeden Spieler gibt, um Stärken und Schwächen aller Art aufzudecken und zu nutzen. Das kann zum Beispiel sein, dass Batter X Probleme mit Curveballs hat, dass Pitcher Y gut darin ist, Power Hitter auf Groundballs zu beschränken oder dass Runner Z regelmäßig Bases stiehlt, wenn man gegen ihn einen Pitcher mit langsamer Wurfbewegung aufstellt.

6.2 BATTING

6.2.1 Die Schlagreihenfolge

Das *Batting Lineup*, also die Aufstellung der Schlagmänner, besteht immer aus neun Plätzen. Die darin festgelegte Reihenfolge wird das ganze Spiel über beibehalten. Üblicherweise stehen die besseren Batter in der oberen Hälfte des Lineups, denn dies erhöht die Wahrscheinlichkeit, dass sie während des Spiels einmal mehr an den Schlag kommen. Ein Batter, der regelmäßig weit vorne in der Reihenfolge zum Einsatz kommt, bringt es im Laufe einer Saison auf rund 100 Plate Appearances mehr, als ein auf den hinteren Rängen einsortierter Spieler.

Das heißt allerdings nicht, dass zwangsläufig der beste Batter des Teams als Erster antritt, der zweitbeste als Zweiter usw. Vielmehr ist jede Stelle im Lineup mit einer bestimmten Rolle verbunden, der der jeweils passendste Spieler zugeordnet wird. Hier eine idealtypische Übersicht, verbunden mit dem Hinweis, dass keine der Rollen in Stein gemeißelt ist und dass jeder Manager seine eigene Theorie zur perfekten Batting Order hat:

★ *Nummer eins, der Lead-off-Spot*: Die Spieleröffnung überlässt man in der Regel einem Spieler, der nicht unbedingt mit viel Power schlägt, aber häufig auf Base kommt und ein schneller Läufer ist. Mit ihm als erstem Baserunner bestehen gute Chancen, im Rest des Innings wenigstens einen Run nach Hause zu bringen.

★ *Nummer zwei*: Der nächste Hitter sollte gute Kontakt- und Kontrollfähigkeiten haben. Das heißt, er muss gut darin sein, den Schläger an den Ball zu bekommen und diesen in eine bestimmte Richtung zu befördern. Auf diese Weise kann er gezielt dafür sorgen, den zum Baserunner gewordenen Lead-off-Hitter zumindest eine Base weiter zu bringen – wenn nötig, per Bunt oder Sacrifice Hit.

★ *Nummer drei*: An dieser Stelle wird oft der beste Allround-Batter des Teams eingesetzt. Er hat die Power, um vorhandene Runner nach Hause zu schlagen, und kommt selbst so häufig auf Base, dass er den folgenden Homerunspezialisten die Chance gibt, mehrere Runs auf einen Schlag zu erzielen.

★ *Nummer vier, der Clean-up-Hitter*: Er ist in aller Regel der Spieler des Teams, der die meisten Homeruns erzielt. Im Idealfall sind vor ihm schon mehrere Batter auf Base gekommen, die bei einem Extra-Basehit allesamt scoren.

★ *Nummer fünf*: An dieser Stelle hat man am besten jemanden, der eine möglichst originalgetreue Kopie zum Clean-up-Hitter darstellt. Dahinter stehen zwei Gedanken: Erstens stellt er eine zweite Chance auf den erhofften Homerun dar, falls der Clean-up-Hitter einen Strikeout oder Flyout erlitten hat. Zweitens hält eine gute Nummer fünf den Pitcher davon ab, es sich mit dem Clean-up-Hitter einfach zu machen, indem er ihn absichtlich oder mit halber Absicht walken lässt.

★ *Nummer sechs*: Der sechste Batter sollte stark genug sein, durch Hits und gegebenenfalls Sacrifice Flys weitere Runs nach Hause zu bringen, auch wenn bei den Akteuren an dieser Stelle des Lineups zwangsläufig die eine oder andere Schwäche im Vergleich mit den höher eingestuften Battern vorhanden ist.

★ *Nummer sieben*: Das untere Drittel der Batting Order gehört in der Regel den Spielern, die mehr wegen ihrer defensiven Stärken als wegen ihrer Schlagleistungen im Team stehen. Typische Positionen, auf denen man dies in Kauf nimmt, sind Catcher und Shortstop. Als Nummer sieben stellt man oft den langsamsten Runner auf.

★ *Nummer acht*: Es gilt das Gleiche wie für Nummer sieben, wobei man an dieser Stelle den etwas besseren Kontakthitter und etwas schnelleren Baserunner wählt. Er hat eine spezielle Rolle auszufüllen, wenn er an den Schlag kommt und in dem Inning schon zwei Outs erzielt wurden: Er muss in dem Fall alles daran setzen, das dritte Out zu vermeiden, um Batter Nummer neun noch an den Schlag zu bringen. Dieser ist nämlich fast immer der schlechteste Hitter des Teams und wenn er in diesem Inning noch drankommt, kann man den nächsten Durchgang wieder mit dem Lead-off-Hitter starten.

★ *Nummer neun*: Wie gesagt, an dieser Position schlägt in aller Regel der schwächste Batter des Lineups. Wenn man als Team so ausgeglichen besetzt ist, dass auch vom Nummer-9-Hitter solide offensive Produktion zu erwarten ist, ist das oft ein Schlüssel zum Erfolg.

Der *Designated Hitter* (DH) ist eine spezielle Position, die 1973 in die AL und erst 2022 in die NL eingeführt wurde und inzwischen in fast allen Baseball-Ligen weltweit existiert. Die DH-Regel befreit Pitcher von der Aufgabe, selbst als Schlagmann an die Platte zu treten. An ihrer Stelle steht der DH im Lineup, der seinerseits nur in der Offensive spielt und keine Defensivrolle übernimmt. Als DH wird oft ein älterer, nicht ganz fitter oder im Feldspiel wenig talentierter Spieler eingesetzt, der zwar zu guten Schlagleistungen fähig, aber meistens nicht sehr athletisch ist. In der Batting Order bringt ihn das meistens in die Gegend der Plätze 5-7.

An der DH-Regel schieden sich lange Zeit die Geister so sehr, dass AL und NL knapp 50 Jahre lang an der An- bzw. Abwesenheit dieser Regel als einzigem Regelunterschied zwischen den beiden Teilligen der MLB festhielten. Befürworter des Spiels mit DH konnten als Argument anführen, dass die generelle Qualität der Offense steigt, wenn man auf den

Zwangseinsatz des Pitchers an der Platte verzichtet, der oft ein beinahe automatisches Out darstellt. Hinzu kommt der integrative Charakter der Regel, die es alternden Tophittern erlaubt, ihre Karriere ein bisschen zu verlängern, auch wenn sie nicht mehr das Tempo und die Dynamik für das Feldspiel aufbringen. Gegner der Regel beklagten zum einen den Verlust des Grundgedankens eines symmetrischen Spiels, in dem jeder Akteur gleichermaßen offensive wie defensive Aufgaben wahrnimmt. Zum anderen wurde kritisiert, dass taktische Elemente wie Pinch-Hitting für den Pitcher und Double Switches durch die DH-Regel ihre Bedeutung verlieren.

Ein *Pinch-Hitter* ist ein Ersatzspieler, der für einen Batter eingewechselt wird. Er übernimmt im Lineup zwangsläufig die Stelle des ausgewechselten Spielers. Es gibt diverse Gründe, an einem bestimmten Punkt des Spiels einen Batterwechsel vorzunehmen; zum Beispiel eine Verletzung des Ausgewechselten oder ein vermeintlich besseres Match-up des Eingewechselten gegen den aktuellen Pitcher. Sofern ohne DH gespielt wird, ist der häufigste Grund für einen Pinch-Hitter die Überbrückung eines Pitcherwechsels. Das heißt, wenn der Pitcher-Spot im Lineup an der Reihe ist und man sowieso zum nächsten Halbinning einen neuen Pitcher bringen will, dann wechselt man einen Ersatzbatter ein, den man anschließend für den neuen Pitcher wieder auswechselt.

Ein wichtiger zusätzlicher Aspekt bei der Zusammenstellung des Lineups ist der Unterschied zwischen links- und rechtshändigen Battern. Wie im Pitching-Kapitel erwähnt, fällt es den Battern meistens schwerer, gegen Pitcher anzutreten, die die gleiche Händigkeit aufweisen wie sie selbst. Wenn der Kader es hergibt, richten sich die Manager oft nach dem gegnerischen Starting Pitcher und stellen gegen einen Rechtshänder vermehrt Linkshänder auf und umgekehrt. Außerdem empfiehlt es sich, Rechts- und Linkshänder im Lineup gut zu mischen.

Dadurch hat der Gegner einen geringen Nutzen beim Einsatz von spezialisierten Relief Pitchern. Auf Letztere kann man auch gut reagieren, indem man kurzerhand den Batter austauscht: Wenn ein linkshändiger

Spezialist auf den Mound geschickt wird, um gegen einen linkshändigen Batter zu pitchen, dann wechselt man an dessen Stelle einen rechtshändigen Batter ein. Der Pitcher kann dann nicht mehr zurückgezogen werden; er muss gegen mindestens einen Batter antreten, bevor er ausgewechselt werden darf. Ab 2020 muss er gemäß der in Kap. 6.1.3 erwähnten Regeländerung gegen mindestens drei Batter antreten oder das Inning beenden.

Besonders flexibel ist man, wenn man den einen oder anderen *Switch-Hitter* zur Verfügung hat. Das sind Batter, die von beiden Seiten der Platte schlagen können. In der Regel treten Switch-Hitter rechtshändig gegen linkshändige Pitcher an und umgekehrt. Der Batter darf auch zwischen zwei Pitches die Seite wechseln, allerdings nicht, wenn bereits zwei Strikes im Count sind. Übrigens gibt es auch *Switch-Pitcher*, wenngleich sie eine extrem seltene Erscheinung sind. Switch-Pitcher dürfen die Seite, mit der sie werfen, nur zwischen zwei Battern wechseln, nicht zwischen den einzelnen Pitches eines At Bats.

Wenn sich ein Switch-Hitter und ein Switch-Pitcher gegenüberstehen, muss der Pitcher als Erster entscheiden und anzeigen, mit welcher Hand er werfen wird. Anschließend entscheidet der Batter, von welcher Seite er schlägt.

6.2.2 Der Batting Approach

Neben der Wahl des Lineups durch den Field Manager besteht die zweite taktische Einflussmöglichkeit beim Batting in der Herangehensweise des jeweiligen Batters, dem sogenannten *Batting Approach*. In diesen fließen sowohl generelle Vorlieben und Fähigkeiten des Spielers ein als auch auf die spezielle Situation zugeschnittene Anweisungen. Man muss dazu sagen, dass die Variationsmöglichkeiten beim Hitting deutlich geringer sind als beim Pitching.

Anders formuliert: Es gibt mehr Arten, einen Pitch zu werfen, als Arten, einen Schläger zu schwingen. Deshalb ist es in der Regel ein Vorteil für den Pitcher, wenn er sich mit einem bestimmten Batter zum ersten Mal duelliert. Je häufiger der Batter und der Pitcher sich in einem Spiel, einem Jahr oder einer ganzen Karriere begegnen, umso mehr stellen diese Erfahrungen einen Vorteil für den Batter dar.

Viele Faktoren, die beim Hitting zu beachten sind, gelten universal für jeden Spieler und in (fast) jeder Situation. Sie müssen jedem Baseballer in Fleisch und Blut übergehen, denn wenn der Ball im Anflug ist, gibt es keine Zeit zum Überlegen und die erworbenen Instinkte müssen übernehmen.

★ Die Augen sollen immer und jederzeit auf den Ball gerichtet sein.

★ Die Standposition innerhalb der Batter's Box ist so zu wählen, dass die Reichweite des Schlägers die Strikezone bis zum äußeren Rand umfasst, man aber auch an ihrem inneren Rand noch genug Platz für einen sauberen Schwung hat. Um ein wenig mehr Reaktionszeit zu haben, positionieren sich die meisten Batter am hinteren Rand der Batter's Box.

★ Der Schläger soll fest, aber nicht verkrampft in den Händen liegen, die mittleren Fingerknöchel beider Hände bilden eine Linie.

★ Beim Schwung kommt der größte Teil der Kraft nicht aus den Armen, sondern aus der Gewichtsverlagerung. Der Batter lehnt sich auf sein hinteres Bein, während er auf den Pitch wartet. Wenn er schwingt, dreht er sich dem Ball entgegen und macht einen kleinen Schritt mit dem vorderen Bein.

★ Erst ganz am Schluss der Bewegung kommen die Hände mit dem Schläger nach vorne. Gedanklich ist das Ziel nicht, den Ball zu treffen, sondern durch ihn hindurchzuschlagen. Dies verhindert ein unbeabsichtigtes Abbremsen des Schwungs kurz vor dem Auftreffen.

★ Die Bahn des Schlägers soll möglichst parallel zum Boden verlaufen (*Level Swing*). Auf diese Art befindet sich der Schläger länger in dem Bereich, in dem er den Ball treffen kann, als wenn er die Zone in einer Aufwärts- oder Abwärtsbewegung durchquert. Gleichzeitig erhöht ein flacher Schwung die Chance, Line Drives zu schlagen, also schnelle, schwer zu fangende Bälle.

Individuell unterschiedlich ist die Herangehensweise, nach welchen Bällen man schlägt und nach welchen nicht. Dies hängt unter anderem davon ab, ob man eher darauf abzielt, einen hohen Schlagdurchschnitt zu erzielen und häufig auf Base zu kommen, oder darauf, öfter mal einen Homerun zu schlagen und zwischendurch das eine oder andere Strikeout in Kauf zu nehmen.

Manche Batter versuchen, bei jedem Pitch, der in der Strikezone oder zumindest in der Nähe ankommt, Kontakt herzustellen. Andere warten konsequent auf einen bestimmten Pitch; wenn sie zum Beispiel einen halbhohen Fastball im mittleren bis äußeren Bereich der Strikezone wollen, dann lassen sie – zumindest solange weniger als zwei Strikes im Count sind – jeden anderen Pitch durch. Mit zwei Strikes passt fast jeder Batter seinen Approach an, zum Beispiel, indem er den Schläger ein Stück weiter oben fasst und in der Batter's Box einen Schritt auf den Pitcher zumacht. Auf diese Weise gibt man ein wenig Schlagkraft auf für eine höhere Kontaktwahrscheinlichkeit.

Die individuellste Komponente ist der *Batting Stance*, also die Art, wie man beim Warten auf den Pitch in der Batter's Box steht. Manche Batter stehen zum Beispiel fast aufrecht und sorgen so dafür, dass der Pitcher keine Strikes mit sehr niedrigen Würfen erzielen kann. Andere kauern sich eng zusammen und machen die Strikezone dadurch besonders klein. Bei der Platzierung der Füße bietet ein offener Stand – das heißt, der hintere Fuß steht näher an der Homeplate als der vordere – den Vorteil, dass man eine bessere Sicht auf den Pitcher und den Ball hat. Ein geschlossener Stand hingegen erhöht die Chance, in die gegenüberliegende Richtung zu schlagen, was zum Beispiel gegen einen *Infield Shift* (siehe Kap. 6.4.2) extrem hilfreich ist. Der Kompromiss zwischen dem offenen und dem geschlossenen ist ein neutraler Stand, bei dem beide Füße auf gleicher Höhe stehen.

Eine häufig diskutierte Frage ist, inwieweit Batter die Richtung und Art ihrer Hits kontrollieren können. Angesichts der Schwierigkeit, einen in Geschwindigkeit, Flugbahn, Platzierung und Rotation variierenden Ball überhaupt zu treffen, erscheint es utopisch, dabei auch noch auf eine Lücke zwischen zwei Verteidigern zu zielen. Ob ein hart geschlagener Ball direkt im Handschuh des Shortstops landet oder aber über die zweite Base hinweg ins Outfield fliegt, ist tatsächlich zu einem guten Teil Glückssache. Das heißt aber nicht, dass der Batter machtlos in Bezug auf das Ergebnis seines Schlags wäre.

Wenn zum Beispiel ein rechtshändiger Batter den Ball zur rechten Seite „pullen" möchte, so kann er darauf hinwirken, indem er erstens einen eher offenen Batting Stance wählt, zweitens auf einen Pitch in der inneren Hälfte der Strikezone wartet und drittens einen Tick früher schwingt, als wenn seine Absicht eine andere ist.

Eine andere Einflussmöglichkeit ist die Bahn des Schlägerschwungs. Ein flacher *Level Swing* ist zwar in den meisten Situationen von Vorteil, aber in manchen Fällen kann es sinnvoll sein, bewusst etwas nach unten oder oben zu schwingen, um einen Groundball oder einen Flyball zu erzeugen.

Ein langer und hoher Flyball, auch wenn er im Outfield fangbar ist, kann zum Beispiel dann wünschenswert sein, wenn sich ein Runner auf der dritten Base befindet und noch keine zwei Outs erzielt wurden. In dem Fall wird der Runner mit dem Fuß Kontakt zur Base halten („Tag-up") und losrennen, sobald der Outfielder den Ball berührt. Wenn auf diese Weise ein Run gelingt, wird dem Batter ein Sacrifice Fly gutgeschrieben. Ein Sacrifice Fly wirkt sich in der Statistik nicht negativ auf den Batting Average des Schlagmanns aus, da die Aktion nicht als At Bat gezählt wird.

Eine andere Art des Schlags, bei der sich der Batter oft „opfert", ist der *Bunt*. Bei einem Bunt wird der Schläger nicht geschwungen, sondern waagerecht in die Strikezone gehalten, um den Ball daran abtropfen zu lassen. Die häufigste taktische Anwendung dieser Technik ist der *Sacrifice Bunt*. In dem Fall besteht das Ziel darin, einen oder mehrere Baserunner voranzubringen und dafür ein Out des Batters in Kauf zu nehmen. Ein anderes Anwendungsfeld des Bunts besteht darin, die Defense auf dem falschen Fuß zu erwischen, wenn die Verteidiger besonders tief stehen oder im Rahmen eines Shifts eine Seite des Infields vernachlässigen.

6.3 BASERUNNING

Der kürzeste Weg zwischen zwei Punkten ist bekanntlich eine Gerade. Wenn man beobachtet, wie die Runner von Base zu Base laufen, scheinen sie dieses Wissen nur manchmal umzusetzen – natürlich mit gutem Grund. Einen geraden Weg wählen sie üblicherweise dann, wenn die nächste Base das eindeutige und einzige Ziel der aktuellen Bemühung ist.

Sobald eine Chance besteht, dass aus dem Spielzug mehr herausspringt – zum Beispiel bei einem Hit ins Outfield –, gleicht der Laufweg des Runners eher einer Banane. Dadurch gelingt ihm leichter die Kurve, um nach dem Berühren der Base einige Schritte in Richtung zur nächsten Base zu tun und dann zu sehen, ob sich das Weiterlaufen lohnt oder er besser zur bereits erreichten Base zurückkehrt und dort erst mal bleibt. Zudem verkürzt sich durch das Laufen der „Banana Route" die Laufstrecke, denn der Runner wird durch die Fliehkraft nicht so sehr aus der Bahn getragen und kann seinen Impuls besser in Richtung der nächsten Base lenken.

Wenn es auf dem Weg zu einer Base knapp wird, so bietet sich für den Runner oft ein *Slide* an, also eine eingesprungene Rutschbewegung auf dem letzten Abschnitt der Strecke. Ein Slide kann entweder *Head First,* mit den Händen und dem Oberkörper voran, ausgeführt werden oder *Feet First*, mit den Füßen zuerst. *Feet First* ist die häufigere Variante; sie ist weniger verletzungsintensiv und bietet eine bessere Chance, schnell aufzustehen und weiterzurennen, falls sich die Gelegenheit dazu ergibt. *Head First* zu sliden hingegen bietet den Vorteil, dass man mehr Kontrolle darüber hat, durch zusätzliche Bewegungen einem Tag auszuweichen.

Das Vermeiden eines *Tag Plays*, indem man einem bereits wartenden Feldspieler ein möglichst kleines und bewegliches Ziel bietet, ist der häufigste Anlass für einen Slide. Andere Gründe zum Sliden bestehen darin, punktgenau abzubremsen, um ein Überrennen der Base zu verhindern, und darin, einen Feldspieler dabei zu stören, wenn er den Ball zu einer anderen Base werfen will, um ein (weiteres) Out zu erzielen.

So gut wie nie wird man einen Slide auf dem Weg des Batters zur ersten Base sehen, denn dort trifft keiner der genannten Gründe zu: Ein Tag Play ist an dieser Stelle irrelevant, da an der ersten Base immer ein *Force Play* möglich ist; Double Plays werden immer von der höheren zur niedrigeren Base ausgeführt (da nur so das Forceout erhalten wird), daher spielt auch die legale Behinderung eines Feldspielers hier keine Rolle; obendrein ist es nicht nötig, an der ersten Base zu bremsen, denn im Gegensatz zu den anderen Bases darf diese gefahrlos überrannt werden – und ungebremstes Überrennen ist immer schneller als Sliden. Der Runner darf nicht ausgetaggt werden, sofern er nach dem Überrennen auf direktem Weg zur ersten Base zurückkehrt.

Während ein Baserunner auf den nächsten Pitch wartet, bleibt er im Normalfall nicht direkt an der Base stehen (außer in den jüngsten Altersklassen, wo dies oft vorgeschrieben ist). Er nimmt einen sogenannten *Lead*, das heißt, er entfernt sich ein paar Schritte in Richtung der nächsten Base. Dadurch wird sein Weg beim nächsten Schlag oder auch beim Stealing kürzer und die Erfolgswahrscheinlichkeit, die nächste Base zu erreichen, entsprechend höher. Während eines Leads setzt man sich dem Risiko eines Tag Plays aus. Deshalb sollte man es mit der Entfernung von der Base nicht übertreiben, denn der gegnerische Pitcher wird von Zeit zu Zeit einen *Pick-off* versuchen.

Das heißt, er wirft den Ball zur Base, wo ihn der jeweilige Feldspieler fängt und versucht, den Runner auszutaggen, bevor dieser zurück an die Base gehechtet ist. Selten gelingt das tatsächlich, aber in jedem Fall sendet es ein Signal an den Runner, dass man ihn im Blick hat und er es sich zweimal überlegen sollte, ob er einen weiten Lead nimmt oder gar einen Steal versucht. Die Sache kann allerdings auch ins Auge gehen, denn wenn der Pick-off-Wurf nicht gefangen wird und am Feldspieler vorbeigeht, ist das meistens eine geschenkte Base für den Runner.

Linkshändige Pitcher haben einen Vorteil bei Pick-off-Würfen an die erste Base: Sie können den Baserunner beobachten, ohne den Kopf drehen zu müssen, und ein Wurf zum First Baseman ist ihnen ohne Körperdrehung möglich.

An der dritten Base nehmen die Runner ihren Lead übrigens immer im Foul Territory. Das liegt daran, dass ein Runner automatisch aus ist, wenn er im Fair Territory einen geschlagenen Ball berührt. Im Foul Territory ist man vor diesem Risiko sicher.

Erfolgreiches Baserunning erfordert hohe Konzentration, gutes Spielverständnis und die Fähigkeit, in vollem Lauf die Körpersprache der Defensivspieler zu lesen. Es ist längst nicht damit getan, an der Base auf das Geräusch des nächsten Schlags zu warten und dann einfach loszurennen. Je nach Spielsituation hat der Baserunner ganz unterschiedliche Dinge zu beachten und in seine Entscheidung einzubeziehen, ob, wann und auf welche Weise er läuft. Ein paar Beispiele für unterschiedliche Konstellationen und ihre jeweiligen Konsequenzen:

★ *Groundball im Infield, während die erste Base besetzt ist:* Der Runner von der ersten Base wird auf jeden Fall loslaufen, denn er muss die Base freimachen und kann an der zweiten Base per Force Play ausgemacht werden. Sein Ziel besteht darin, so schnell unterwegs zu sein, dass die Defense zumindest nur ein Out schafft und kein Double Play.

★ *Groundball, während die zweite Base besetzt, die erste aber frei ist:* Der Runner an der zweiten Base kann laufen, muss es aber nicht. Seine Entscheidung hängt davon ab, wie die Defense sich verhält. Meistens wird der Runner an der Base bleiben, wenn der Ball vor ihn geschlagen wird (zur dritten Base oder zum Shortstop), und losrennen, wenn er hinter ihn (zwischen erste und zweite Base) geschlagen wird.

- *Fly Ball und weniger als zwei Outs:* Wenn der Ball aus der Luft gefangen wird, muss jeder Runner zurück an seine ursprüngliche Base. Sobald er diese Base nach dem ersten Kontakt eines Feldspielers mit dem Ball einmal berührt hat (Tag-up), kann der Runner entscheiden, auf eigenes Risiko loszulaufen. Wenn er das vorhat, wird er schon, während der Ball in der Luft ist, an der Base warten, um dann sofort loszurennen. Andernfalls geht er ein paar Schritte in Richtung der nächsten Base, um je nach Ergebnis des Fangversuchs entweder den Rest des Weges zurückzulegen oder zurück zur vorherigen Base zu gehen.
- *Fly Ball und bereits zwei Outs im Inning:* Der Runner wird auf jeden Fall loslaufen und nicht bremsen. Wird der Fly Ball gefangen, so ist das Inning ohnehin beendet. Wenn er nicht gefangen wird, hat der Runner gute Chancen, gleich mehrere Bases zu erlaufen.
- *Zwei Outs im Inning, Full Count für den aktuellen Batter, keine freien Bases zwischen den Runnern:* Alle Baserunner werden loslaufen, sobald der Pitcher seine Wurfbewegung beginnt, denn sie haben nichts zu verlieren: Bei einem weiteren Strike ist das Inning zu Ende; bei einem weiteren Ball dürfen sie ungehindert vorrücken (Walk); bei einem Foul Ball kehren sie ebenso ungehindert zur Base zurück; bei einem Schlag ins Fair Territory müssen sie sowieso laufen und haben durch den frühen Start schon etwas Strecke gemacht.

Als Runner ist man weitgehend auf die Aktionen von Mitspielern oder auf Fehler des gegnerischen Teams angewiesen, um auf dem Weg von Base zu Base voranzukommen. Die eine Möglichkeit, aus eigener Leistung die nächste Base zu erreichen, besteht im *Stealing*. Stehlen ist im Baseball erlaubt, solange man sich nicht dabei erwischen lässt. In aller Regel funktioniert es wie folgt: Man bringt sich ein paar Schritte von der bisherigen Base entfernt in Stellung, rennt los, sobald der Pitcher seine Wurfbewegung begonnen hat und slidet zur neuen Base – idealerweise, bevor der Catcher es schafft, den Ball zum jeweiligen Infielder zu werfen, der ein Tag Play anbringen könnte.

Die meisten Steals finden zwischen der ersten und zweiten Base statt, nicht zuletzt weil die zweite Base weiter vom Catcher entfernt ist als die anderen Bases. Steals von der zweiten zur dritten Base sind entsprechend seltener und Steals von drei nach Home sind ein extrem rares und spektakuläres Ereignis, das nur gelingt, wenn die Defense sich komplett überrumpeln lässt.

Das Stehlen von Bases ist ein aufregender Spielzug, der leider in der MLB in den letzten Jahren immer seltener ausgeübt wird. Das liegt nicht etwa daran, dass es den Verteidigungen häufiger gelingen würde, versuchte Steals zu verhindern. Im Gegenteil, das Verhältnis von gelungenen zu vereitelten Steals (*Caught Stealing*) hat sich in den letzten 30-40 Jahren eher zugunsten der Baserunner entwickelt: In den 1980er- und frühen 1990er-Jahren, während der Hochphase des Basestealings, gelangen ligaweit außer in einem Jahr (1987) regelmäßig weniger als 70 % der Stealversuche; seit 2004 lag die Quote in jedem Jahr deutlich über dieser Marke, 2022 bei 75,4%.

Im gleichen Zeitraum hat sich aber mehr und mehr die auf statistischen Analysen beruhende Erkenntnis durchgesetzt, dass sich das Stehlen von Bases oft nicht lohnt, beziehungsweise das Risiko nicht wert ist. Eine erfolgreich gestohlene Base bringt dem Team im Durchschnitt rund 0,3 Runs ein. Das bedeutet, es müssen mehr als zwei Drittel aller Stealversuche erfolgreich sein, um nicht mehr zu schaden als zu nutzen – und noch deutlich mehr, damit man behaupten kann, dass sie wirklich etwas bringen. 2022 bekam man als Zuschauer im Durchschnitt nur noch 0,68 Steal-Versuche pro Spiel zu sehen; in den 1980er und 1990er Jahren lag dieser Wert regelmäßig deutlich über 1.

Eine Taktik, die kein Basestealing darstellt, aber eng mit diesem verwandt ist, ist das *Hit and Run.* Genau wie beim Stealing laufen der oder die Baserunner in dem Moment los, in dem der Pitcher seine Bewegung begonnen hat und sie nicht mehr abbrechen darf. Sie sind bei ihrem Versuch, die nächste Base zu erreichen, auf die Mitarbeit des Batters angewiesen. Dieser hat den Auftrag, um jeden Preis Kontakt zwischen Schläger und Ball herzustellen. Gelingt ihm das und der Ball landet im Fair Territory, so dürften die Runner schon weit genug gekommen sein, dass es zumindest kein Double Play wird. Wenn es ein *Foul-Ball* wird, kann zumindest jeder ungefährdet zurück zur vorherigen Base gehen.

Problematisch wird es allerdings, wenn der Ball nicht getroffen wird und beim Catcher landet oder noch schlimmer: Wenn es ein fangbarer Fly Ball wird und die Runner plötzlich ungeschützt weit weg von ihrer ursprünglichen Base stehen.

Mitunter kommt es vor, dass ein Runner zwischen zwei Bases festsitzt, wenn er sich bei einer Aktion verschätzt hat und weder vor noch zurück kann, weil die Feldspieler den Ball und die beiden Bases kontrollieren. Man nennt diese Situation einen *Run-Down*. Die Feldspieler werfen sich dabei den Ball hin und her und gehen von beiden Seiten auf den Runner zu, um ihn auszutaggen. Für den Runner ist es äußerst unwahrscheinlich, aus dieser Lage zu entkommen. Er kann die Sache aber durch Ausweichmanöver in die Länge ziehen und dadurch anderen Runnern die Zeit verschaffen, sich selbst in Sicherheit zu bringen oder sogar eine Base weiter zu laufen.

Wie vieles im Spiel, wird auch das Verhalten zwischen den Bases ganz wesentlich durch Zeichen des Managers aus dem Dugout gesteuert. Ein Stealversuch, ein Hit and Run oder auch die Länge des Leads wird den Spielern in aller Regel vorgegeben. Eine wichtige Rolle spielen zudem die beiden Basecoaches, die im Foul Territory neben der ersten und der dritten Base stehen. Sie beraten die Runner, ob und wann sich ein Steal lohnt, warnen sie bei Pick-off-Versuchen und signalisieren, während der Ball im Spiel ist, ob man weiterlaufen, an der erreichten Base stehen bleiben oder zum Tag-up zurücklaufen soll und wann ein Slide sinnvoll ist.

Auch beim Baserunning gibt es Auswechslungen. Analog zum Pinch-Hitter, einem eingewechselten Batter, spricht man von einem *Pinch-Runner*, wenn ein Spieler für einen bereits vorhandenen Baserunner ins Spiel kommt. So etwas geschieht meistens in der Endphase des Spiels, wenn es darauf ankommt, einen einzigen Run unbedingt zu erzielen. Der Pinch-Runner ist naturgemäß ein besonders schneller Spieler, der eine Gefahr darstellt, Bases zu stehlen und/oder bei einem Hit eine Base mehr zu holen als der langsamere Kollege, der für ihn rausgegangen ist.

6.4 FIELDING

6.4.1 Die Feldpositionen

Als außenstehender Beobachter neigt man leicht dazu, das Feldspiel im Baseball zu unterschätzen - vielleicht nicht ganz zu Unrecht: In aller Regel hat bei der Entscheidung für oder gegen einen Spieler die Offensivleistung Vorrang. Für einen guten Batter, der sich im Abwehrspiel schwertut, findet sich immer ein Platz im Team; ein überragender Feldspieler, der keine nennenswerten Schlagleistungen bringt, wird hingegen kaum eine große Profikarriere erleben. Am ehesten sind es noch die Positionen des Catchers und des Shortstops, auf denen für ein echtes Defensivass mal ein Auge zugedrückt wird, wenn der Batting Average zu wünschen übrig lässt. Allerdings sind das auch die Positionen, auf denen - von Relief Pitchern abgesehen - die niedrigsten Durchschnittsgehälter verdient werden.

Auf weniger zentralen Posten, etwa im rechten oder linken Outfield, kommt es ja nach Spielverlauf und Gegner vor, dass man einen ganzen Abend lang scheinbar kaum etwas zu tun hat, weil der Ball im ganzen Spiel vielleicht nur ein- oder zweimal in die entsprechende Richtung fliegt. Tatsächlich kann man sich aber auf keiner Feldposition einen faulen Lenz machen, denn die Aufmerksamkeit jedes Feldspielers ist zu jeder Zeit gefordert. Er muss wissen, wie viele Outs im jeweiligen Inning bisher erzielt wurden; er muss wissen, wie und wohin der aktuelle Batter am häufigsten schlägt; und er muss vor allem in jeder möglichen Spielsituation und bei jedem möglichen Vorkommnis wissen, welche Aufgabe er hat.

Eine Aufgabe hat er nämlich keineswegs nur dann, wenn der Ball in seine Nähe kommt. Vielmehr hat jeder Spieler in jeder Situation etwas zu tun – wenn es nicht das Fangen oder Aufnehmen des Balls ist, dann ist es zum Beispiel das Abdecken einer Base oder das Absichern (Backup) hinter einem anderen Spieler für den Fall, dass der Ball an diesem vorbeigeht.

Im Kinder- und Jugendbereich werden die Feldpositionen häufig gewechselt und durchprobiert. Das fördert zum einen das Verständnis für die verschiedenen Aufgaben und Anforderungen der Positionen und trägt zum anderen dazu bei, die Talente der jeweiligen Spieler zu entdecken. Im Zuge ihrer Entwicklung spezialisieren sich die Spieler immer mehr auf eine bestimmte Position oder auf eine Gruppe von Positionen wie Outfield, mittleres Infield usw.

Die Einstufung, wer für welche Position am geeignetsten ist, richtet sich zwar vor allem nach der individuellen Athletik und Spielintelligenz des jeweiligen Spielers. Eingeschränkt wird die Auswahl aber durch seine Händigkeit, denn nicht jede Position ist für Rechts- und Linkshänder gleichermaßen geeignet. Als *Catcher* wird man so gut wie nie einen Linkshänder sehen. Der Hauptgrund dafür besteht darin, dass der Wurf zur zweiten Base für den Catcher deutlich schwieriger ist, wenn auf der Seite seines Wurfarms ein Batter steht. Da es deutlich mehr rechtshändige Batter gibt, hätte ein linkshändiger Catcher dieses Problem sehr viel häufiger. Hinzu kommt, dass linkshändige Catcher bei einem Tag Play an der Homeplate eine stärkere Körperdrehung vollziehen müssen und dadurch wertvolle Zeit verlieren.

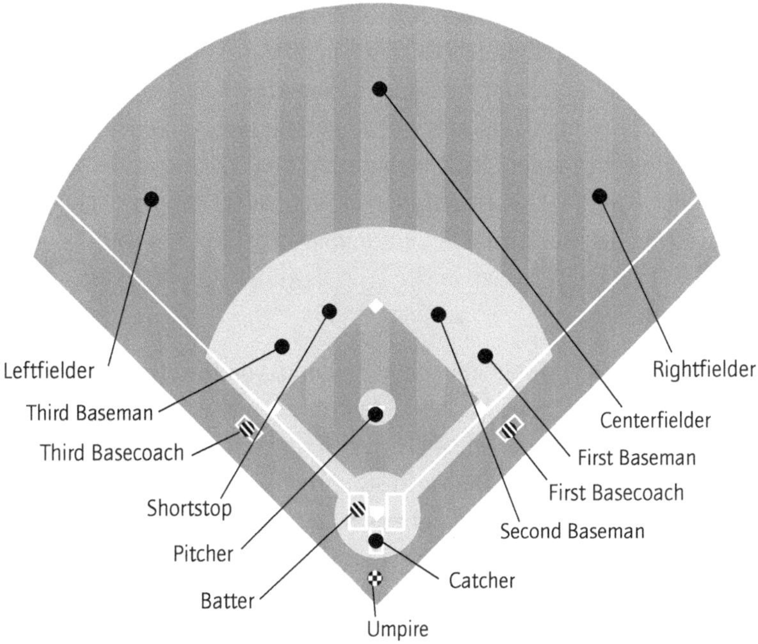

Man wird auch in aller Regel keinen linkshändigen Second Baseman, Shortstop oder Third Baseman sehen, da dieser beim Aufnehmen eines Groundballs zwangsläufig die falsche Richtung – von der ersten Base abgewandt – einschlägt und somit mehr Zeit für den Standardwurf benötigt. Als First Baseman hingegen sieht man häufig einen Linkshänder, denn dieser hat mehrere Vorteile: Nach dem Fang eines Pick-off-Wurfs hat sein Handschuh einen kürzeren Weg in die Bahn des zurückhechtenden Baserunners; die meisten geschlagenen Bälle kommen rechts von ihm an, also auf seiner Handschuhseite, und sind dadurch leichter fangbar; nach der Aufnahme des Balls steht der linkshändige First Baseman automatisch in einer günstigen Position, um zur zweiten oder dritten Base zu werfen.

Catcher (C)

Die Position des *Catchers* ist in mehrerlei Hinsicht die anspruchsvollste Defensivrolle im Baseball. Das betrifft zum einen die körperliche Anstrengung, die mit dem Job verbunden ist: Rund 150-mal pro Spiel muss der Catcher sich in eine tiefe Hocke begeben, 5-10 Sekunden dort verharren und sich wieder aufrichten. In seiner Position hinter der Homeplate ist er stets in Gefahr, von einem abgefälschten Ball oder gar von einem Schläger getroffen zu werden. Statt dem natürlichen Schutzinstinkt zu folgen, einem mit über 160 km/h auf ihn zukommenden Ball oder einem 120 kg schweren heranrauschenden Baserunner auszuweichen, muss der Catcher bereit sein, sich beiden in den Weg zu werfen, um gegnerische Punkte zu verhindern.

Er trägt deshalb aufwendige Schutzkleidung, vor allem einen Helm mit Gesichtsgitter, vom Knie bis zum Spann reichende Beinschienen und einen Brustpanzer. Gerade an heißen Tagen sind Catcher um diese Ausstattung nicht zu beneiden. Die Ausrüstung mit all ihren Haken, Ösen und Schnallen muss zudem während des Spiels mehrmals an- und abgelegt werden, denn sie würde natürlich stören, während der Catcher selbst mit Schlagen und Rennen an der Reihe ist.

Manchmal erweist sich das Umziehen als überflüssig, weil, kurz bevor der Catcher als Schlagmann an der Reihe wäre, das dritte Out erzielt wird; er lässt deswegen oft die Beinschienen an, wenn er sich bei zwei Outs im On-Deck-Circle einschwingt. Hektisch wird es, wenn er während des dritten Outs selbst am Schlag oder auf einer Base ist. Er hat dann zwei Minuten, um seine Ausrüstung wieder anzulegen, während ein Ersatzcatcher oder ein Coach an seiner Stelle die Aufwärmpitches fängt.

Aufgrund der physischen Anstrengungen der Catcherrolle sind die Karrieren auf dieser Position oft kürzer als auf anderen und während der Saison lässt man den Stammcatcher üblicherweise jedes vierte oder fünfte Spiel pausieren.

Catchen beansprucht aber nicht nur den Körper, sondern auch den Geist. Neben der Grundaufgabe, den Ball vom Pitcher zu fangen oder abzublocken und zu ihm zurückzuwerfen, hat der Catcher ein umfangreiches Spektrum weiterer Verantwortlichkeiten. Er muss die Eigenarten sämtlicher gegnerischer Batter kennen, dem Pitcher sinnvolle Pitches vorschlagen, die Base-Runner im Blick haben und Stealversuche unterbinden, das Stellungsspiel der Feldspieler dirigieren, weil er als Einziger das gesamte Feld im Blick hat, zwischenzeitlich als Backup zur ersten Base rennen, hinter Bunts, Wild Pitches und Pop-ups herjagen und natürlich Outs an der Homeplate erzielen, die nicht selten mit schmerzhaften Kollisionen einhergehen.

First Baseman (1B)

Als *First Baseman* muss man gute Reflexe haben, denn erstens ist dies – gemeinsam mit dem Third Baseman – die Position mit dem kürzesten Abstand zur Homeplate, sodass man es mit den schnellsten geschlagenen Bällen zu tun bekommt; zweitens muss der First Baseman in der Lage sein, schnelle und daher nicht immer perfekt platzierte Würfe von den anderen Infieldern, dem Pitcher und dem Catcher zu fangen und dabei möglichst immer mit einem Fuß Kontakt zur Base zu halten, damit das Groundout gelingt. Davon abgesehen, muss man als First Baseman wegen des relativ begrenzten Aktionsraums nicht unbedingt schnell rennen und auch sonst kein überragender Athlet sein. Oft stellt man auf diesen Posten muskelbepackte linkshändige Power-Hitter.

In den meisten Fällen ist der First Baseman der Empfänger des Balls bei Force Plays an der ersten Base. Eine spezielle Situation kommt zustande, wenn ein Groundball in seine Nähe gerollt kommt und er sich zum Fielden des Balls von seiner Base entfernen muss. In dem Fall sprintet der Pitcher zur ersten Base, damit der First Baseman ihm den Ball zuwerfen kann.

Eine andere wichtige Situation für den First Baseman ist das potenzielle Double Play. Bei den meisten Double Plays ist das Out an der ersten Base das zweite Out. Selbst wenn der Ball vom First Baseman ganz in der Nähe seiner eigenen Base aufgenommen wird, geht der Wurf normalerweise zuerst zur zweiten Base und dann erst wieder zurück zur ersten. Auf diese Weise ist an beiden Bases das gegenüber dem Tag Play deutlich leichtere Force Play möglich.

Außerdem ist der First Baseman die Zwischenstation im Infield, über die Würfe aus dem Right- und Centerfield in Richtung Homeplate geworfen werden, wenn ein Baserunner dorthin unterwegs ist.

Second Baseman (2B)

Die Bezeichnung des *Second Basemans* ist ein wenig irreführend, denn im Gegensatz zum First Baseman und zum Third Baseman ist sein Zuständigkeitsbereich nicht klar durch die Base definiert, von der er seinen Namen hat. Stattdessen teilt er sich das Areal um die zweite Base mit dem *Shortstop*. Die genaue Positionierung variiert je nach Spielsituation, aber im Durchschnitt steht der Second Baseman etwa genauso weit rechts (also Richtung erste Base) von der zweiten Base wie der Shortstop links davon steht.

Die Hauptaufgaben des Second Basemans bestehen im Fangen von Flugbällen sowie im Aufnehmen von Groundballs, die zum Forceout an eine Base geworfen werden. Wenn das Out an der zweiten Base stattfinden soll, wird diese in dem Fall vom Shortstop abgedeckt. Geht der Ball hingegen in Richtung des Shortstops oder des Third Basemans, so übernimmt der Second Baseman selbst das Abdecken der zweiten Base. Shortstop und Second Baseman müssen sich vorab abstimmen, wer im Fall eines Stealversuchs von der ersten Base aus oder bei einem Pick-off-Wurf des Pitchers an die zweite Base diese abdeckt. Das tun sie in der Regel stumm hinter vorgehaltenem Handschuh: Ein geöffneter Mund wie beim Wort „you" bedeutet: „Du übernimmst", geschlossene Lippen wie beim Wort „me" signalisieren: „Ich mache es."

Shortstop (SS)

Der *Shortstop* ist vom Aufgabenbereich her das Spiegelbild des Second Basemans. Allerdings kommen bei ihm in der Regel mehr Bälle an, weil die meisten Batter Rechtshänder sind und dazu neigen, den Ball in die linke Hälfte des Feldes zu „pullen". Als Shortstop wünscht man sich einen schnellen, sehr athletischen Spieler mit hervorragenden Reflexen. Obendrein braucht er einen guten Wurfarm, da die Entfernung von seinem Posten zur ersten Base recht weit ist. Es handelt sich um die wichtigste und schwierigste Defensivposition außer dem Catcher.

Innerhalb des Infields hat der Shortstop die höchste Priorität, wenn bei einem Ball die Frage der Zuständigkeit auftaucht. Das heißt, wenn der Shortstop ruft oder signalisiert, dass er einen Ball übernimmt, so haben die anderen Infielder ihm Platz zu machen. Zweiter in der Hackordnung ist der Second Baseman, gefolgt vom Third Baseman und dem First Baseman. Der Pitcher steht zwar mittendrin, soll und wird sich aber aus der Defense stets heraushalten, wenn das Play von jemand anderem gemacht werden kann. So soll das Risiko minimiert werden, dass sich der Pitcher bei einem defensiven Spielzug verletzt.

Third Baseman (3B)

Die Zuständigkeit des *Third Basemans* liegt zwischen der des Shortstops und der linken Foullinie - beziehungsweise darüber hinaus, denn viele seiner Outs erzielt er dadurch, Flugbälle im Foul Territory zu fangen. Man nennt seinen Aktionsbereich auch die *Hot Corner*, weil er näher an rechtshändigen Battern steht als jeder andere Infielder. Die in seine Richtung geschlagenen Bälle sind daher die schnellsten und härtesten. Ein wenig mehr Zeit kann er für sich herausholen, wenn er sich ein paar Meter tiefer zum Outfield hin positioniert. Das macht ihn allerdings anfälliger für Bunts entlang der Linie, für die er ebenfalls zuständig ist.

Kernkompetenzen auf dieser Position sind eine schnelle Reaktionsfähigkeit sowie ein starker Wurf. Die Distanz von der dritten zur ersten Base ist die längste im Infield, aber wie von jedem anderen Infielder wird vom Third Baseman erwartet, dass ein normaler Groundball in seiner Verantwortung so schnell an der ersten Base ankommt, dass dort ein sicheres Out erzielt wird.

Die Outfielder (OF)

Die drei *Outfielder* haben im Grunde alle die gleichen Aufgaben: Flyballs sollen sie möglichst aus der Luft fangen, alle nicht fangbaren Bälle sollen sie so schnell wie möglich aufnehmen und ins Infield befördern. Das klingt nach einem überschaubaren Spektrum, bringt aber durchaus seine Schwierigkeiten mit sich.

Ob man überhaupt die Chance auf einen Catch hat, hängt oft schon vom ersten Schritt ab, den man macht, sobald der Schläger den Ball berührt. Wenn die erste Einschätzung der Richtung und Flugbahn nicht stimmt und man den Schritt in die falsche Richtung macht, ist das mitunter schon der Unterschied zwischen einem Flyout und einem Double. Auch wenn man eine größere Strecke zur mutmaßlichen Auftreffstelle sprinten muss, muss man gleichzeitig immer den Ball im Auge behalten. Verliert man ihn einmal aus dem Blick, ist er oft kaum noch zu finden, insbesondere, wenn man von der Sonne geblendet wird oder sich das kleine, fliegende Objekt kaum vom Hintergrund eines hell bewölkten Himmels oder eines weißen Stadiondachs abhebt.

Wenn der Outfielder den Ball zwar im Auge hat, es mit dem Erreichen aber knapp wird, steht er vor einer schwierigen Entscheidung:

- ★ Versucht er eine spektakuläre Aktion in Form eines Hecht- oder Strecksprungs, der im Erfolgsfall zum Flyout, ansonsten aber zu einem Double oder Triple führen wird?
- ★ Oder postiert er sich lieber so, dass er den Ball auf dem Boden oder an der Wand aufkommen lässt, ihn dann aber schnell aufnehmen kann, sodass er zwar in jedem Fall einen Basehit zulässt, diesen jedoch auf ein Single beschränkt?

Die Entscheidung wird je nach Spielstand, bereits erzielten Outs und vorhandenen Baserunnern anders aussehen. Wie jeder Feldspieler muss sich der Outfielder daher vor jedem Spielzug darüber im Klaren sein, was er in jeder möglichen Situation tun wird. Das gilt auch für die Frage, an welche Base nach der Ballaufnahme sein Wurf gehen sollte und ob er versucht, diesen Wurf auf direktem Weg ans Ziel zu bringen, oder stattdessen einen Infielder als Zwischenstation („Cut-off") nutzt, der ihm zu diesem Zweck ein paar Schritte entgegenkommt.

Der *Centerfielder* (CF) ist in aller Regel der schnellste und dynamischste Outfielder. Er muss von allen Feldspielern das größte Areal abdecken, für beide Nachbarpositionen als Backup fungieren und er trifft, wie der Shortstop im Infield, in Grenzfällen die Entscheidung, wer den Ball übernimmt.

Die beiden Corner Outfielder sind meistens etwas langsamer als der Centerfielder. Oft handelt es sich um Spieler, die eher mit ihren Schlagleistungen überzeugen als mit ihrem Defensivspiel, die aber irgendwo auf dem Feld untergebracht werden müssen. Das trifft besonders oft auf *Rightfielder* (RF) zu, denn in ihre Richtung fliegen während des Spiels die wenigsten Bälle. Eine Eigenschaft, die man als Rightfielder haben sollte, ist ein starker Wurfarm für den langen Wurf aus dem Rightfield zur dritten Base. Der *Leftfielder* (LF) ist in dieser Hinsicht weniger gefordert, da aus dem Outfield selten ein Wurf an die erste Base geht. Dafür hat er generell mehr zu tun, weil die rechtshändige Mehrheit der Batter den Ball häufig in seine Richtung schlägt.

Pitcher

Der *Pitcher* hat eine andere Hauptaufgabe – eben das Pitchen –, aber sobald ein Batter den Ball ins Spiel bringt, wird auch er zum Feldspieler. Er nimmt in der Mitte des Infields Bunts und schwache Groundballs auf, bei Pop-ups hingegen macht er in der Regel einem der Infielder Platz, um diesem das Fangen zu überlassen. Die wichtigste Aktivität des Pitchers im Feldspiel besteht darin, die erste Base abzudecken, wenn der First Baseman diese verlässt, um einen Ball zu fielden. Selbst langsame Pitcher sind dabei fast immer schneller an der Base als der Runner, denn sie haben den kürzeren Weg. Manchmal muss der Pitcher auch andere Bases oder die Homeplate abdecken – Letzteres zum Beispiel, wenn es zu einem Wild Pitch oder Passed Ball kommt und ein Runner an der dritten Base vorhanden ist.

Vorsicht ist angesagt, wenn ein harter Line Drive genau in Richtung Pitcher abgefeuert wird. Manchmal gelingt es ihm, das Geschoss reflexhaft aus der Luft zu fischen und somit ein spektakuläres Out zu erzielen. Doch der Selbstschutz steht in dieser Situation klar im Vordergrund. Es ist geradezu erstaunlich, dass es durch solche Comebacker zum Glück nur relativ selten zu ernsthaften Verletzungen kommt. *Comebacker* sind übrigens der Hauptgrund, dass in höheren Ligen wie der MLB oder der Baseball-Bundesliga ausschließlich Holzschläger verwendet werden dürfen. Durch einen Metallschläger kann ein Baseball auf so hohe Geschwindigkeiten beschleunigt werden, dass es dem Pitcher physiologisch unmöglich ist, auf den Ball zu reagieren und auszuweichen.

6.4.2 Taktiken und Variationen in der Defense

Wer andere Mannschaftssportarten, wie Fußball oder Football, verfolgt, der ist damit vertraut, dass unterschiedliche Taktiken und Philosophien der Mannschaften beziehungsweise ihrer Trainer mit unterschiedlichen Formationen einhergehen. Footballteams treten zum Beispiel entweder mit drei Linebackern und vier Defensive Linemen an oder umgekehrt; beim Fußball setzen die einen auf eine Viererkette in der Abwehr, andere auf eine Formation mit zentralem Abwehrspieler. Solche dauerhaften Variationen gibt es im Baseball nicht. Die neun Feldpositionen sind immer die Gleichen.

Zwar gibt es auf dem Feld nur für den Pitcher und den Catcher eine exakt festgelegte Stelle, während die anderen Feldspieler ihr Stellungsspiel im Umkreis einiger Meter je nach Spielsituation und den bekannten Tendenzen des aktuellen Schlagmanns variieren. Große Abweichungen von den Standardpositionen gibt es jedoch nur in Ausnahmesituationen, das gilt umso mehr nach einer kürzlich erfolgten Regeländerung. Ein paar Beispiele für mögliche und übliche Variationen im Defensivspiel:

- *Infield Shift*: Ab der Saison 2023 müssen sich zu Beginn jeder Spielsituation, also vor jedem Pitch, im Infield zwei Spieler links und zwei rechts von der zweiten Base aufhalten. Durch diese Anpassung der Regeln ist der sogenannte Infield Shift in der MLB nicht mehr in der Form möglich, in der man ihn bisher kannte. Gemeint war damit bislang, dass sich abweichend von der Standardformation drei oder mehr Infielder auf einer Seite der zweiten Base positionieren. Dadurch werden die Räume insbesondere für (meist linkshändige) Pull-Hitter eng gemacht, also für Schlagmänner, die den Ball so gut wie immer auf die Feldseite ihrer dominierenden Hand schlagen. Ein berühmter Hitter, gegen den diese Taktik – mit wechselndem Erfolg – eingesetzt wurde, war Ted Williams (s. Kapitel 4.5). Man nennt die extreme Variante des Shifts deshalb auch Ted-Williams-Shift. Obwohl der Shift leicht zu überlisten scheint, indem man den Ball „einfach" mal zur anderen Seite schlägt oder buntet, gelingt dies den betreffenden Battern erstaunlich selten. Aufgrund dieser Erkenntnis ist der Shift in den letzten Jahren unter den MLB-Teams so populär und so erfolgreich geworden, dass die Liga schließlich entschied, diese Entwicklung durch die erwähnte Neuregelung zu begrenzen und damit das Offensivspiel zu fördern. Obwohl die Regel oft als Ban, also Verbot des Shifts bezeichnet wird, ist dieser damit nicht abgeschafft. Auch in Zukunft werden gegen linkshändige Batter der Shortstop und der Third Baseman oft ein gutes Stück nach links rücken, aber eben nicht mehr über die zweite Base hinaus.
- *Shallow Outfield/Outfield in*: *Shallow* oder *in* bedeutet, dass die betreffenden Spieler sich deutlich näher zur Homeplate positionieren als sonst. Nach innen rückende Outfielder sind in zwei sehr unterschiedlichen Situationen zu beobachten. Eine davon ist, dass ein schwacher Batter am Schlag ist, von dem mit relativ hoher Sicherheit kein harter und weiter Ball zu erwarten ist. Die zweite Situation besteht darin, dass man sich bei unentschiedenem Spielstand in der unteren Hälfte des neunten Innings (oder eines Extrainnings) befindet, ein Runner an der dritten Base steht und weniger

als zwei Outs erzielt wurden. In diesem Fall ist das Spiel bei einem weiten Schlag ins Outfield verloren, denn selbst wenn der Ball gefangen wird, wird der Runner nach seinem Tag-up an der dritten Base den siegbringenden Run für den Gegner scoren. Daher gibt man das Outfield ganz auf und nutzt die Outfielder dafür, alle Lücken im Infield zu stopfen, um wenigstens einen Groundball erfolgreich verteidigen zu können.

★ *Corners in*: Diese Formation dient vor allem der Vermeidung eines Sacrifice Bunts. Die beiden Corner Infielder, also der First Baseman und der Third Baseman, rücken näher an die Homeplate heran, um einem Bunt zügig entgegenzugehen und zu verhindern, dass ein Baserunner von der dritten Base scoren kann.

6.5 DIE UNGESCHRIEBENEN REGELN DES SPIELS

Wer bis hierher gelesen hat, darf bereits von sich behaupten, mit den grundlegenden Regeln, Techniken und Taktiken des Baseballspiels vertraut zu sein. Ich möchte noch kurz darauf eingehen, dass es in einem traditionsreichen und auch etwas konservativen Sport wie Baseball neben den offiziellen Regeln auch *ungeschriebene* Regeln gibt, auf deren Einhaltung oft kein Stück weniger gepocht wird.

Um es offen zu sagen: Die meisten dieser Verbote, Gebote und Rituale sind entweder irgendwo zwischen Aberglaube, Folklore und Kindergarten anzusiedeln oder aber es handelt sich um Selbstverständlichkeiten des menschlichen Miteinanders. Jedenfalls nehmen viele Spieler und auch einige Coaches und Manager die althergebrachten Anweisungen, das Spiel „auf die richtige Art" zu spielen, nach wie vor sehr ernst.

Um das angemessen zu berücksichtigen, habe ich im Folgenden die wichtigsten ungeschriebenen Regeln zusammengetragen. Übrigens breche ich damit selbst die ungeschriebene Regel Nummer eins: Schreibe keine ungeschriebenen Regeln auf!

Versuche nichts Besonderes in einem einseitigen Spiel

Gleichgültig, ob das eigene Team deutlich führt oder deutlich zurückliegt: Es gilt als unhöflich, in diesen Fällen irgendetwas zu tun, was das Spiel unnötig in die Länge zieht, unnötigen Aufwand für eines der Teams verursacht oder nur dem Verschönern persönlicher Statistiken dient: das Stehlen von Bases, das Schwingen nach einem 3:0-Pitch, überraschende Bunts, durch zahlreiche Foulballs in die Länge gezogene At Bats usw. sind in solchen Situationen zu unterlassen. Insbesondere in der MLB hat diese Regel eine gewisse Daseinsberechtigung, denn im Gegensatz zu den meisten Amateur- und Jugendligen gibt es keine Gnadenregel, nach der einseitige Spiele an einem bestimmten Punkt abgebrochen werden.

Lasse deine Teamkameraden nicht schlecht aussehen

Wie die vorherige Regel ist auch diese eigentlich eine Selbstverständlichkeit: Kopfschütteln, abfällige Gesten oder Bemerkungen nach einer ungeschickten Aktion eines Mitspielers sind tabu.

Schaue deinem Homerun nicht hinterher, lasse deinen Schläger nicht wirbeln, umrunde zügig die Bases

Diese Regel mag man mit einigem Recht als kindisch empfinden. Tatsächlich fühlen sich einige Pitcher bloßgestellt oder verhöhnt, wenn der Batter nach einem eindeutigen Homerun nicht sofort losläuft oder wenn er die Runde um die Bases zu lange genießt. Sehr umstritten ist der sogenannte *Batflip*, also das Wegwerfen des Schlägers auf die Weise, dass er sich in der Luft um sich selbst dreht. Für die einen ist das ein normaler Ausdruck der Freude, für andere ein Zeichen mangelnden Respekts vor dem Gegner, wieder andere akzeptieren den Batflip nur zu besonderen Anlässen oder von bestimmten Spielern.

Sprich nicht über einen laufenden No-Hitter

Diese Regel ist natürlich purer Aberglaube, aber es ist immer wieder beeindruckend, wie zwanghaft und konsequent sie eingehalten wird. In erster Linie gilt das natürlich für die Spieler des betreffenden Teams – oft sieht man den Pitcher im siebten oder achten Inning einsam in einer und die restlichen Spieler in der anderen Ecke des Dugouts sitzen, weil keiner den Fehler machen möchte, irgendein falsches Wort mit ihm zu wechseln und dadurch den No-Hitter zu gefährden. Aber auch die Spieler des anderen Teams, die Zuschauer im Stadion und sogar viele Reporter halten sich meist an das Schweigegebot.

Trickse nicht, um einen No-Hitter oder ein Perfect Game zu verhindern

Deutlich wirkungsvoller als durch Worte kann man einen No-Hitter verderben, indem man einen Hit erzielt (oder ein Perfect Game, in dem man auf eine Base kommt). Das kann man den offiziellen Regeln zufolge auf verschiedene Arten tun, nach den ungeschriebenen Regeln ist einiges davon verpönt: Generell sollte man einen No-Hitter nicht durch einen Bunt verhindern, insbesondere wenn man auch sonst kein regelmäßiger Bunter ist. Und bei einem möglichen Perfect Game macht man sich extrem unbeliebt, wenn man sich durch Eindrehen oder weites Vorbeugen einen unnötigen Hit by Pitch einfängt.

Tritt nicht auf den Mound oder zwischen Pitcher und Catcher

Generell sind Pitcher oft recht empfindliche Wesen. Gestört oder beleidigt fühlen sie sich nicht nur von unangemessener Freude nach einem Homerun oder vom Aussprechen des Wortes „No-Hitter", sondern auch von Verletzungen gewisser territorialer Grenzen. Das gilt für den Mound, den kein Feldspieler ohne ausdrückliche Einladung betreten sollte, und es gilt ganz besonders für die Sichtlinie zwischen Pitcher und Catcher.

Diese sollte der Batter beim Betreten der Batter's Box niemals kreuzen. Zur anderen Seite der Box muss er hinten um den Catcher und den Umpire herumgehen, wenn er keinen Unmut auf sich ziehen möchte. Auch sollte sich der Batter nicht in die Batter's Box stellen, solange der Pitcher sich noch aufwärmt. Das würde ihm einen unfairen Vorteil verschaffen, da er schon vor dem eigentlichen Duell die Wurfbewegung des Pitchers einschätzen kann.

Renne immer zur ersten Base, auch bei einem Routineaus

Wenn man den Lauf zur ersten Base zu gemächlich angeht oder gar abbricht, weil das Groundout oder das Popout vorhersehbar sind, wird man mitunter des mangelnden Respekts gegenüber dem eigenen Team bezichtigt. Auch das ist ein bisschen albern, aber der Kern dieser Regel ist dennoch sinnvoll: Schließlich kann dem Gegner auch beim scheinbar einfachsten Play ein Fehler unterlaufen und es wäre ärgerlich, wenn man die Chance verpasst, diesen Fehler zum Erreichen der Base zu nutzen.

Schaue als Schlagmann dem Catcher nicht auf die Finger

Der Catcher schlägt dem Pitcher durch Handzeichen die Art und die Richtung des nächsten Pitches vor. Wenn der gegnerische Batter oder ein Runner (beispielsweise von der zweiten Base aus) versucht, die Zeichen zu sehen und zu deuten, ist das eine unfaire Aktion. Beweisen und „offiziell" sanktionieren lässt sich so etwas schlecht, daher ist es ein klarer Anwendungsfall der Sanktionierungsmechanismen für ungeschriebene Regelverstöße. Allerdings ist es dem Schlagmann durchaus erlaubt, zu lauschen, in welche Richtung sich der Catcher vor einem Pitch bewegt, um daraus die Richtung eines Pitches abzuleiten. Generell akzeptiert und immer wieder beobachtbar ist, dass Baserunner an der zweiten Base versuchen, die Zeichen des Catchers zu deuten und an ihre Kollegen auf der Bank oder am Schlag weiterzuleiten. In dem Fall liegt es in der Verantwortung des Catchers, seine Kommunikation mit dem Pitcher angemessen zu verschleiern.

Verstöße werden mit Abwerfen vergolten

Das übliche Verfahren, wenn ein gegnerischer Spieler eine ungeschriebene Regel gebrochen hat, aber auch wenn er auf andere Art (zum Beispiel durch einen ungestümen Slide) Ärger auf sich gezogen hat, besteht darin, dass er bei nächster Gelegenheit vom Pitcher abgeworfen wird. Das heißt, der Pitcher wirft einen Ball absichtlich so, dass er den Batter zu treffen versucht. Ob er sich und seinem Team damit einen Gefallen tut, ist fraglich, da man dem Gegner, den man eigentlich bestrafen möchte, eine Base schenkt. Solange der Ball in Hüft- bis Armhöhe fliegt, verursacht er selten mehr als einen blauen Fleck. Übrigens gilt es als wehleidig, über die schmerzende Stelle zu reiben, wenn man von einem Pitch getroffen wurde; deswegen macht das fast keiner.

Wirf niemals in Richtung Kopf

Wirklich gefährlich wird es, wenn ein Pitch in Richtung des Kopfs des Batters geworfen wird. Eigentlich ist es auch eine ungeschriebene Regel, dass man genau das auf keinen Fall tut. Das ist sehr sinnvoll, denn Pitches zum Kopf des Batters können trotz Helmpflicht zu schwersten Verletzungen führen. Leider gibt es wie bei fast allen ungeschriebenen Regeln verschiedene Auffassungen und Auslegungen – unter anderem diejenige, dass ein als besonders schwer empfundener Verstoß eben doch mit einem Pitch in Richtung Kopf, einem sogenannten *Bean Ball*, zu bestrafen ist. Das ist in meinen Augen dann nicht mehr nur albern, sondern kriminell.

Abwerfen wird mit Abwerfen vergolten

Gewalt erzeugt Gegengewalt, das ist eine Binsenweisheit und doch führt diese Auge-um-Auge-Logik uns Menschen immer wieder in Kriege und andere Auseinandersetzungen. Leider ist das im Baseball nicht anders: Wirft ein Pitcher einen Batter ab und es gibt dafür keinen vom Gegner anerkannten Grund oder der Grund wird als zu nichtig empfunden, dann folgt meist eine Vergeltungsaktion auf die Vergeltungsaktion: Entweder der Pitcher selbst oder auch stellvertretend ein anderer Batter aus dessen Team wird im Gegenzug seinerseits abgeworfen. So schaukelt sich die Sache hoch und endet oft erst damit, dass die Umpires beide Seiten verwarnen und/oder einzelne Spieler des Feldes verweisen. Und weil man sich im Baseball meistens öfter sieht, setzen sich Konflikte oft über mehrere Spiele hinweg fort, manchmal sogar über Jahre.

Lasse die Zuschauer nichts merken

Baseball war in seinen historischen Wurzeln ein rauer und ungehobelter Sport, in dem geflucht, gespuckt und geprügelt wurde. Auf dem Weg zur familienfreundlichen Sportart, die Baseball heute ist, wurden viele dieser Nicklichkeiten durch geschriebene und ungeschriebene Regeln eingedämmt. Ganz verschwunden ist dieses etwas archaische Element nicht. Auch heute gibt es noch Streit und Auseinandersetzungen, allerdings mit dem Unterschied, dass die Zuschauer davon nichts mitbekommen sollen.

So lautet beispielsweise die ungeschriebene Regel für Catcher, die mit einer Entscheidung des Schiedsrichters nicht einverstanden sind, dass sie ihren Unmut zwar kundtun dürfen, dies aber ohne Drehen des Kopfs zu tun haben, damit Außenstehende nichts von der Auseinandersetzung mitbekommen. Das Gleiche gilt für die mal mehr, mal weniger freundlichen Gespräche zwischen Baserunnern und Feldspielern, die oft das Ziel haben, den Gegner abzulenken und aus dem Konzept zu bringen.

Bleibe nicht zurück, wenn deine Teamkameraden das Feld stürmen

Bei größeren Unstimmigkeiten, die sich nicht gemäß der eben genannten Regel im Verborgenen halten lassen, besteht das Ritual darin, dass die Spieler beider Teams die Dugouts verlassen und das Feld stürmen, um aufeinander loszugehen. Das ist an sich nichts Schlimmes, solange es dabei nicht zu ernsthaften Schlägereien kommt, was heutzutage zum Glück sehr selten der Fall ist. Sehr negativ wird einem aber vom eigenen Team ausgelegt, wenn man sich an dem Ritual nicht beteiligt, also im Dugout oder im Bullpen zurückbleibt. Man hat dann schnell den Ruf weg, sich nicht mit dem Team zu identifizieren und nicht zur Verteidigung seiner Kameraden bereit zu sein.

Kleide dich ordentlich

Im Laufe eines Baseballspiels kann eine Menge passieren. Das kann man auch an den Uniformen der Spieler erkennen. Durch Slides beim Baserunning oder durch spektakuläre Catches färbt sich die Uniform mit Gras- und Staubflecken. Eine dreckige Uniform ist keine Schande, aber Baseballspieler legen meist großen Wert auf ihren richtigen Sitz. Insbesondere sollte das Trikot immer in der Hose stecken und die Kappe mit dem Schild nach vorne getragen werden.

Tritt nicht auf die Foulline

Immer wieder kann man Baseballspieler beobachten, die bei Inningwechseln auf ihrem Weg vom oder auf das Feld peinlich genau darauf achten, über die Foullinien einen großen Schritt zu machen oder sie gar springend zu überqueren. Was die Folgen einer Berührung der Foullinie wären, wissen wahrscheinlich nur die abergläubischen Spieler selbst. Generell scheint Baseball ein Sport zu sein, der für Aberglauben besonders anfällig ist.

Viele Fans der Red Sox glaubten jahrzehntelang, der „Fluch des Bambino" (siehe Kap. 3.3) sei an Misserfolgen ihres Teams schuld, während Anhänger der Chicago Cubs überzeugt waren, dass ausbleibende Meisterschaften die magische Rache einer Ziege waren, der man 1945 Stadionverbot erteilt hatte. Das Zeichnen bestimmter Symbole in den Dirt, immer das gleiche Essen vor einem Spiel, das Tragen, Weglassen oder Nichtwaschen bestimmter Kleidungsstücke sowie das Wachsenlassen von „Play-off-Bärten" sind nur ein paar Beispiele der abergläubischen Handlungen, die Spieler sich einfallen lassen.

Ambrose Moses McConnell, von 1908 bis 1911 für die Red Sox und die White Sox aktiv, soll bei Pechsträhnen am Schlag nachts durch die Straßen geirrt sein, um nach Stecknadeln zu suchen, weil deren Finden und Aufsammeln für ihn als Glücksbringer galt.

★ 7 ★

DIE WICHTIGSTEN BASEBALLSTATISTIKEN

7.1 DIE ROLLE VON STATISTIKEN IM BASEBALL

Statistik. Allein das Wort schreckt viele ab – trockene Materie, graue Theorie, eine Spielerei für Nerds, lauten die gängigen Vorurteile dagegen, sportliche Leistungen mit mathematischen Konzepten zu messen und zu beurteilen. Dabei gibt es kaum einen Sport, der bei der Feststellung von Sieg oder Niederlage ohne Zahlen auskommt. Die Zeit für eine zurückgelegte Schwimm-, Lauf- oder Fahrstrecke, die Weite eines Sprungs oder Wurfs, die Anzahl der erzielten Tore, Körbe, Touchdowns oder eben Runs – das alles sind Statistiken, ohne die die meisten sportlichen Wettkämpfe ergebnis- und damit letztlich sinnlos wären.

Natürlich gehen moderne Sportstatistiken weit über die Ermittlung von Siegern und Verlierern hinaus. Über alle Sportarten hinweg war in den letzten 20 bis 30 Jahren eine rasante und durchgreifende Entwicklung zu einer immer größeren Flut an gesammelten, analysierten und interpretierten Daten zu beobachten. Baseball war und ist in dieser Hinsicht schon immer ein Vorreiter und kann auf eine besonders lange und intensive Tradition von Statistiken verweisen.

Das wurzelt vor allem im sequenziellen, klar gegliederten Ablauf des Spiels sowie in der Tatsache, dass die Leistungen einzelner Spieler während der Sequenzen - Pitching, Batting, Running, Fielding - deutlich leichter als in den meisten anderen Mannschaftssportarten isoliert voneinander betrachtet werden können.

Es liegt auf der Hand, dass es unter diesen Bedingungen deutlich einfacher ist, die einzelnen Ereignisse schriftlich zu dokumentieren und später in Zahlenwerken zusammenzufassen, als es in weniger übersichtlich verlaufenden Spielen, wie beispielsweise im Fußball, Handball oder Eishockey, der Fall ist.

Schon seit den 1860er-Jahren ist es im Baseball gang und gäbe, dass während eines Spiels nicht nur die erzielten Runs, Hits und Errors gezählt, sondern auf einem sogenannten *Scoresheet* auch die einzelnen Leistungen jedes Spielers bei jedem Spielereignis festgehalten werden. Nach dem Spiel wird daraus der sogenannte *Box Score* erstellt. Das ist eine tabellarische Darstellung des Lineups, die für jeden Spieler unter anderem über die absolvierten At Bats, die erzielten Hits und Walks und die erlittenen Strikeouts Auskunft gibt.

Aus diesen Daten lassen sich Werte wie der Batting Average für Hitter und der Earned Run Average (ERA) für Pitcher ableiten - zwei sehr alte und nach wie vor sehr verbreitete Indikatoren für die Qualität eines Spielers. Viele Fans machen sich einen Spaß daraus, während eines Spiels ihr eigenes Scoresheet zu führen. Da Statistiken im Baseball sehr ernst genommen werden, wird für jedes Spiel neben den Umpires auch ein Scorekeeper eingeteilt, der das offizielle Scoresheet führt und es anschließend bei der Liga einreicht.

Statistiken sind also schon immer ein bedeutender Teil des Baseballsports, doch mit dem Aufkommen der elektronischen Datenverarbeitung ist ihre Rolle noch einmal deutlich gestiegen. Die Möglichkeit, große

Mengen von Daten in relativ kurzer Zeit zu analysieren, hat die Entwicklung und breite Anwendung von *Sabermetrics* begünstigt. Als *Sabermetrics* werden Statistiken bezeichnet, die auf Basis vertiefter Analysen und oft anspruchsvoller mathematischer Konzepte verlässlichere und relevantere Erkenntnisse liefern sollen als die traditionellen Kennzahlen. Das Wort leitet sich ab von der Abkürzung *SABR* für die 1971 gegründete Wissenschaftlervereinigung *Society for American Baseball Research*.

Die Pioniere der Sabermetrics wurden anfangs oft belächelt – welcher Baseballcoach mit jahrzehntelanger Erfahrung will sich schon von einem Mathematiker erklären lassen, welche Spieler er aufstellen soll? In den 1990er-Jahren unternahmen die Oakland Athletics, ein finanziell notorisch klammer Klub, aus purer Verzweiflung den Versuch, mithilfe sabermetrischer Ansätze unterbewertete Spieler zu finden und ihre Lineups zu optimieren.

Das Experiment war erfolgreich – trotz minimaler Budgets spielten die Athletics von 1999 bis 2006 regelmäßig ganz oben mit. 2002 gelang ihnen mit 103 Siegen, darunter 20 hintereinander, eine sensationell starke Saison, die durch das Buch *Moneyball: The art of winning an unfair game* (Lewis, 2003) und den gleichnamigen Film mit Brad Pitt weltberühmt wurde.

Spätestens seit der Erfolgsgeschichte der Athletics ist der Wert fortgeschrittener Datenanalyse im professionellen Baseball allgemein anerkannt. Jede Franchise unterhält heute eine ganze Abteilung hauptamtlicher Analysten, die den ganzen Tag nichts anderes tun als mit immer ausgefeilteren Modellen nach Möglichkeiten zu suchen, zumindest kurzzeitige Wissensvorsprünge gegenüber der Konkurrenz zu erzielen. Dafür, dass sie sich dabei nie über einen Mangel an Arbeit beklagen werden, sorgt nicht zuletzt die ständige Weiterentwicklung automatischer Datenerfassungssysteme wie *Statcast* und *PITCHf/x*. Es handelt sich um Anwendungen, die in allen 30 MLB-Stadien installiert sind und mithilfe von Kameras sämtliche Ball- und Spielerbewegungen erfassen und auswerten.

Zugegeben, manchmal nimmt die statistische Sammelwut durchaus absurde Formen und Ausmaße an. Ist es wirklich ein Erkenntnisgewinn, von einem TV-Kommentator zu erfahren, dass der aktuelle Pitcher den höchsten ERA der Liga gegen 28-jährige Rechtshänder in Heimspielen an Montagnachmittagen im Juni aufweist, sofern es am Tag vorher geregnet hat? Ändert es irgendetwas am Wert eines Homeruns, ob der Abflugwinkel des Balls vom Schläger 24,3 ° betrug oder 36,2 °?

Ein altes Statistikersprichwort besagt: „Man muss die Zahlen nur lange genug foltern, dann gestehen sie alles" – darin steckt mehr als nur ein Körnchen Wahrheit. Das soll aber nicht heißen, dass man auf Statistiken nichts geben sollte. Es soll vielmehr dazu anregen, sich mit den verfügbaren Daten und Verfahren so weit auseinanderzusetzen, dass man in der Lage ist, Aussagekräftiges von weniger Aussagekräftigem oder gar in die Irre Führendem zu trennen. Sinnvoll und seriös angewendet, können Statistiken einen großen Beitrag dazu liefern, das Spiel an sich sowie die Leistungen einzelner Teams und Spieler besser zu verstehen. Die folgenden Seiten sollen als erster Einstieg dazu dienen.

7.2 PITCHINGSTATISTIKEN

Wie beurteilt man anhand von Zahlen die Qualität eines Pitchers? Schauen wir uns dazu die Statistiken der Saison 2022[14] von ein paar willkürlich ausgewählten Spielern an:

14 Wenn Sie, liebe Leserin oder lieber Leser, dieses Buch in Händen halten, ist mindestens die Saison 2023 in vollem Gange oder gar schon abgeschlossen. Falls Sie auf den Geschmack gekommen sind, schauen Sie doch mal auf mlb.com, fangraphs.com oder baseball-reference.com in die neuesten Zahlen rein (siehe auch Kap. 9.4).

Name	GS	W	L	IP	ERA	ERA-
Justin Verlander	28	18	4	175.0	1.75	45
Sandy Alcantara	32	16	9	214.0	2.52	62
Aaron Nola	32	11	13	205.0	3.25	80
Kyle Freeland	31	9	11	174.2	4.53	98
Mike Clevinger	22	7	7	112.1	4.25	110

Die Spalte neben den Namen gibt an, in wie vielen Partien der betreffende Spieler als Starting Pitcher aufgetreten ist (GS = Games Started). Ungefähr 30 Starts sind das normale Jahrespensum für einen Stammspieler in der MLB. Vier der fünf aufgeführten Pitcher liegen in diesem Bereich und kamen in ihren Teams offensichtlich regelmäßig als Starter zum Einsatz. Mike Clevinger kam nur auf 22 Einsätze, was ein genaueres Hinsehen rechtfertigt. In seinem Fall waren der Grund Verletzungen, durch die er erst später in die Saison einsteigen konnte und zwischendurch noch ein paar Spiele pausieren musste.

Die nächsten beiden Spalten geben Auskunft über die Wins (W) und Losses (L) des jeweiligen Pitchers. Siege und Niederlagen sind im Baseball wie in fast jedem Sport die wichtigste Statistik von allen - sofern man den Erfolg des Teams insgesamt beurteilen möchte. Im Baseball werden Wins und Losses aber nicht nur Teams als offizielle Statistik zugeschrieben, sondern auch jeweils genau einem Spieler im gewinnenden beziehungsweise im verlierenden Team.

Laut Regelbuch der MLB ist der Win demjenigen Pitcher zuzuschreiben, der im Spiel war, während seine Mannschaft zum letzten (also endgültigen) Mal in Führung gegangen ist. Die einzige Einschränkung ist, dass ein Starting Pitcher mindestens fünf Innings absolviert haben muss, um „gewinnen" zu können, andernfalls fällt der Win einem Relief Pitcher zu. Umgekehrt wird der Loss dem Pitcher zugerechnet, der jenen Run für die Gegenseite zugelassen hat, durch welchen sein Team endgültig in Rückstand geriet. Es kann sich dabei auch um einen bereits ausgewechselten Pitcher handeln, wenn dieser es war, der den entscheidenden Runner auf Base gelassen hatte.

Die Anzahl der auf diese Art erworbenen Wins und Losses ist in vielen Artikeln und TV-Übertragungen der erste Wert, der hinter dem Namen des Pitchers steht, allenfalls noch ergänzt durch den ERA. Daher könnte man fast meinen, Wins seien eine besonders wertvolle und relevante Information über die Leistungen eines Pitchers. Aber das sind sie nicht. Vielmehr muss man konstatieren, dass die althergebrachte Win-Loss-Statistik allzu oft nicht das misst, was sie soll, nämlich welcher Pitcher den wichtigsten Beitrag zum Sieg seines Teams geleistet hat. Denn die Win-Loss-Bilanz eines Pitchers hängt nicht nur von seiner eigenen Leistung ab, sondern mindestens genauso sehr von der des restlichen Teams.

So brachte es zum Beispiel Aaron Nola 2022 auf nur 11 Wins bei 13 Losses, obwohl er, wie wir an einigen seiner anderen Werte sehen, eine wirklich gute Saison spielte. Die Diskrepanz rührt daher, dass er von seinem Team, den Philadelphia Phillies, oft nicht die nötige Unterstützung bekam – die Offensive erzielte zu wenige eigene Runs und die Relief Pitcher gaben oft in den späten Innings Führungen aus der Hand. Insofern sagt die Win-Loss-Statistik von Nola mehr über die Leistungen des Teams aus als über seine eigenen.

Die Aufgabe eines Starting Pitchers besteht darin, sein Team in der Defensive möglichst lange im Spiel zu halten. Daher bemisst sich seine Leistung im Endeffekt an genau zwei Fakten.

- ★ Wie viele Outs produziert er?
- ★ Wie viele Runs lässt er dabei zu?

Die erste dieser Fragen beantwortet die nächste Spalte in der obigen Tabelle, Innings Pitched (IP). Ein Inning besteht aus drei Outs, IP ist daher nichts anderes als die produzierten Outs, geteilt durch 3. Dabei werden alle Outs mitgerechnet, die auftreten, während der betreffende Pitcher auf dem Mound steht, unabhängig von dessen konkreter Beteiligung. Die Zahl hinter dem Punkt bei den IP ist übrigens keine echte Dezimalstelle, sondern ein Rest. Kyle Freelands 174.2 bedeuten also, dass er 174-mal 3 (=552) und noch 2 Outs mehr erzielt hat. Die Ansprüche, wie viele Innings man von einem Starting Pitcher erwartet, haben sich im Laufe der

Zeit geändert (siehe Kap. 6.1.3). Derzeit gilt es als sehr guter Wert, wenn man es pro Saison auf 200 IP oder mehr bringt.

Um die Frage nach den zugelassenen Runs zu beantworten, könnte man diese einfach zählen und zu den absolvierten Innings ins Verhältnis setzen. In der einfachsten Form landet man damit beim *Run Average* (RA oder R/9), also der Anzahl von Runs, die der betreffende Pitcher durchschnittlich in neun Innings zulässt. Allerdings ist der Pitcher nicht an jedem zugelassenen Run schuld, die Mitspieler haben schließlich auch einen Job zu erledigen. Um die Leistung des Pitchers möglichst unabhängig davon zu bewerten, wird üblicherweise eine korrigierte Variante des RA verwendet.

Das ist der in der Tabelle dargestellte *Earned Run Average* (ERA). Dieser errechnet sich wie der RA, indem man die zugelassenen Runs durch die IP teilt und das ganze mal neun nimmt. Der Unterschied besteht darin, dass in der Berechnung von ERA die Runs nicht mitgezählt werden, die erst durch Errors der Feldspieler oder durch verpasste Bälle (Passed Balls) des Catchers ermöglicht werden.

Wie bei den IP ist auch beim ERA der jeweilige historische Kontext zu beachten. Ein ERA unter 3.00 gilt im heutigen Baseball als hervorragender Wert - in der *Dead-Ball-Ära* war man damit allenfalls ein Durchschnittspitcher. Eine weitere Einschränkung der Aussagekraft des ERA besteht darin, dass Baseballstadien unterschiedliche Formen und Ausmaße haben. Das Erzielen von Outs und Verhindern von Runs ist dadurch nicht in jedem Ballpark gleich schwer.

Coors Field in Denver beispielsweise gilt als besonders hitterfreundliche Umgebung. Wenn ein Pitcher, wie der in der Tabelle aufgeführte Kyle Freeland, rund die Hälfte seiner Spiele in diesem Stadion absolviert, sollte man den von ihm erzielten ERA generell wohlwollender beurteilen - oder gleich einen verfeinerten Indikator wie ERA- heranziehen.

Ein Plus oder Minus am Ende von Baseballstatistiken zeigt an, dass die ermittelte Kennzahl modifiziert wurde, um besonders gut vergleichbar zu sein. Zu diesem Zweck wird sie um Einflüsse wie das historische Umfeld und die Unterschiede der Ballparks bereinigt und so umgerechnet, dass der Ligadurchschnitt des jeweiligen Jahres genau 100 beträgt. Das Minus signalisiert, dass Werte unter 100 für Leistungen stehen, die besser sind als der Durchschnitt.

Aus der Tabelle können wir somit ablesen, dass vier der hier aufgeführten Pitcher in der Saison 2022 besser waren als der Ligadurchschnitt. Wir sehen auch, dass Kyle Freeland ein stärkeres Jahr hatte als Mike Clevinger, obwohl dieser einen niedrigeren ERA aufweist. Das hat nichts mit der unterschiedlichen Anzahl der Spiele zu tun, sondern allein damit, dass ERA- den Fakt berücksichtigt, dass Clevinger in seinem Heimballpark in San Diego vorteilhaftere Bedingungen genoss als Freeland in Coors Field.

7.3 OFFENSIVSTATISTIKEN

Auch die wichtigsten Offensivstatistiken werde ich anhand einiger Zahlen aus der MLB-Saison 2022 erläutern:

Name	AVG	OBP	SLG	OPS	HR	RBI	SB	CS	wRC+
Aaron Judge	.311	.425	.686	1.111	62	131	16	3	207
Paul Goldschmidt	.317	.406	.578	.981	35	115	7	0	177
Freddie Freeman	.325	.407	.511	.918	21	100	13	3	157
Pete Alonso	.271	.352	.518	.869	40	131	5	1	143
Shohei Ohtani	.273	.356	.519	.875	34	95	11	9	142

Es gibt ein paar Statistiken, an denen man als Baseballfan nicht vorbeikommt, weil sie im Fernsehen, in Artikeln oder auf der Anzeigetafel des Stadions standardmäßig hinter oder unter den Namen der Spieler angezeigt werden. Für Pitcher sind diese Statistiken die Win-Loss-Bilanz und der ERA, für Batter ist es die sogenannte *Slashline.*

Die *Slashline* hat ihren Namen von den Querstrichen, mit denen ihre drei Komponenten voneinander abgegrenzt werden. Welche Komponenten das sind, ist so selbstverständlich, dass ihre Namen meistens gar nicht mehr dazu geschrieben werden. Wenn man auf eine Angabe des Musters .311/.425/.686 stößt, kann man sicher sein, dass es sich dabei um den *Batting Average* (AVG), die *On-Base-Percentage* (OBP) und das *Slugging* (SLG) handelt, immer in dieser Reihenfolge.

Der *Batting Average* ist die wohl bekannteste Spielerstatistik im Baseball. Er beschreibt, wie häufig ein Batter das tut, was seine Hauptaufgabe ist: Basehits erzielen. Der AVG ist schlichtweg die Anzahl der Hits, geteilt durch die Anzahl der Versuche (At Bats). Gelingen einem Spieler also drei Hits bei 10 At Bats, dann hat er einen AVG von .300. Zu beachten ist, dass nicht jede Plate Appearance als At Bat gezählt wird: Endet ein Duell an der Platte mit einem Walk, Hit by Pitch, Sacrifice Bunt, Sacrifice Fly oder einem Eingriff von außen (Interference/Obstruction), dann wirkt sich das nicht auf den AVG aus.

Gewöhnungsbedürftig ist für uns Europäer die amerikanische Schreibweise von Anteilswerten mit dem Punkt und drei folgenden Ziffern. Die gedankliche Umrechnung zur bei uns geläufigen Prozentschreibweise ist aber ganz einfach: Man ersetzt den Punkt durch ein Komma und schiebt dieses zwei Stellen weiter. .300 bedeutet also das Gleiche wie 30 %.

Das Beste am AVG ist, dass er leicht zu berechnen und so bekannt ist, dass jeder etwas damit anfangen kann. Jeder, der sich auch nur ein wenig für Baseball interessiert, weiß, dass ein AVG über .300 sehr gut ist und dass ein AVG von dauerhaft unter .200 ziemlich sicher zum Jobverlust führt, wenn man nicht gerade ein extrem wertvoller Defensivspieler ist. Was die tatsächliche Bedeutung für das Spiel angeht, sind die beiden anderen Werte der Slashline die interessanteren, denn der AVG weist zwei gravierende Schwächen auf:

- ★ Er lässt Walks als Leistung des Batters vollständig außer Acht.
- ★ Er ignoriert auch die Fähigkeit, Hits zu schlagen, die für mehr als eine Base gut sind.

Die in Spalte 3 der Tabelle dargestellte *On-Base-Percentage* gibt an, wie häufig ein Batter auf Base kommt. Das heißt, dass bei der OBP im Gegensatz zum AVG auch mitgezählt wird, wenn die Base durch einen Walk oder Hit by Pitch erreicht wird. Weiterhin unberücksichtigt bleiben allerdings Gelegenheiten, bei denen die Base durch einen Error, Fielder's Choice, nicht gefangenen dritten Strike oder durch eine *Interferenceentscheidung* des Schiedsrichters erzielt wird.

Durch die Berücksichtigung der Leistung, dem Pitcher einen Walk abzutrotzen, ist OBP auf jeden Fall ein sinnvolleres Maß als der AVG. Einen Walk muss der Batter sich genauso hart verdienen wie einen Hit und die Einschätzung, was von beidem sich gerade eher bewerkstelligen lässt, gehört zu seinen Kernaufgaben. Insofern ist unter den oben aufgeführten Zahlen die Leistung von Aaron Judge höher zu bewerten als die von Paul Goldschmidt oder Freddie Freeman, weil Judge trotz des geringeren AVG deutlich öfter auf Base gekommen ist.

Slugging ist ein Maß, mit dem AVG und OBP sinnvoll ergänzt werden, indem es deren gemeinsamen blinden Fleck beleuchtet: die Power des Hitters. Man berechnet SLG im Prinzip genauso wie den AVG mit dem einzigen Unterschied, dass im Zähler der Formel Singles einfach, Doubles zweifach, Triples dreifach und Homeruns vierfach berücksichtigt werden. Man kann sagen, SLG misst, wie viele Bases ein Batter je At Bat im Durchschnitt erzielt.

Gelingen ihm beispielsweise bei 10 At Bats ein Single, zwei Doubles und ein Homerun, so kommt er durch die Rechnung (1*1+2*2+1*4)/10 auf .900 SLG (oder 0,9 Bases pro At Bat). Obwohl der Indikator irreführenderweise auch als *Slugging Percentage* bezeichnet wird, handelt es sich bei SLG nicht um einen Anteilswert. Das sieht man auch daran, dass SLG – im Gegensatz zu AVG und OBP – höher als 1.000 liegen kann, im Extremfall (jedes At Bat ein Homerun) bei 4.000.

Die vierte Spalte der Tabelle enthält den Indikator *On-Base plus Slugging* (OPS). OPS ist kein Teil der traditionellen Slashline, lässt sich aber ganz einfach aus dieser errechnen: Man addiert OBP und SLG und erhält dadurch einen Wert, der sowohl die Power des Batters als auch dessen Fähigkeit, per Hit oder Walk auf Base zu kommen, berücksichtigt. Ein durchschnittlicher Batter bringt es auf einen OPS zwischen .700 und .800, bei Werten über 1.000 hat man es in der Regel mit einem Spitzenspieler zu tun.

OPS ist keine hohe Mathematik, erzielt aber im Abgleich mit deutlich ausgefeilteren und aufwendigeren Indikatoren überwiegend sehr plausible Ergebnisse. Es ist somit ein sehr brauchbares Mittel zur schnellen Einschätzung eines Batters.

Reine Zählstatistiken sind in aller Regel nicht so aussagekräftig wie die zusammengesetzten Indikatoren und Anteilswerte, aber auch sie sind einen Blick wert. Die am häufigsten zitierten Zählstatistiken sind die *Anzahl der Homeruns* (HR) sowie die *Runs Batted In* (RBI). Ein RBI des Batters liegt dann vor, wenn durch seine Aktion ein Run erzielt wird (unabhängig davon, ob er selbst dabei auf Base kommt). Auch Runs, die bei geladenen Bases durch einen Walk, Hit by Pitch oder eine Interference ausgelöst werden, werden dem Batter als RBI angerechnet. Bei einem Homerun wird dem Batter für sein eigenes Umrunden der Bases sowohl der Run als auch der RBI angerechnet; im Höchstfall kann man vier RBI auf einmal erzielen, indem man einen Grand Slam, also einen Homerun bei voll besetzten Bases, schlägt.

HR und RBI bilden zwei der drei Säulen der *Triple Crown*. Das ist der Name für die seltene Leistung, die Liga in einer Saison sowohl in diesen beiden Kategorien als auch im AVG anzuführen. In den letzten gut 55 Jahren ist das nur einem einzigen Spieler gelungen, nämlich Miguel Cabrera im Jahr 2012.

Obwohl RBI in aller Munde sind und fast so häufig zitiert werden wie die Statistiken der Slashline, muss man sich auch bei dieser Statistik die Frage nach der Aussagekraft stellen. Denn ob ein ordentlicher Hit drei Runner nach Hause bringt oder gar keinen, ist ein Umstand, den der Batter nicht in der Hand hat. Zwei exakt gleich gute Batter werden sehr unterschiedliche RBI-Zahlen sammeln, wenn der eine in einem insgesamt offensivstarken Team spielt und der andere in einem schwachen oder wenn der eine im Lineup an ungünstigerer Stelle schlägt als der andere.

Zwei Batter aus der obigen Tabelle liefern dafür ein gutes Beispiel: Pete Alonso und Shohei Ohtani weisen für die Saison 2022 nahezu identische Slashlines auf. Doch während Alonso 131 RBI sammelte, brachte es Ohtani auf „nur" 95. Der Unterschied erklärt sich zum einen dadurch, dass Alonso bei den New York Mets von einem durchweg starken Lineup umgeben war, während die Offensivkraft der Los Angeles Angels sich weitgehend auf Ohtani und Mike Trout beschränkte. Hinzu kam, dass Alonso fast immer an vierter Stelle des Lineups antrat, Ohtani hingegen meistens als Batter Nummer eins, zwei oder drei. Dadurch waren bei seinen Auftritten im Durchschnitt weniger Baserunner vorhanden, die er durch eigene Aktionen nach Hause bringen konnte.

Apropos *Baserunning:* Auch das gehört neben dem Schlagen zur Leistung eines Offensivspielers. Die am häufigsten dargestellte Zahl ist in diesem Zusammenhang die der *gestohlenen Bases (Stolen Bases* = SB). Die Spitze ist in dem Bereich recht schmal: In den meisten MLB-Saisons sind es höchstens 10 Spieler, die mehr als 30 SB vorzuweisen haben; 2022 waren es gerade mal 5. Wer nach SB schaut, sollte immer auch die Kategorie *Caught Stealing* (CS) im Auge haben, also die Anzahl missglückter Stealversuche. Als Faustregel kann man sagen, dass Steals sich nur dann lohnen, wenn sie mehr als doppelt so häufig gelingen, wie sie scheitern (siehe auch Kap. 6.3).

Im Bereich der Sabermetrics existiert eine große Vielfalt von Statistiken, die auf unterschiedliche Weise das Ziel verfolgen, Schlagleistungen umfassender und zuverlässiger zu messen, als die althergebrachten Kennwerte wie AVG, OBP, SLG oder RBI es können. Einige Beispiele dafür sind *weighted On Base Average* (wOBA), *On-Base plus Slugging Plus* (OPS+), *Deserved Runs Created Plus* (DRC+) und *weighted Runs Created Plus* (wRC+). Um nicht den Rahmen dieser kurzen Einführung zu sprengen, beschränke ich mich hier auf das Beispiel wRC+.

Der Grundgedanke von *wRC+* besteht darin, den Beitrag eines Spielers zur Offensivleistung des Teams in Form von Runs zu messen, den Runs Created (RC). Zu dem Zweck fließen alle positiven oder negativen Resultate der Offensivaktionen des betreffenden Spielers – Hits, Walks, Strikeouts, Groundouts, Steals und alles, was sonst noch passieren kann – in eine Formel ein und werden durch die Zahl aller Möglichkeiten geteilt, die der Spieler hatte, um irgendetwas zu bewirken. Im zweiten Schritt werden die RC gewichtet nach den Rahmenbedingungen, unter denen sie erzielt wurden – z. B. in welchem Ballpark, in welchem historischen Umfeld etc. Dadurch sind die in dieser Statistik erzielten Werte zeit- und ortsunabhängig miteinander vergleichbar.

Das *Plus* in wRC+ signalisiert, dass der Indikator im letzten Schritt in eine leicht les- und interpretierbare Form umgerechnet wird, bei der ein Wert von 100 als Durchschnitt der Liga in der jeweiligen Saison definiert ist. Wer es auf 150 wRC+ bringt, hat dementsprechend eine Leistung erzielt, die um 50 % über dem Durchschnitt liegt. In der obigen Tabelle lässt sich somit ablesen, dass alle dargestellten Spieler eine sehr gute Saison 2022 gespielt haben. Die 207 wRC+ von Aaron Judge waren sogar die stärkste Saisonleistung eines Batters seit dem Jahr 2004.

7.4 STATISTIKEN ÜBER DAS FELDSPIEL

Baseballspiele werden nicht nur durch Batting und Pitching, sondern auch durch die Abwehrarbeit im Feld gewonnen oder verloren. Dennoch steht dieser Aspekt des Spiels gegenüber den anderen oft ein wenig im Schatten der Aufmerksamkeit – auch und gerade, was die Statistiken angeht. An die Prominenz der Batting-Slashline oder des ERA kommen die Fieldingstatistiken nicht heran. Aber es gibt sie und sie sind nicht weniger interessant und nützlich. Hier zum Einstieg wieder eine kleine Tabelle mit den Zahlen einer Handvoll Spieler aus der Saison 2022:

Name	Position	PO	A	E	FP	UZR
Myles Straw	CF	371	12	2	.995	13.2
Jorge Mateo	SS	181	417	17	.972	7.5
Nathaniel Lowe	1B	1.252	70	9	.993	0.2
Mark Canha	LF	169	2	0	1.000	-4.0
Bo Bichette	SS	166	363	23	.958	-15.4

Putouts (PO) und *Assists* (A) sind klar definiert und sehr einfach zu zählen: Für jedes Out des schlagenden Teams wird einem Spieler des verteidigenden Teams der Putout gutgeschrieben. Ihn erhält der Spieler, der beim Flyout den Ball aus der Luft fängt, beim Tagout den Gegner berührt, die Base zum Forceout betritt oder als Catcher den dritten Strike beim Strikeout fängt. Ein Assist wird dem Spieler zugerechnet, der den Ball vor dem Putout berührt hat. Wenn also zum Beispiel der Shortstop einen Ball aufnimmt und ihn zum Forceout dem First Baseman zuwirft, dann hat der Shortstop den Assist und der First Baseman den Putout. Ist kein zweiter Spieler involviert, dann ist der Putout „unassisted". Der Pitcher erhält übrigens keinen Assist dafür, dass er dem Catcher den dritten Strike zuwirft.

Man könnte nun einfach schauen, wer die meisten Putouts und wer die meisten Assists sammelt und diese Spieler dann zu den besten Fieldern erklären. Dieses Vorgehen hinkt aber an mindestens zwei Stellen:

Erstens ist die Anzahl der Gelegenheiten für Putouts und Assists stark abhängig von der gespielten Position. Die meisten Putouts gehen üblicherweise auf das Konto des First Basemans, weil Groundouts an der ersten Base sehr häufig sind. Der Wurf aus dem Feld an die Base kommt am häufigsten vom Shortstop, daher sammeln Shortstops die meisten Assists. Insofern ist es wenig überraschend, dass ein First Baseman (Nathaniel Lowe) 2022 die meisten Putouts hatte und ein Shortstop (Jorge Mateo) die meisten Assists. Ist Lowe wegen der vielen Putouts der beste Feldspieler der MLB? Wohl eher nicht, denn als First Baseman hat man zwar viel zu tun, aber von der Schwierigkeit der Aufgabe ist es eine der weniger herausfordernden Positionen (siehe Kap. 6.4.1).

Neben der Position hängt die Zahl der Putouts und Assists, die ein Spieler ansammeln kann, zweitens auch ganz wesentlich vom Stil des jeweiligen Pitchers ab – produziert er eher Groundballs (mehr Putouts für Infielder), Flyballs (mehr Putouts für Outfielder) oder Strikeouts (mehr Putouts für Catcher)?

Die wichtigste Defensivstatistik sind *Errors* (E) – wichtig jedenfalls in dem Sinne, dass sie standardmäßig in jedem Box Score und auf jedem

Scoreboard dargestellt werden. Ein Error wird einem Spieler zugerechnet, wenn er ein mit „normalem Aufwand" (*Ordinary Effort*) erreichbares Out verhindert - zum Beispiel, indem er beim Fangen oder Aufnehmen des Balls danebengreift, den Ball fallen lässt oder ihn so ungenau wirft, dass der Teamkamerad ihn nicht fangen kann.

Jeder Spieler möchte vermeiden, in der Errorspalte des Scoreboards aufzutauchen und viele Errors sind in der Regel ein Zeichen für schlechtes Defensivspiel. Allerdings sind auch die Errors stark von der Position abhängig: Infielder produzieren üblicherweise deutlich mehr Errors als Outfielder - nicht, weil sie schlechtere Abwehrspieler sind, sondern weil es im Infield viel mehr Gelegenheiten gibt, etwas falsch zu machen.

Betrachtet man die Errors nicht als absolute Zahlen, sondern als Anteil erfolgreicher Plays an allen möglichen Plays, dann ist das Problem der unterschiedlichen Anzahl von Möglichkeiten weitgehend ausgeschaltet. Ein Beispiel dazu: Während eines Spiels werden 12 Bälle in Richtung des Third Basemans geschlagen. Zwei davon sausen ihm so schnell um die Ohren, dass man ihm keinen Vorwurf daraus machen kann, dass er sie passieren lässt. Diese beiden fließen nicht in die Berechnung ein.

Von den anderen 10 setzt er neun in ein Out um, indem er sie entweder aus der Luft fängt oder vom Boden aufnimmt und zur ersten Base wirft. Den 10. könnte er eigentlich locker fangen, aber er greift daneben, muss sich nach dem Ball bücken und bis er ihn zur ersten Base werfen kann, ist der Batter/Runner dort schon angekommen. Dafür wird der Scorer einen Error notieren. Die *Fielding Percentage* (FP) des Third Basemans steht damit nun bei 90 % bzw. bei .900, um die im Baseball übliche amerikanische Schreibweise zu verwenden.

Die *FP* ist bei angemessen großem Stichprobenumfang schon ein recht brauchbares Maß für die Fähigkeit eines Fielders, aber auch sie ist nicht ohne Probleme: Zum einen sind Errors subjektiv, denn es muss ein Mensch - der Scorer - entscheiden, welcher Ball mit „normalem Aufwand" spielbar ist und welcher nicht. Darüber hinaus berücksichtigt die FP nicht die Reichweite eines Spielers. Das kann zu der paradoxen Situation führen, dass ein besonders guter Spieler mehr Errors und damit eine schlechtere FP hat als ein schlechterer. Denn der bessere Spieler deckt einen größeren Bereich des Feldes ab und übernimmt häufig die schwierigeren Plays im Grenzgebiet der Zuständigkeiten. Bei diesen Plays unterlaufen naturgemäß die meisten Fehler und diese Fehler werden dem guten Fielder zugerechnet, weil er im Gegensatz zum schlechten Fielder eine Chance gehabt hätte, an den Ball heranzukommen.

Auch für das Feldspiel wurde in den letzten Jahren eine ganze Reihe fortgeschrittener Indikatoren entwickelt, aus der ich einen als Beispiel herausgegriffen habe. Er nennt sich *Ultimate Zone Rating* (UZR). *UZR* setzt sich zusammen aus zahlreichen Komponenten des Defensivspiels, die jeweils mit einem Wert von Runs bzw. Anteilen davon versehen werden. Die Übersetzung von Plays in Runs geschieht, indem der zu beurteilende Spielzug mit dem durchschnittlichen Ausgang ähnlicher Situationen aus der Vergangenheit verglichen wird.

Nehmen wir beispielsweise an, in Richtung des Leftfielders wird ein Ball mit einer bestimmten Geschwindigkeit zu einer bestimmten Stelle geschlagen, aus dem ein durchschnittlicher Fielder in 40 % der Fälle ein Aus produziert und der ansonsten durchschnittlich zu 0,8 Runs für das gegnerische Teams führt. Wenn der Leftfielder das Play macht, dann hat er im Vergleich mit dem durchschnittlichen Ergebnis der Situation 0,48 Runs verhindert (die durchschnittliche Schadenshöhe 0,8 multipliziert mit der Eintrittswahrscheinlichkeit von 0,6) und sein UZR steigt entsprechend an. Gelingt ihm das Play nicht, hat er hingegen 0,32 Runs mehr zugelassen, als zu erwarten gewesen wäre und sein UZR sinkt dementsprechend.

UZR kann Werte über oder unter null annehmen – je nachdem, ob der betreffende Spieler seinem Team mehr oder weniger gegnerische Runs beschert als ein durchschnittlicher Fielder. Werte über null stehen für überdurchschnittliches Defensivspiel. Die besten Fielder erreichen pro Saison üblicherweise UZR-Werte von über 10.

7.5 WINS ABOVE REPLACEMENT (WAR)

Wie wir in diesem Kapitel bereits gesehen haben, gibt es nützliche (und natürlich auch ein paar weniger nützliche) Statistiken für sämtliche Bereiche des Baseballspiels. Nun wäre es natürlich schön, nicht nur die vielen nebeneinander stehenden Einzelstatistiken zu haben, sondern auch eine umfassende Kennzahl, die alle Bereiche zusammenfasst und den gesamten Beitrag eines Spielers zum Teamerfolg darstellt. Der bekannteste Indikator, der sich an solch einer übergreifenden Gesamtbeurteilung versucht, heißt *Wins Above Replacement*, kurz: *WAR*.

Das Grundprinzip von WAR besteht darin, dass der Wert des jeweiligen Spielers in Form von Siegen gemessen wird und zwar im Vergleich mit einem Spieler auf Replacement Level. Oder anders formuliert: WAR beantwortet die Frage, wie viele Siege das Team mehr auf dem Konto hat, weil es den bestimmten Spieler X im Kader hat statt eines beliebigen Spielers Y.

Was mit *Replacement Level* oder einem beliebigen Spieler gemeint ist, bedarf einer näheren Erläuterung, zumal es oft missverstanden wird: Replacement Level ist *nicht* gleichzusetzen mit einem Durchschnittsspieler. Es meint vielmehr einen Spieler, der einem MLB-Team zu minimalen Kosten und mit minimalem Aufwand zur Verfügung steht. Replacement Level bezeichnet somit ein Niveau, das in jedem Fall unter einem durchschnittlichen MLB-Spieler liegt. Es ist das Niveau, das man erwarten kann, wenn man wegen Verletzungen oder sonstiger Ausfälle eine Lücke mit einem Minor Leaguer oder einem arbeitslosen Profi zum Mindestlohn der MLB füllt.

Für die konkrete Berechnung haben sich die beiden führenden Statistikanbieter *Fangraphs* und *Baseball-Reference* vor einigen Jahren auf eine gemeinsame Annahme zum Replacement Level geeinigt. Demnach entspricht das Replacement Level einer Siegrate von 29,4 %. Ein Team, das nur aus Replacements besteht, würde in einer 162-Spiele-Saison nach dieser Annahme 47,7 Spiele gewinnen.

WAR ist keine offizielle MLB-Statistik und nicht standardisiert, das heißt, unterschiedliche Quellen benutzen unterschiedliche Formeln und kommen zu leicht unterschiedlichen Ergebnissen, obwohl sie im Großen und Ganzen das Gleiche messen. Das gilt auch für *Fangraphs* und *Baseball-Reference*, die sich zwar auf ein einheitliches Replacement Level verständigt haben, aber nicht auf eine einheitliche Formel für WAR.

Die Grundidee ist bei beiden Quellen die Gleiche, nämlich, dass die Antworten auf folgende Fragen in eine gemeinsame Zahl einfließen:

★ Wie viele Runs hat der Spieler für sein Team produziert?

★ Wie viele Runs des gegnerischen Teams hat er verhindert?

★ Wie viele Siege für sein Team ist diese Anzahl von verursachten oder verhinderten Runs wert?

★ Welchen Mehrwert stellt die ermittelte Anzahl von Siegen gegenüber derjenigen dar, die ein hypothetischer Replacementspieler erzielen würde?

Ausführliche Darstellungen der Berechnungsweisen und ihrer Unterschiede sind auf den Websites der genannten Statistikanbieter zu finden (siehe Kap. 9.4). Fürs Erste genügt es, zu wissen, dass bei der Bewertung von Pitchern für *Baseball-Reference* die Runs Allowed (RA) im Mittelpunkt stehen, für *Fangraphs* hingegen Fielding Independent Pitching (FIP) und dass bei der Bewertung von Battern beide Anbieter (auf leicht unterschiedliche Weise) die Leistungen am Schlag, im Feld und beim Baserunning mit einbeziehen und auch berücksichtigen, ob Leistungen vermehrt in hitter- oder pitcherfreundlichen Ballparks erbracht wurden.

Die Unterschiede zwischen den verschiedenen Versionen von WAR sind, wie gesagt, nicht groß, aber über gesamte Spielerkarrieren hinweg summieren sie sich dann doch so sehr, dass man zum Beispiel nicht die gleiche Antwort auf die Frage erhält, wer der zweitbeste Baseballer aller Zeiten war. Über den Besten ist man sich immerhin einig, wobei Babe Ruth laut *Baseball-Reference* mit 183,1 WAR einen großen Vorsprung vor dem zweitplatzierten Walter Johnson mit 164,9 WAR aufweist. Zwar sieht auch *Fangraphs* Babe Ruth vorne, allerdings mit „nur" 180,8 WAR und einem deutlich knapperen Abstand auf Barry Bonds, der es auf 164,4 WAR bringt. Zu beachten ist dabei die unterschiedliche Darstellung der Ranglisten auf den Websites der Anbieter: Bei *Fangraphs* muss man für Two-Way-Player wie Ruth oder Shohei Ohtani die WAR-Werte, welche als Pitcher und als Positionsspieler erzielt wurden, zusammenzählen; *Baseball Reference* stellt direkt die Gesamtwerte dar.

In Bezug auf eine Einzelsaison kann man sagen, dass die Top-10-Spieler der Liga in der Regel bei ungefähr 7-11 WAR landen. Ein durchschnittlicher Stammspieler bringt es auf rund zwei WAR, Ersatzspieler und Relief Pitcher in der Regel auf weniger als zwei WAR. Auch negative WAR-Werte kommen vor; sie sind oft ein Anzeichen dafür, dass die MLB-Karriere des betreffenden Spielers nicht (mehr) von langer Dauer sein wird.

7.6 DER BLICK IN DIE GLASKUGEL

Die meisten Statistiken, mit denen man sich im Baseball beschäftigt, beziehen sich auf die Vergangenheit. Über die Aussagekraft der jeweiligen Maße kann man trefflich streiten, aber zumindest beruhen all diese Werte auf Fakten, auf nachprüfbar erfolgten Ereignissen. Schwieriger wird es, wenn man etwas über Ereignisse wissen will, die noch nicht passiert sind – zum Beispiel, um sich eine fundierte Meinung zu bilden, welchen Spieler man gerne mit einem langen Vertrag ausgestattet bzw. überhaupt im eigenen Team sehen möchte.

Natürlich hilft fürs Erste schon der Blick auf die Zahlen, die ein infrage kommender Spieler bisher produziert hat. Die Annahme, dass seine Leistungen im nächsten Jahr so ähnlich sein werden wie die aus dem letzten Jahr, ist bereits eine einfache Form der Vorhersage.

Vorhersagen beruhen in erster Linie auf Vergleichen: auf Vergleichen mit der eigenen Vergangenheit und auf Vergleichen mit ähnlichen Spielern. Eine gute Vorhersage sollte daher möglichst viele Informationen über die Vergangenheit des betreffenden Spielers sammeln und berücksichtigen: angefangen beim Alter über seine Leistungen im College und den Minors bis hin zu denen in der MLB, über Neigungen zu stabilen oder eher schwankenden Leistungen, über Verletzungsgeschichten und vieles mehr.

Wenn man zum Beispiel weiß, dass Spieler X über seine gesamte Karriere als Batter immer einen Average von rund .250 geschlagen hat, dann kann man daraus ableiten, dass eine einzelne .320-Saison wahrscheinlich ein statistischer Ausreißer ist und der Spieler sich im nächsten Jahr vermutlich wieder in Richtung der .250 bewegen wird.

Zudem sollte die Vorhersage möglichst viele Informationen über die Karriereverläufe anderer Spieler berücksichtigen. Wenn man weiß, dass die meisten Shortstops mit 35 Jahren nicht mehr die gleiche Performance bringen wie mit 28, dann kann man dies als Annahme in die Prognose darüber einfließen lassen, in welche Richtung sich die Leistung eines 30-jährigen Shortstops in den kommenden fünf Jahren entwickeln wird.

Es gibt unzählige Vorhersagesysteme für die MLB. Jede Statistikwebsite, jeder Anbieter von Wetten oder Fantasybaseball-Spielen und selbstverständlich jede MLB-Franchise hat ein eigenes und arbeitet ständig daran, dieses in Konkurrenz mit den anderen zu verbessern. Als drei der bekanntesten und verbreitetsten „öffentlichen" Vorhersagesysteme seien hier *PECOTA* von *Baseball Prospectus*, *ZiPs* von Dan Szymborski und das aus einem Highschoolprojekt hervorgegangene *Steamer* genannt.

Die Ansätze dieser und vieler weiterer Systeme sind sich sehr ähnlich: Für die Prognose der zukünftigen Leistungen eines Spielers werden zunächst dessen eigene Leistungen aus den letzten Jahren herangezogen. Dabei werden die neueren Jahre etwas stärker gewichtet als die älteren Jahre. Zusätzlich werden Informationen darüber einbezogen, welche Entwicklung andere Spieler genommen haben, die dem betrachteten Spieler zum

Beispiel von Alter, Körperbau, Feldposition, absolvierten Spielen usw. her möglichst ähnlich waren.

In den Details seiner Berechnung hat jedes der Systeme seine Eigenheiten und Schwerpunkte und damit auch seine Stärken und Schwächen. Im Durchschnitt der letzten Jahre lag das vergleichsweise einfach gestrickte *Steamer*, wenn man im Nachhinein die Prognosen mit der Wirklichkeit verglich, meistens etwas besser als die anderen genannten Systeme. Die Vorhersagen von *ZiPS* für etablierte MLB-Spieler wichen im Vergleich mit den anderen Systemen am stärksten von der Realität ab, die Leistungen von Rookies hingegen sagte *ZiPS* ziemlich gut voraus.

Die Haupterkenntnis der Beschäftigung mit Prognosesystemen ist, dass es bislang keinem davon gelingt, die Zukunft besonders zuverlässig vorherzusagen. Das mag für die Entwickler der Formeln frustrierend sein. Aus Sicht des Fans ist es aber durchaus beruhigend, denn wozu würde man sonst überhaupt noch die Spiele spielen?

★ 8 ★

BASEBALL IN DEUTSCHLAND UND IN ALLER WELT

8.1 BASEBALL IN DEUTSCHLAND

Baseball ist in Deutschland ein Randsport, das kann und wird niemand bestreiten. Aber was genau heißt das in einem Land, in dem quasi alles außer Fußball Randsport ist? Es heißt zum Beispiel, dass man im Alltag oft auf Erstaunen stößt, wenn man sich als Fan oder Mitglied eines deutschen Baseballklubs zu erkennen gibt. „Ach, in Deutschland gibt es Baseballvereine?" Ja, momentan ungefähr 280, verteilt über die ganze Republik. „Und da gibt es einen regelmäßigen Spielbetrieb?" Ja, in zahlreichen Ligen und Altersklassen von T-Ball bis zur Bundesliga. „Baseball ist doch das, wo sich immer alle übereinanderwerfen, oder?" Äh, nein.

Um die Verbreitung von Baseball (inklusive der Variante Softball) mit ein paar harten Fakten einzuordnen: Der Deutsche Baseball und Softball Verband e. V. (DBV) liegt mit 22.096 Mitgliedern im Jahr 2022 auf Platz 44 der Mitgliedsorganisationen im Deutschen Olympischen Sportbund – ein gutes Stück vor Eishockey (19.272) und Rugby (16.352), allerdings deutlich hinter zum Beispiel American Football (73.288), Basketball

(215.609) und Handball (719.787) – ganz zu schweigen von Fußball (7.171.232)[15].

Das erste offizielle Baseballspiel auf deutschem Boden fand am 12. August 1936 während der Olympischen Spiele in Berlin statt. Es war ein einzelnes Demonstrationsspiel, das ursprünglich zwischen den USA und Japan ausgetragen werden sollte. Doch die Japaner zogen ihre Teilnahme zurück, daher wurde kurzerhand der US-Kader in zwei Teams aufgeteilt. Vor einer nie wieder erreichten Rekordkulisse von 90.000 Zuschauern besiegten die „World Champions" die „U. S. Olympics" 6:5.

Nach dem Zweiten Weltkrieg wurde Baseball in Deutschland vor allem rund um die US-Militärbasen bekannter. Zwischen den amerikanischen Kompanien wurde eine Baseballmeisterschaft ausgetragen, die unter den Einheimischen auf Interesse und auf Nachahmer stieß. 1948 gründete sich mit den Frankfurt Juniors der erste deutsche Baseballverein. 1950 wurde die *Amateur Baseball Föderation Deutschland* gegründet, der Vorläuferverband des heutigen DBV. Der Verband organisierte ab 1952 eine deutsche Baseballmeisterschaft, welche in den ersten vier Jahren dreimal von den Frankfurt Juniors gewonnen wurde. In der Folgezeit dominierten verschiedene Mannheimer Vereine den deutschen Baseball, der aber leider um das Jahr 1970 nahezu vollständig zum Erliegen kam. Es fehlte damals sowohl aufseiten des Verbands als auch in den Vereinen an organisatorischen Strukturen sowie an Nachwuchsarbeit, sodass schlichtweg nach und nach die Spieler ausgingen.

Bessere Zeiten für den deutschen Baseball brachen erst in den 1980er-Jahren wieder an. Der DBV läutete den Neuanfang ein, indem er sich 1980 seinen bis heute gültigen Namen gab und ab 1982 die seit 1971 ausgesetzte deutsche Baseballmeisterschaft wiederbelebte. Seit 1984 wird die zuvor nur als Turnier ausgetragene Meisterschaft in Form einer Baseball-Bundesliga ausgespielt. Deutscher Rekordmeister und zugleich der älteste bis heute existierende deutsche Baseballverein sind die 1975

15 Deutscher Olympischer Sportbund (2022, S. 10).

gegründeten Mannheim Tornados. Ihre bislang 11 Meisterschaften gewannen sie allesamt in den Jahren von 1982 bis 1997. Die nächste Dynastie waren die Paderborn Untouchables mit sechs Titeln von 1999 bis 2005. Die dominierenden Mannschaften der letzten 15 Jahre sind die Heidenheim Heideköpfe, die Regensburg Legionäre, die Bonn Capitals und die Mainz Athletics mit jeweils mehreren Titeln in diesem Zeitraum.

Die Baseball-Bundesliga besteht zur Saison 2023 aus 13 Mannschaften, die sich in eine Nord- und eine Südstaffel mit gemeinsamen Play-offs aufteilen. Das Regelwerk der MLB gilt in den Spielen der Bundesliga nahezu eins zu eins; eine der wenigen Abweichungen stellen die Mercy Rules dar, nach denen extrem einseitige Bundesligaspiele vorzeitig beendet werden. Regeländerungen der MLB werden üblicherweise mit einem Jahr Verzögerung in der Bundesliga übernommen.

Die Teams der Bundesliga Nord 2023	Die Teams der Bundesliga Süd 2023
Bonn Capitals	Regensburg Legionäre
Paderborn Untouchables	Heidenheim Heideköpfe
Hamburg Stealers	München-Haar Disciples
Dohren Wild Farmers	Mainz Athletics
Cologne Cardinals	Stuttgart Reds
Berlin Flamingos	Mannheim Tornados
	Hünstetten Storm

Die Bundesliga ist eine nahezu reine Amateurliga. Nur einige Vereine leisten sich hauptamtliche Trainer und Betreuer sowie Gehälter in Höhe weniger hundert Euro für wichtige Spieler. Vom Baseballspielen leben können in Deutschland üblicherweise nur die – überwiegend amerikanischen – Importspieler, von denen die meisten Teams 3-4 beschäftigen. Eingesetzt werden dürfen zwei Nicht-EU-Ausländer als Feldspieler sowie einer in jedem zweiten Spiel als Pitcher. Auch die Importspieler verdienen mit Baseball in Deutschland kein Vermögen: Sie bekommen die Reisekosten sowie freie Kost und Logis gestellt, dazu gibt es eine Art Taschengeld, das sie sich oft durch zusätzliche Tätigkeiten im Verein – zum Beispiel Trainingsstunden für den Nachwuchs – verdienen müssen.

Angesichts der Tatsache, dass nahezu alle Spieler neben dem Baseball einer Berufstätigkeit oder einem Studium nachgehen, ist gar nichts anderes möglich, als dass die Spiele fast ausschließlich am Wochenende ausgetragen werden. In der Regel werden Serien aus zwei Spielen am Freitag und Samstag oder Samstag und Sonntag gespielt. Die Zuschauerzahlen der Bundesliga bewegen sich in der Regel im niedrigen dreistelligen Bereich, zu wichtigen Spielen in Hochburgen wie Regensburg, Mainz, Bonn oder Heidenheim bringt man es auch mal auf bis zu 3.000 Besucher.

Das deutsche Ligasystem reicht von der Ersten und Zweiten Baseball-Bundesliga über Verbands-, Landes- bis hin zu Bezirksligen. Der DBV organisiert den Spielbetrieb bis zur Zweiten Bundesliga, für die Ligen darunter sowie für den Nachwuchsbereich sind die 10 Landesverbände des DBV zuständig. Je nach Anzahl und Dichte der Vereine im jeweiligen Gebiet gibt es nicht in jedem Landesverband jedes Liganiveau der vorgesehenen Struktur.

Wie man es aus anderen Sportarten gewohnt ist, werden auch die Baseballligen in Deutschland prinzipiell mit Auf- und Abstiegsregeln durchgeführt. Man muss allerdings dazu sagen, dass zum einen die Fluktuation der Vereine und ihrer Meldungen zum Spielbetrieb so hoch ist und dass zum anderen die Niveausprünge zwischen den Ligen oft so erheblich sind, dass die formal vorgesehenen Auf- und Abstiege meistens nur zu einem Teil durchgeführt werden. So ist beispielsweise für die Bundesliga eigentlich ein Teilnehmerfeld von 16 Mannschaften vorgesehen, doch durch zurückgezogene Teams und nicht wahrgenommene Aufstiege sind es derzeit nur 13.

Das zeigt bereits, was leider immer noch das Problem des deutschen Baseballs ist. Zu häufig sind die Vereine von einzelnen Sponsoren und vom Engagement einzelner Personen abhängig. Finanziell leben sie fast alle von der Hand in den Mund, sodass zum Beispiel der Bau und die Pflege der Plätze oft in Eigenarbeit der Mitglieder erfolgen müssen und Reisekosten zu weiter entfernten Auswärtsspielen bereits einen schmerzhaften Kostenfaktor darstellen.

Doch ich will nicht über Gebühr schwarz malen, denn es gibt auch zahlreiche Lichtblicke für den Baseball in Deutschland. Einige Klubs weisen inzwischen mehr oder weniger professionelle Strukturen auf – allen voran sind hier die Regensburg Legionäre zu nennen, deren Baseballinternat das Sprungbrett für die Karrieren der bislang einzigen deutschen MLB-Spieler Donald Lutz und Max Kepler war.

Auch viele andere Vereine sowie der DBV und die Deutsche Baseballakademie (DBA) leisten gute und engagierte Jugendarbeit. Das zeigt sich nicht zuletzt darin, dass die deutschen U-12- und U-15-Nationalteams in den letzten Jahren mehrere Europameisterschaften gewinnen konnten.

8.2 BASEBALL IN ANDEREN LÄNDERN

Baseball wird auf der ganzen Welt gespielt. Oft fristet es sein Dasein wie in Deutschland als eher exotischer Randsport, aber in einigen Ländern spielt es eine Rolle, die der im Baseball-Mutterland USA in nichts nachsteht. In Japan, Südkorea, Taiwan und mehreren Karibikstaaten ist Baseball die populärste aller Sportarten und wird auf entsprechend hohem professionellen Niveau betrieben. Dieses Unterkapitel gibt einen kurzen Überblick über einige ausgewählte Baseballligen außerhalb der USA und Deutschlands.

8.2.1 Japan

Man mag bei Sport in Japan zuerst an Judo oder Sumo-Ringen denken, doch unter den Mannschaftssportarten ist der japanische Nationalsport tatsächlich Baseball. Das zeigt sich nicht zuletzt an den Zuschauerzahlen der japanischen Profiliga NPB (*Nippon Professional Baseball*): Die NPB ist weltweit direkt hinter der MLB die Liga mit den zweitmeisten jährlichen Stadionbesuchen – bezogen nicht nur auf Baseball, sondern auf alle Sportarten. Natürlich liegt das nicht zuletzt daran, dass es im Baseball so viele Spiele gibt, aber auch vom Zuschauerdurchschnitt her ist die NPB mit rund 31.000 Besuchern je Spiel die beliebteste Sportliga Asiens und immerhin die viertbeliebteste weltweit – übrigens knapp *vor* der MLB auf Platz fünf.[16] Der großen Rolle, die Baseball in Japan spielt, war auch die vorübergehende Wiederaufnahme der Sportart zu den Olympischen Spielen 2020 in Tokio zu verdanken.

Vieles an der NPB erinnert an eine MLB im Kleinformat: Genau wie jene teilt sich die NPB in zwei Teilligen auf, die sich beide über das gesamte Land erstrecken und die – von einigen Interleague-Spielen abgesehen – jeweils für sich einen Meister ermitteln. Dieser tritt dann in der großen Finalserie gegen den Meister der anderen Teilliga an. Anders als in der MLB spielt in Japan nur eine der Ligen – die *Pacific League* – mit DH-Regel, während in der anderen – der *Central League* – die Pitcher (noch?) regelmäßig einen Platz in der Schlagreihenfolge einnehmen.

Jede der beiden Ligen besteht aus sechs Teams, welche in der regulären Saison jeweils 143 Spiele absolvieren, darunter 18 Interleague-Spiele. Die Saison läuft zeitlich quasi identisch mit der MLB: Gestartet wird Anfang April, an die reguläre Saison bis Anfang Oktober schließen sich die Play-offs an, der Meister steht Ende Oktober oder Anfang November fest. Ermittelt wird er in drei Play-off-Runden: In der ersten *Climax Series* jeder Liga treffen der Zweit- und Drittplatzierte in einer Best-of-Three-Serie aufeinander. Der Sieger dieser Serie trifft dann auf den Erstplatzierten. In diesem zweiten Teil der Climax Series kommt das Team weiter, das zuerst vier Spiele gewinnt; allerdings erhält der Erstplatzierte der regulären Saison ein Spiel Vorsprung und obendrein Heimrecht in allen Spielen. Die Sieger der *Climax Series* beider Ligen erreichen die *Nippon Series* und spielen im Best-of-Seven-Modus die Meisterschaft aus.

16 Zahlen für 2019, zitiert nach https://en.wikipedia.org/wiki/List_of_attendance_figures_at_domestic_professional_sports_leagues

Obwohl die Regeln der NPB weitgehend identisch sind mit jenen der MLB, gibt es neben der anderen Play-off-Struktur noch ein paar weitere Unterschiede. Der Wichtigste davon ist, dass in der NPB regelmäßig Unentschieden vorkommen: Ein Spiel, das nach 12 Innings keinen Sieger gefunden hat, endet ohne Entscheidung. Die meisten japanischen Teams verwenden eine Rotation aus sechs Pitchern statt der in der MLB üblichen fünf. Da montags üblicherweise nicht gespielt wird, ist man als Starter in der NPB im Normalfall einmal pro Woche an der Reihe. Der Ball ist in der NPB etwas kleiner und härter, die Strikezone und die Mindestmaße des Spielfelds sind ebenfalls ein wenig kleiner als in der MLB.

8.2.2 Südkorea

Auch in Südkorea ist Baseball der beliebteste Mannschaftssport. Mit 7,3 Millionen Besuchen insgesamt und einem Zuschauerschnitt von 10.119 pro Spiel stellt die *KBO-League* die höchste *Fußball-Liga K-League 1* mit 1,8 Millionen und einem Schnitt von 8.014 klar in den Schatten.

Die Liga der *Korean Baseball Organization* nahm 1982 mit sechs Teams den Spielbetrieb auf, nach mehreren Erweiterungen umfasst sie heute 10 Mannschaften. Die Namen der Klubs sind etwas gewöhnungsbedürftig, denn aus keinem davon geht hervor, in welcher Stadt das jeweilige Team beheimatet ist. Stattdessen benennen sich die Mannschaften nach den Konzernen, denen sie gehören oder denen sie die Namensrechte verkauft haben. Rekordmeister mit bislang 11 Titeln sind die Kia Tigers aus Gwangju.

Angesichts der Größe der Liga kann die Struktur recht einfach gehalten werden: Es gibt keine Teilligen oder Divisionen, jede Mannschaft spielt 16 Spiele gegen jedes andere Team. So ergeben sich 144 Spiele pro Klub innerhalb der regulären Saison, welche genau wie in Japan und den USA von Ende März oder Anfang April bis Anfang Oktober dauert. Im Anschluss daran werden die Play-offs in einer Art Leitersystem ausgetragen: In der ersten Runde tritt der Tabellenfünfte gegen den Tabellenvierten an (Best of Three mit einem Spiel Vorsprung für den Vierten); der

Sieger trifft in der zweiten Runde auf den Tabellendritten (Best of Five); der Sieger dieser Serie spielt gegen den Tabellenzweiten (Best of Five); und schließlich spielt der Sieger dieser Runde im Modus Best of Seven die *Korean Series* gegen den Erstplatzierten der regulären Saison. Etwas seltsam mutet an diesem System an, dass der Tabellenerste drei Wochen lang spielfrei auf den Finalgegner warten muss.

Die Regeln der KBO-League entsprechen weitgehend denen der japanischen NPB. Alle Spiele der KBO-League werden mit Designated Hitter durchgeführt. Kein Regelunterschied, aber ein fundamentaler Kulturunterschied zeigt sich bei der Art, wie ein Baseballspiel in Südkorea von den Zuschauern begleitet wird. Während wir aus den USA und Deutschland eine eher entspannte Atmosphäre gewohnt sind, ist die Stimmung unter den koreanischen Baseballfans geprägt von durch Cheerleader angeleiteten Gesängen und Choreografien - und leider manchmal auch durch gewalttätige Auseinandersetzungen.

8.2.3 Die Karibik

Mehrere Insel- und Anrainerstaaten der Karibik haben sich zusammengetan, um jährlich ihre jeweiligen Landesmeister die Kräfte messen zu lassen. Das Turnier nennt sich *Serie del Caribe* oder auf Englisch *Caribbean Series* und existiert - mit Unterbrechungen und wechselndem Teilnehmerfeld - seit 1949. Von 1970 bis 2013 bestand der Teilnehmerkreis aus Mexiko, Venezuela, Puerto Rico und der Dominikanischen Republik. Ab 2014 war Kuba dabei, musste aber 2019 bis 2022 wegen Reisebeschränkungen mit der Teilnahme pausieren. Zuletzt kamen 2019 Panama, 2020 Kolumbien und 2023 Curaçao hinzu.

In allen genannten Staaten spielt Baseball eine große Rolle - teils als Sportart Nummer eins wie in Kuba oder in der Dominikanischen Republik, teils im Windschatten des Fußballs, wie in Mexiko oder in Kolumbien. Außer Kuba verfügt jedes der Länder über eine Baseball-Profiliga. Das warme Klima der Region macht es möglich, dass diese Ligen in den Herbst- und Wintermonaten ausgespielt werden. Die *Serie del Caribe* als ihr krönender gemeinsamer Abschluss findet üblicherweise Anfang Februar statt. Durch diese zeitliche Lage dienen die karibischen Winterligen sowie ihre Finalserie auch dem Aufbau und der Selbstwerbung für Spieler mit Hoffnungen auf eine MLB-Karriere.

Kuba stellt insofern eine Ausnahme dar, als es in dem sozialistischen Land seit 1962 grundsätzlich keinen Profisport gibt. So ist jedenfalls die offizielle Sprachregelung, wobei die Spitzensportler als sogenannte *Staatsamateure* durchaus gewisse Privilegien genießen und keiner zusätzlichen, geregelten Beschäftigung nachgehen müssen. Das Einkommensgefälle zwischen Topspielern in Kuba und solchen im Ausland ist dennoch enorm und daher ist es seit Langem an der Tagesordnung, dass viele Sportler ihr Glück außer Landes suchen – selten mit, meistens ohne Zustimmung ihrer Heimatstaates.

In Kuba gibt es kein Transfersystem, wie wir es aus den Ligen anderer Länder kennen, und es gibt auch in der Regel keine ausländischen Spieler. Es existieren mehrere hochrangige Ligen nebeneinander. In der *Serie Nacional de Béisbol* (SNB), sind 16 Teams aktiv, eines aus jeder Provinz Kubas und eines für die Hauptstadt Havanna. Die Spieler treten üblicherweise für das Team der Provinz an, in der sie geboren wurden bzw. in der sie wohnen. Im Winter spielt die *Liga Élite del Beisbol* (LEB) aus 6 Teams den kubanischen Teilnehmer an der Caribbean Series aus. In den Monaten Mai bis Juli findet in Kuba zusätzlich die *Súper Liga* statt, eine Art All-Star-Turnier, in dem die besten Spieler der 16 SNB-Teams in fünf Regionalteams zusammengefasst werden und eine Runde von je 28 Spielen je Team absolvieren. Die beiden besten Mannschaften spielen am Ende ein Best-of-Three-Finale. Die *Súper Liga* dient gleichzeitig der Bewerbung für das Nationalteam, in das nur Spieler gewählt werden, die an der Liga teilgenommen haben.

8.2.4 Niederlande

Im europäischen Rahmen waren schon immer und sind bis heute die Niederlande das führende Baseballland. Im Vergleich mit Fußball, Feldhockey, Radsport, Tennis und einigen anderen ist der Baseball dennoch eine klare Randsportart und seine Popularität ist im Laufe der letzten Jahrzehnte eher gesunken. 2022 umfasste der *Koninklijke Nederlands Baseball en Softball Bond* (KNBSB) 157 Vereine mit 18.723 Spielerinnen und Spielern – Tendenz leider leicht abnehmend.

Die höchste Liga ist die seit 1958 bestehende *Honkbal Hoofdklasse*. 2022 erfolgte eine Reform, in deren Zuge die Liga von acht auf neun Teams erweitert und das bis dahin geltende Auf- und Abstiegssystem abgeschafft wurde. Die *Hoofdklasse* wird gemeinhin als professionelle Liga bezeichnet. Semiprofessionell trifft es wahrscheinlich besser, denn tatsächlich erhält nur ein Teil der Spieler ein Gehalt, von dem man zumindest während der Saison leben kann.

Üblich sind wohl für die besseren Spieler ein paar hundert bis wenige tausend Euro pro Monat zuzüglich Flüge und Unterbringung für die ausländischen Importspieler. Gespielt wird im üblichen Zeitraum von April bis September, die reguläre Saison umfasst 24 Spiele pro Mannschaft. Nach der regulären Saison wird in drei Play-off-Runden der Meister der Holland Series ausgespielt. Die Spiele finden in der Regel am Wochenende statt. Alles in allem unterscheidet die *Hoofdklasse* sich nicht stark von der deutschen Baseball-Bundesliga. Das gilt leider auch für die Zuschauerzahlen, die sich üblicherweise im niedrigen dreistelligen Bereich bewegen.

8.2.5 Italien

Ähnlich wie in Deutschland, den Niederlanden und den meisten anderen europäischen Ländern herrscht auch in Italien eine sportliche Fußballmonokultur. Weit hinter dem Fußball ziehen auch Motorsport, Basketball und diverse andere Sportarten deutlich mehr Zuschauer- und Medieninteresse auf sich als Baseball. Aber immerhin gibt es vor allem in der Nordhälfte des Landes flächendeckend Baseballvereine, einige hübsche Ballparks sowie die größte und wohl professionellste Liga Europas.

Ein Ligasystem besteht seit 1948 und hat seitdem diverse tief greifende Wandlungen erfahren. Bis 2020 wurde die Meisterschaft im Rahmen der *Italian Baseball League* (IBL) jährlich zwischen sechs bis acht Teams ausgespielt. 2021 wurden die zwei obersten Ligen zusammengelegt, sodass nun in der *Serie A Baseball* regulär 32 Mannschaften, aufgeteilt auf vier Divisionen, gegeneinander antreten. 2022 waren es nur 30, da zwei Teams sich kurzfristig abgemeldet hatten. In einer Vor- und einer Hauptrunde über insgesamt 44 Saisonspiele werden vier Teams ermittelt, die anschließend in zwei Play-off-Runden ausspielen, wer den Meisterschaftsaufnäher *Scudetto* tragen darf.

Wie die *Hoofdklasse* sieht die *Serie A* sich als Profiliga. Tatsächlich kann man in den italienischen Spitzenteams wohl vom Baseballspielen leben: Laut Carino[17] sind Gehälter von monatlich 2.000-4.000,- € zuzüglich Annehmlichkeiten wie eine Wohnung und ein Auto nicht unüblich und Topspieler, wie zum Beispiel ehemalige Major Leaguer, können noch deutlich mehr verdienen. Man wird in der Serie A also zwar nicht reich, hat aber doch ganz andere Möglichkeiten als in den sonstigen europäischen Baseballligen. Das ist durchaus verwunderlich, denn auch in Italien besuchen meistens nur wenige hundert Zuschauer die Ballparks und Fernsehübertragungen gibt es in der Regel nur von der Finalserie. Carino schreibt neben Sponsorengeldern vor allem Zuwendungen aus staatlichen Lotterien die entscheidende Rolle bei der Finanzierung der Teams zu.

8.2.6 Australien

Wie in den meisten Staaten des britischen Commonwealth hat es Baseball in Australien schon allein deshalb schwer, weil mit Kricket eine eng verwandte Sportart sich großer Popularität erfreut. Auch Fußball, Rugby, Australian Football und Feldhockey sind sehr beliebt, sodass für Baseball nur ein eng begrenzter Platz im Herzen der sportbegeisterten Australier bleibt.

Australien hat allerdings einen großen geografischen Vorteil auf seiner Seite: Wenn der Baseball in Nordamerika, Europa und Ostasien sich im

17 Carino (2017, S. 356).

Winterschlaf befindet, herrscht „Down Under" bestes sommerliches Baseballwetter. Die *Australian Baseball League* (ABL) hat dadurch eine Nische als Liga gefunden, in der Spieler aus anderen Erdteilen sich während der kalten Monate fit halten und Talentsucher auf sich aufmerksam machen können. In dieser Rolle hat die ABL zwar starke Konkurrenz durch die karibischen Winterligen, aber für viele Europäer, US-Amerikaner und Asiaten ist sie allein schon wegen der niedrigeren Sprachbarriere eine attraktive Alternative.

Die Liga wurde 2010 unter massivem Engagement der MLB aufgebaut, die bis 2016 75 % der Anteile an der Organisation hielt. Inzwischen ist die Liga zu 100 % in der Hand der *Australian Baseball Federation*, doch die Kooperation mit der MLB ist nach wie vor sehr eng. Die ABL ist eine Profiliga mit einer festen Gehaltsobergrenze von bis zu 100.000,- US-Dollar pro Team und Jahr – zuzüglich bis zu zwei Spielern je Team, die außerhalb dieser Grenze bezahlt werden dürfen.

Während der regulären Saison werden meistens Vier-Spiele-Serien von Donnerstag bis Sonntag gespielt, je eine auswärts und eine zu Hause gegen jede andere Mannschaft. Das macht insgesamt 40 Spiele für jedes der acht Teams. Anschließend finden die Play-offs in zwei Runden statt. Die Spiele der ABL ziehen durchschnittlich 1.000-2.000 Zuschauer ins Stadion – das ist nicht viel, aber doch ganz beachtlich im Vergleich mit den Zahlen aus Europa und angesichts dessen, dass wegen der langen Reisewege selten in nennenswerter Zahl Auswärtsfans mit von der Partie sind.

8.3 BASEBALL AUF INTERNATIONALER EBENE

Traditionell haben im Baseball – genau wie in den anderen US-Sportarten – Nationalteams bei Weitem nicht die Bedeutung wie zum Beispiel im Fußball. Doch es gibt sie und gerade für Spieler aus „kleinen" Baseballnationen ist die Gelegenheit, sich bei internationalen Turnieren mit dem Rest der Baseballwelt zu messen, etwas ganz Besonderes.

Organisiert wird Baseball auf internationaler Ebene von der *World Baseball Softball Confederation* (WBSC), die 2013 aus der Fusion der seit 1938 bestehenden *International Baseball Federation* (IBAF) und der *International Softball Federation* (ISF) entstand. Die WBSC führt eine Weltrangliste auf Basis der Ergebnisse von rund 85 Baseballnationalmannschaften aus den jeweils letzten vier Jahren. Es fließen übrigens nicht nur die Resultate der Seniorennationalteams ein, sondern – mit entsprechend geringerer Gewichtung – auch die der Jugendmannschaften ab U 12. Die Spitze der Weltrangliste hält seit einigen Jahren Japan.

Die Auslegung der WBSC bezüglich der Spielberechtigung für Baseballnationalmannschaften ist recht großzügig. Um für ein Land antreten zu dürfen, muss man nicht zwangsläufig dessen Staatsbürger sein. Es genügt, wenn ein Elternteil in dem betreffenden Land geboren wurde oder dessen Staatsbürgerschaft besitzt oder wenn eine andere Bindung zu dem Land besteht. So können zum Beispiel die Niederlande regelmäßig auf Spieler aus ihren ehemaligen Überseegebieten zurückgreifen und diverse US-Amerikaner treten für Länder an, aus denen ihre Vorfahren stammen. Beispielsweise sind der aus Seattle stammende Michael Conforto sowie Brandon Nimmo aus Wyoming spielberechtigt für Italien.

8.3.1 Weltmeisterschaften: Vom World Cup zum World Baseball Classic

Die erste Baseballweltmeisterschaft und gleichzeitig das erste offizielle Baseballländerspiel fand 1938 statt. Das „Turnier" umfasste lediglich zwei Teilnehmer, die USA und Großbritannien. Großbritannien wurde erster Baseballweltmeister durch 4:1 Siege in einer Best-of-Seven-Serie. Kurioserweise schaffte es Großbritannien nach diesem Erfolg über 70 Jahre lang nicht mehr, sich überhaupt für eine Teilnahme an der Weltmeisterschaft zu qualifizieren.

Der *Baseball World Cup* (BWC), zunächst bekannt als *Amateur World Series*, fand ab 1938 bis 1953 mit wenigen Ausnahmen jährlich statt, dann bis Ende der 1960er-Jahre nur noch unregelmäßig. Der Teilnehmerkreis rekrutierte sich in diesem Zeitraum meistens nahezu ausschließlich aus Süd- und Mittelamerika. Das änderte sich, als ab 1969 die USA nach 27 Jahren Pause wieder mitmachten und in den Jahren darauf asiatische (Japan, Südkorea) und europäische (Niederlande, Italien) Vertreter dazustießen. Ab 1974 bis 1990 wurde das Turnier alle zwei Jahre ausgespielt, dann im vierjährigen und ab 2001 wieder im zweijährigen Rhythmus. 2011 fand der letzte BWC statt – ausgerechnet in diesem letzten Turnier siegte erstmals seit 1938 wieder eine europäische Mannschaft, nämlich die der Niederlande.

Zu diesem Zeitpunkt hatte allerdings bereits ein anderes internationales Turnier dem BWC den Rang abgelaufen. Die Regeln des BWC hatten bis 1998 vorgesehen, dass nur Amateurspieler teilnehmen durften. Ab 1998 durften Minor-League-Profis mitspielen, jedoch keine Major-League-Spieler. Dies war der entscheidende Unterschied zum 2006 in Kooperation mit der MLB aus der Taufe gehobenen *World Baseball Classic* (WBC). Bei diesem Turnier durften erstmals Profis aus den Major Leagues eingesetzt werden, sodass man eigentlich nur den WBC als echte Weltmeisterschaft bezeichnen kann. Dem Interesse sowohl der Zuschauer als auch der teilnehmenden Verbände folgend, konzentrierte man sich nach zwei erfolgreichen Durchführungen ganz auf den WBC und stellte den BWC ein.

Für die ersten WBCs 2006 und 2009 wurde durch den Weltverband ein in beiden Turnieren identisches Teilnehmerfeld aus 16 Mannschaften festgelegt. Japan gewann beide Male, 2006 im Finale gegen Kuba und 2009 gegen Südkorea. Im Vorfeld des WBC 2013 fand erstmals ein Qualifikationswettbewerb statt, an dem die vier schwächsten Teams der letzten Runde sowie 12 Teams, die beim letzten Mal nicht dabei gewesen waren, teilnahmen. So schafften es Brasilien und Spanien, die Plätze von Südafrika und Panama zu erobern. Den Titel holte die Dominikanische Republik im Finale gegen Puerto Rico.

Für den WBC 2017 wurde der Qualifikationsmodus beibehalten. Dieses Mal kamen Kolumbien und Israel erstmals ins Turnier. Insbesondere Israel sorgte auch in der Hauptrunde für einen Achtungserfolg, indem es in einer Gruppe mit Südkorea, Taiwan und den Niederlanden ungeschlagen die zweite Runde erreichte – das Team bestand allerdings fast ausschließlich aus jüdisch-amerikanischen Major- oder Minor-League-Profis.

Erstmals seit Beginn der WBC-Turniere überzeugten auch die bis dato stets enttäuschenden USA und holten sich am Ende den Titel im Endspiel gegen Puerto Rico. Im Gegensatz zu früheren Turnieren war die öffentliche Aufmerksamkeit für den WBC in Amerika 2017 größer und es fanden sich deutlich mehr namhafte Spieler als früher bereit, für ihr Nationalteam anzutreten. Bis dahin war man gewohnt, dass für die anderen Nationen fast alle MLB-Stars aus dem jeweiligen Land in der Nationalmannschaft spielten, während die meisten US-Profis das Interesse daran vermissen ließen.

2021 wäre turnusmäßig der nächste WBC an der Reihe gewesen, jedoch musste das Turnier wegen der Coronapandemie auf 2023 verschoben werden. Das Teilnehmerfeld wurde auf 20 Mannschaften erweitert, bestehend aus den 16, die schon 2017 dabei waren, und vier Teams, die sich in Qualifikationsturnieren durchsetzten: Panama, Tschechien, Großbritannien und Nicaragua.

Das deutsche Team war von 1972 bis 2011 fünfmal beim BWC dabei und landete immer auf einem der hinteren Plätze. An den Qualifikationsrunden zu den WBCs 2013, 2017 und 2023 nahm Deutschland teil, scheiterte aber jeweils.

Ein neues, zusätzliches Turnier führte der WBSC 2015 unter dem Namen *Premier12* ein. Zum Antritt berechtigt sind die ersten 12 Teams der Weltrangliste. Das Turnier, dessen erste Auflage 2015 die Mannschaft aus Südkorea gewann, ist vom Niveau her dem WBC vergleichbar. Der offizielle Weltmeistertitel wird aber weiterhin über den WBC vergeben. 2019 wurde die zweite Auflage von Premier12 als Qualifikationsturnier für die Olympischen Spiele verwendet. Da Sieger Japan bereits als Gastgeber für Olympia qualifiziert war, gingen die Startplätze an das zweitplatzierte Südkorea und das drittplatzierte Mexiko.

8.3.2 Baseball bei Olympia

Das Bestreben, Baseball zu einer olympischen Sportart zu machen, ist fast so alt wie die Olympischen Spiele der Neuzeit selbst: Schon 1904 fand während der Spiele in St. Louis ein inoffizielles Baseballturnier statt. 1912 in Stockholm war Baseball erstmals als offizielle Demonstrationssportart vertreten, was sich 1936, 1956, 1964, 1984 und 1988 wiederholte. Von 1992 bis 2008 war Baseball fünfmal vollwertige Medaillensportart. Dabei durften zunächst nur Amateuerspieler antreten, ab 2000 dann auch Profis. Dennoch musste sich das Turnier mit Spielern aus der dritten Reihe oder bestenfalls Nachwuchstalenten zufriedengeben, denn die Olympischen Sommerspiele fielen zeitlich immer mitten in die MLB-Saison und die Prioritäten der Teams und der Liga waren eindeutig: Spieler aus den aktuellen Major-League-Kadern wurden nicht freigestellt.

Die Entscheidung des Internationalen Olympischen Komitees (IOC), Baseball ab 2012 wieder aus dem Programm zu nehmen, hing stark damit zusammen, dass man die Verantwortlichen der MLB nicht überzeugen konnte, die besten Spieler zu Olympia zu schicken – anders als beispielsweise die NBA seit 1992 und die NHL seit 1998.

Seither gab es drei Abstimmungen über eine Wiederaufnahme, von denen die ersten beiden verloren gingen: 2016 wurden statt Baseball die beiden Sportarten Golf und Rugby neu aufgenommen und für 2020 das ursprünglich schon als Streichkandidat festgelegte Ringen doch als olympische Sportart erhalten. In der dritten Abstimmung wurde schließlich auf Vorschlag des japanischen Organisationskomitees beschlossen, Baseball (männliche Athleten) und Softball (weibliche Athleten) für Tokio 2020 zumindest einmalig aufzunehmen. Olympia in Japan ohne den Nationalsport Baseball wäre auch kaum denkbar gewesen.

Die Bereitschaft der MLB, die Topspieler für Olympia freizustellen, wäre sicher ein gutes Argument, Baseball wieder dauerhaft bei den Spielen zu etablieren. Allerdings wäre das ein gravierender Eingriff in den Spielplan, dessen einzige längere Unterbrechung bislang der All-Star-Break von 4-5 Tagen darstellt. Eine Olympiapause würde rund 14 Tage im Zeitraum Ende Juli bis Anfang August in Anspruch nehmen und müsste von den Teambesitzern sowie von der Spielergewerkschaft abgesegnet werden.

Bei den sechs bisherigen olympischen Baseballturnieren war Kuba mit drei Gold- und zwei Silbermedaillen die dominierende Mannschaft. Die nicht von Kuba gewonnenen Turniere gingen im Jahr 2000 an die USA, 2008 an Südkorea und 2020 (coronabedingt durchgeführt im Jahr 2021) an Gastgeber Japan. Deutschland qualifizierte sich bislang nie für die Olympiateilnahme.

Bei den Olympischen Spielen 2024 in Paris wird Baseball nicht vertreten sein. Für 2028 in Los Angeles dürfte es wahrscheinlich wieder vorübergehende Aufnahme als besonders populäre Sportart der Gastgebernation finden.

8.3.3 Europa- und sonstige Kontinentalmeisterschaften

Der internationale Verband WBSC ist das Dach von fünf Kontinentalverbänden. Einer davon ist die *Confederation of European Baseball* (CEB), die seit 1954 die Baseballeuropameisterschaft ausrichtet.

Die Europameisterschaft fand zunächst jährlich statt, seit 1959 hat sie einen zweijährigen Rhythmus. In Ausnahmefällen wurde der Abstand zwischen zwei Turnieren auf drei Jahre ausgedehnt, um das Ergebnis für die Qualifikation einer Weltmeisterschaft oder eines olympischen Turniers mitzunutzen. Spanien 1955 und Belgien 1967 sind die einzigen beiden Länder, die die Dominanz der Niederlande (24 EM-Titel) und Italiens (10) kurz unterbrechen konnten. Deutschland ist regelmäßiger Teilnehmer der Turniere, erreichte aber nur 1957 einmal das Finale, das man gegen die Niederlande verlor.

Die *Baseball Federation of Asia* führt seit 1954 die *Asia Baseball Championship* durch, seit 1983 findet sie regelmäßig alle zwei Jahre statt. Mit 19 Titeln aus 29 Turnieren ist Japan Rekordmeister, regelmäßig auf dem Treppchen stehen zudem Südkorea und Taiwan. Taiwan ist seit 2019 amtierender Asienmeister, das nächste Turnier wurde seitdem mehrfach wegen der Pandemie verschoben.

Die *African Baseball and Softball Association* und die *Baseball Confederation of Oceania* veranstalten gelegentlich eigene Kontinentalmeisterschaften, doch finden diese bislang sehr unregelmäßig statt. In beiden Verbänden mangelt es an Konkurrenz, da zwischen je einem Team – Südafrika beziehungsweise Australien – und den restlichen Nationalmannschaften der Kontinentalregion eine deutliche Leistungskluft besteht.

Die *Pan American Baseball Confederation* umfasst die Länder der kompletten amerikanischen Kontinente. Eine eigenständige panamerikanische Meisterschaft existiert nicht, aber Baseball ist eine Disziplin der *Pan American Games* seit deren Einführung 1951. Die Spiele finden alle vier Jahre statt. Prinzipiell sind auch Profispieler erlaubt, MLB-Spieler nehmen aber üblicherweise nicht an dem Turnier teil. Kuba hat die bisher 18 Turniere mit 12 Goldmedaillen deutlich dominiert. 2011 und 2015 hat allerdings zweimal hintereinander Kanada gewonnen und Kuba auf Platz drei hinter den USA verwiesen. 2019 holte überraschend Puerto Rico seinen ersten Titel vor Kanada und Nicaragua.

Südamerika hat zudem noch eine eigene Meisterschaft, die *South American Baseball Championship*. Es gibt die Veranstaltung seit 1957, allerdings mit Unterbrechungen zwischen 1973 und 2004 sowie zwischen 2005 und 2011. Das Turnier fand bisher meistens alle zwei Jahre statt, manchmal aber auch jährlich und 2016 sogar zweimal in einem Jahr. Häufigste Titelträger sind Brasilien sowie der amtierende Champion Argentinien mit je sieben gewonnenen Turnieren.

★ 9 ★

WIE UND WO KANN MAN BASEBALL VERFOLGEN?

9.1 TIPPS FÜR DEN STADIONBESUCH IN DEN USA

Wer zufällig oder absichtlich mal zwischen April und Oktober in die USA kommt, sollte es sich nicht nehmen lassen, ein MLB-Spiel zu besuchen. Natürlich ist es besonders schön, wenn man dabei seine Lieblingsmannschaft sehen kann oder wenigstens ein Spiel, bei dem es um etwas geht. Aber auch, wenn beides nicht möglich sein sollte, lohnt sich das Erlebnis, einfach mal dabei zu sein, in jedem Fall. Im Folgenden habe ich ein paar Tipps für den ersten Besuch im Major-League-Ballpark zusammengestellt.

9.1.1 Tickets

Die erste Frage ist natürlich: Woher bekomme ich Tickets? Der einfachste Weg ist in den meisten Fällen der über *mlb.com* beziehungsweise die jeweilige Website des gastgebenden Vereins. Tickets für Einzelspiele gehen je nach Klub irgendwann im Zeitraum Dezember bis Februar in den Verkauf. In Boston, Chicago (Wrigley Field) und San Francisco sind

Einzeltickets häufig knapp und sollten entsprechend frühzeitig gesichert werden. In den anderen Stadien bekommt man meist relativ lange problemlos Tickets, außer für besonders attraktive Spielpaarungen.

In jedem Fall lohnt sich zusätzlich der Blick auf Weiterverkaufsplattformen wie *Stubhub* oder *Ticketmaster*. Dort findet man auch dann Tickets, wenn ein Spiel offiziell bereits ausverkauft ist oder wenn der offizielle Verkauf noch gar nicht gestartet ist – unter anderem, weil es immer Dauerkartenbesitzer gibt, die nicht zu jedem Spiel gehen und ihre nicht genutzten Tickets auf diese Weise anbieten. Natürlich bestimmt die Nachfrage die Preise: Tickets für ausverkaufte Spiele bezahlt man in der Regel teurer, Tickets für eher uninteressante Partien bekommt man hingegen häufig für weniger als den offiziellen Preis.

Apropos Preise: Diese unterscheiden sich je nach Gegner, nach Zeit und Tag (Wochenende oder nicht) sowie natürlich vor allem danach, wo man im Ballpark sitzen möchte. Je näher an der Homeplate und je weiter unten die Sitze gelegen sind, umso höher sind in der Regel die Preise. So kann man für Field-Level-Plätze direkt hinter der Homeplate ohne Weiteres mehrere hundert US-Dollar ausgeben, während man im Oberrang des Outfields für unter 20,- US-Dollar unterkommt. Kinderermäßigungen gibt es in den MLB-Stadien übrigens in der Regel nicht. Ganz kleine Kinder bis circa zwei Jahre kann man ohne Platzanspruch kostenlos mitnehmen, ältere Kinder zahlen den vollen Preis.

Wenn man sicher ist, dass ein Spiel nicht ausverkauft ist, kann man natürlich auch vor Ort ein Ticket am Schalter kaufen. Auf den Schwarzmarkt sollte man sich jedoch nicht verlassen. Das Risiko, hierbei auf Betrüger zu stoßen, ist hoch. Zudem macht man sich wahrscheinlich strafbar, denn meistens ist der Handel mit Tickets auf der Straße je nach Team und Bundesstaat entweder ganz verboten oder es existiert zumindest eine Bannmeile rund ums Stadion.

9.1.2 Anreise

Wenn der große Tag gekommen und mit den Tickets alles geklärt ist, kann es losgehen zum Stadion. Die Anreise mit dem Auto ist bei ländlich gelegenen Ballparks oft alternativlos, in Großstädten wie New York oder Boston empfiehlt sie sich nicht – die Parkgebühren übersteigen die Kosten von öffentlichen Verkehrsmitteln erheblich und vor und nach den Spielen sind massive Staus an der Tagesordnung.

Am Stadioneingang ist wie bei jeder Großveranstaltung mit Sicherheitskontrollen zu rechnen. Die Regelungen, was man mitnehmen darf, sind meistens relativ großzügig: kleine Rucksäcke, „normale" Kameras (kein Profiequipment), versiegelte kleine Wasserflaschen und Schirme sind in aller Regel erlaubt.

9.1.3 Im Ballpark vor dem Spiel

Die Ballparks öffnen üblicherweise zwei Stunden vor Spielbeginn und das sollte man ruhig nutzen. Wenn man diese Gelegenheit nur alle paar Jahre hat, vergeht die Zeit vor dem Spiel wie im Fluge: In den Ballparks kann man sich, unabhängig von der Lage des eigenen Sitzplatzes, weitgehend frei bewegen und die Sicht aus unterschiedlichen Ecken testen. Es gibt diverse Geschäfte für Fanartikel, Verpflegungsstände und auch das eine oder andere richtige Restaurant.

Wenn man Glück hat, absolvieren die Teams ein öffentliches Batting Practice, bei dem man zusehen und versuchen kann, einen Ball zu fangen. Bälle, die man als Zuschauer ergattert – gleichgültig, ob beim Batting Practice oder während des Spiels –, darf man übrigens grundsätzlich behalten. Das gilt natürlich nur, wenn der Ball bereits aus dem Spiel ist, also zum Beispiel den Zaun überquert hat. Über den Zaun zu greifen und einen noch spielbaren Ball wegzuschnappen, wird konsequent mit Stadionverweis bestraft.

Keinerlei Sorgen muss man sich in den MLB-Ballparks darüber machen, ob man im richtigen Teamblock sitzt und ob es Ärger zwischen „gegnerischen" Fangruppen gibt. Das Publikum ist zwanglos gemischt und geht sehr viel respektvoller miteinander um, als man es aus europäischen Fußballstadien gewohnt ist. Oft sieht man Paare, Familien und Freunde, die offensichtlich Anhänger unterschiedlicher Teams und trotzdem ganz selbstverständlich gemeinsam beim Spiel sind.

9.1.4 Während des Spiels

Ganz dem Klischee entsprechend ist auf den Zuschauerrängen während des Spiels sehr viel Bewegung, weil ein ständiges Kommen und Gehen herrscht. Manche Zuschauer nehmen ihre Plätze erst im vierten Inning ein und sind nach dem siebten wieder weg, andere verpassen jedes zweite Inning, weil sie ständig Nachschub an Essen und Getränken holen. Überhaupt ist der typische amerikanische Baseballzuschauer gefühlt ständig dabei, zu essen. Getrunken wird übrigens deutlich weniger als in unseren Fußballstadien. Das dürfte nicht zuletzt mit den Preisen zusammenhängen, denn einen Becher (Light-)Bier bekommt man kaum unter 10,- US-Dollar.

Die Stimmung bei den Spielen hängt natürlich stark davon ab, wie viele Zuschauer da sind, wie erfolgreich das Heimteam spielt und welche Bedeutung das Spiel hat. Weniger mitreißende Partien werden eher beiläufig kauend zur Kenntnis genommen und nur gelegentlich mit Szenenapplaus bedacht, bei wichtigen und spannenden Spielen hingegen wird jeder Strike beklatscht, jeder Hit bejubelt und gelegentlich kommen sogar Sprechchöre auf – wenngleich diese selten einfallsreicher als „Let's go [Teamname]" sind. Das ist für mich der einzige Punkt, in dem der amerikanische Baseball gegen den europäischen Fußball verliert.

9.1.5 Nach dem Spiel

Viele Zuschauer verlassen das Stadion bereits ab dem siebten Inning, vor allem, wenn das Spiel mehr oder weniger entschieden scheint. Spätestens nach Spielende leert sich der Ballpark sehr zügig, auch die Spieler verschwinden recht schnell in den Kabinen. Es kann lohnend sein, sich vorher über etwaige besondere Aktionen zu informieren. Zum Beispiel bieten einige Klubs nach Mittagsspielen am Wochenende noch an, dass Kinder einige Minuten nach Spielende um die Bases laufen oder sich mit dem Maskottchen fotografieren lassen dürfen.

Ob die Gegend um das Stadion nach dem Spiel noch zum Verweilen einlädt, ist von Ort zu Ort sehr unterschiedlich. Vor allem die alten Ballparks, wie Fenway Park in Boston oder Wrigley Field in Chicago, sind von zahlreichen Bars umgeben, in denen vor, während und nach den Partien gefeiert und gefachsimpelt wird. In anderen Städten, wie zum Beispiel Oakland, Arlington oder Kansas-City, gibt es um das Stadion herum eigentlich nur Parkplätze. Auf diesen wird vor den Spielen ebenfalls gefeiert, nach den Spielen sind sie innerhalb kurzer Zeit wie leer gefegt.

9.2 AUF ZUM LOKALEN BASEBALLKLUB!

Es muss nicht immer Amerika sein. Auch in der Bundesliga wird Baseball auf sehr ansehnlichem Niveau und in schöner, entspannter Atmosphäre gespielt. Ich kann nur dringend dazu raten, sich das mal live vor Ort anzuschauen.

Um Tickets oder Parkplätze muss man sich in der Regel keine großen Sorgen machen. Das ist einerseits schade, weil es ein Zeichen dafür ist, dass Baseball in Deutschland bislang nicht die Massen begeistert. Andererseits ist dadurch die Einstiegshürde, einfach mal ein Spiel zu besuchen, extrem niedrig. Die Tipps, die ich in Bezug auf den Stadionbesuch in den USA gegeben habe, können sich für den Besuch eines Spiels der Baseball-Bundesliga auf wenige Worte beschränken: mit dem Verkehrsmittel der Wahl hinfahren; an der Tageskasse ein paar wenige Euro bezahlen; einen freien Platz aussuchen; Spaß haben.

Zu empfehlen ist ferner, die Cateringstände ausgiebig zu nutzen – erstens, weil einen in aller Regel ein umfangreiches, mit viel ehrenamtlichem Engagement vorbereitetes Angebot zu zivilen Preisen erwartet und zweitens, weil es sich bei dem Verkauf von Essen und Getränken um eine der Haupteinnahmequellen der Vereine handelt.

Sollte man nicht das Glück haben, einen Bundesligaverein in Wohnortnähe zu haben, so ist das trotzdem kein Grund, auf den Besuch eines Baseballspiels zu verzichten oder ihn auf die lange Bank zu schieben. Wie ich in Kap. 8.1 beschrieben habe, gibt es in Deutschland nahezu flächendeckend Baseballvereine, die sich am regelmäßigen Spielbetrieb des DBV und seiner Landesverbände beteiligen. Die Spieltermine findet man problemlos im Internet. Natürlich finden sämtliche Spiele öffentlich statt. Zuschauer finden sich zwar leider oft nicht gerade zahlreich ein, sind aber immer herzlich willkommen.

Generell ist die Atmosphäre im deutschen Baseball sowohl zwischen den Spielern und Vereinsverantwortlichen als auch gegenüber den Zuschauern sehr locker und familiär. Als Anhänger einer Sportart, die viele in Deutschland gar nicht kennen, überwiegt das Zusammengehörigkeitsgefühl jedes (durchaus vorhandene) Konkurrenzdenken.

9.3 ÜBERTRAGUNGEN IM FERNSEHEN UND IM INTERNET

Es ist noch nicht lange her, dass es nahezu unmöglich war, in Europa bewegte Bilder von MLB-Spielen zu sehen. Ende der 1980er- und Anfang der 1990er-Jahre übertrugen für kurze Zeit die Spartensender *Sportkanal* und *NBC Super Channel* einige Spiele. Davon abgesehen war es vor dem

Siegeszug des Internets schwierig, auch nur ein paar Ergebnisse und Tabellenstände in Erfahrung zu bringen. Diese Zeiten sind zum Glück vorbei. Es ist heutzutage dank verschiedener Streaminganbieter möglich, jedes beliebige MLB-Spiel live zu empfangen und das zu relativ überschaubaren Kosten.

Das umfangreichste Angebot bietet der eigene Streamingdienst der Liga, *MLB.TV*. Zum Preis von 149,99 US-Dollar (Stand: Saison 2023) für ein Jahresabo kann man mit wenigen Ausnahmen alle MLB-Spiele sowohl der regulären Saison als auch der Play-offs ganz nach Belieben live, zeitversetzt oder im Archiv anschauen. Auch eine Auswahl von Spring-Training-Spielen wird übertragen. Während der regulären Saison hat man sogar meistens die Wahl, ob man das Kommentatorenteam der Heim- oder der Auswärtsmannschaft bevorzugt. Als Ausgabemedien dienen entweder Endgeräte wie ein PC, Tablet oder Smartphone oder man streamt zum Beispiel über eine Playstation, einen Chromecast, Fire-TV-Stick oder Apple TV auf den Fernseher oder Beamer.

MLB.TV ist weltweit buchbar, wobei in den USA eine wichtige Einschränkung zu beachten ist: Für jedes Team gibt es sogenannte *Blackoutregionen*. Das heißt, wenn man sich innerhalb des Einzugsgebietes des jeweiligen Teams aufhält, sind sowohl die Heim- als auch die Auswärtsspiele dieses Teams in *MLB.TV* gesperrt. Der Hintergrund davon ist, dass die Übertragungsrechte der lokalen TV-Sender in diesen Gegenden geschützt werden sollen. Beim Empfang in Europa sind die Blackoutregionen zum Glück kein Thema. Nur einige wenige Spiele werden nicht auf *MLB.TV* übertragen, weil sie im Rahmen von Kooperationen mit *Apple TV* oder *YouTube®* exklusiv auf diesen Plattformen laufen. Wenn man nur mal reinschnuppern möchte, ist das übrigens in Form des täglichen *MLB.TV Free Game of the Day* möglich, das man ganz ohne Abo sehen kann.

Speziell in Deutschland, Österreich und der Schweiz existiert mit der Sender- und Streamingfamilie Sport1 eine weitere Möglichkeit, MLB-Spiele zu sehen. Über den Pay-TV-Sender *Sport1+* und die Plattform Sport1 Extra werden mindestens 150 Spiele pro Saison im amerikanischen Originalton übertragen. Das Angebot ist zwar in der Breite nicht vergleichbar mit dem von *MLB.TV*, aber, falls man ohnehin ein Paket gebucht hat, das *Sport1-US* enthält, kann man die MLB-Spiele natürlich dankbar mitnehmen. Das Highlight an dem Verwertungsdeal zwischen der MLB und Sport1 ist, dass jährlich einige Spiele – dem Sender zufolge mindestens 15 – mit deutschem Kommentar im kostenfrei empfangbaren Hauptprogramm von Sport1 gesendet werden.

Wer an Archivmaterial aus vergangenen Spielzeiten interessiert ist, wird übrigens auch bei *YouTube®* fündig. Die MLB stellt dort auf ihrem eigenen Kanal viele der Spiele im Nachhinein zur Verfügung. Das ist das Angebot, das wir uns in Kap. 2.2 zunutze gemacht haben.

Auch aus der Baseball-Bundesliga werden einige Spiele live im Internet übertragen. Sowohl die Verfügbarkeit als auch die Qualität der Videos und der Kommentare hängt stark vom persönlichen Engagement einzelner Personen bei den jeweiligen Teams ab. Auf der Website der Baseball-Bundesliga findet man regelmäßig Ankündigungen und Links zu den Liveübertragungen.

Die Profiligen in Japan, Südkorea, Taiwan und den karibischen Staaten bieten in der Regel ähnlich wie die MLB kostenpflichtige Streamingangebote an. Eine schöne Möglichkeit, auch den Winter über Livebaseball zu sehen, ist die australische *ABL*. Auf der Plattform ondemand.baseball.com.au kann man sich kostenlos registrieren und zahlreiche Spiele als Streams sehen. Nach mitteleuropäischer Zeit laufen diese Spiele meistens zwischen dem frühen Morgen und dem Vormittag.

9.4 INTERESSANTE WEBSITES

Die Medienlandschaft in den USA ist unfassbar groß und vielfältig und Baseball ist eines ihrer beliebtesten Themen. Jedes Team hat nicht nur seine eigene Website, sondern auch ein ganzes Bündel von Fernsehsendern, Radiostationen, Tageszeitungen und Internetportalen, die sich – teils im Besitz des Klubs, teils unabhängig – hauptsächlich mit diesem einen Team beschäftigen. Hinzu kommen unzählige überregionale Anbieter von Nachrichten, Analysen, Statistiken, Fantasyspielen und vielem mehr. Diese Vielfalt lässt sich hier nicht mal ansatzweise abbilden, doch ich möchte zumindest eine kleine Auswahl von Seiten vorstellen, die ich selbst als besonders nützlich und gut empfinde.

9.4.1 Englischsprachige Seiten

Erste Anlaufstelle für Nachrichten, Spielpläne, Ergebnisse, Tabellenstände und Liveticker zur MLB ist die offizielle Homepage (https://www.mlb.com). Weitere Inhalte sind ein recht umfangreiches Statistikangebot, Highlightvideos sowie Verlinkungen zu den Websites der einzelnen Teams und zu den offiziellen Fanartikel- und Ticketshops. Sehr nützlich ist auch die auf mlb.com basierende App *At Bat*.

Die meiner Ansicht nach beste unabhängige Quelle für Trade- und Free-Agent-Nachrichten und -Gerüchte ist *MLB Trade Rumors* (https://www.mlbtraderumors.com). Insbesondere während der Off-Season besuche ich diese sehr gut und sehr schnell gepflegte Seite oft noch vor mlb.com.

Für Baseballstatistiken gibt es für mich drei Go-To-Websites. Die erste davon ist *Baseball-Reference* (https://www.baseball-reference.com). Ihre größte Stärke liegt in fertig aufbereiteten und übersichtlich dargestellten Statistiken. Ein besonders gelungenes Beispiel dafür sind die zahlreichen Leaderboards, also Ranglisten nach verschiedenen Statistiken, jeweils für einzelne Saisons, für ganze Karrieren, für aktive Spieler und einige weitere Kategorien.

Die zweite große Statistikseite ist *Fangraphs* (https://www.fangraphs.com). *Fangraphs* Stärken sind zum einen die umfangreiche Darstellung von Projektionen und zum anderen die Möglichkeit, sich auf sehr einfache und übersichtliche Weise selbst Wertetabellen für beliebige Statistiken, Spielerpositionen, Zeiträume und sonstige Splits zusammenklicken zu können.

Baseball Prospectus (https://www.baseballprospectus.com) ist die dritte hervorragende Statistikseite, die ich erwähnt haben möchte. Ihre Stärken sind der Umfang und die Tiefe der Analysen und Prognosen, die über die MLB hinausreichen, also die Talente in den Minor Leagues in den Blick nehmen. Ein Großteil der Inhalte von *Baseball Prospectus* ist allerdings ausschließlich im Rahmen einer kostenpflichtigen Mitgliedschaft verfügbar.

Als Alternative oder Ergänzung zu mlb.com bieten auch die Seiten der Fernsehsender *CBS* (https://www.cbssports.com/mlb) und *ESPN* (http://www.espn.com/mlb) eine große Fülle von Nachrichten und Daten über die MLB. Diese beiden sind übrigens gemeinsam mit *Yahoo* (https://baseball.fantasysports.yahoo.com) auch die führenden Anbieter von Fantasyligen (siehe Kap. 9.5).

Ein Premiumangebot in jeder Hinsicht ist *The Athletic* (https://theathletic.com/). Die 2016 gestartete Seite bietet sehr gute, tief greifende und detailliert recherchierte Artikel über Baseball und die anderen US-Sportarten an. Das Angebot ist nach einem kostenlosen Testzeitraum nur über ein bezahltes Abo nutzbar.

Wer nicht immer nur *über* Baseballspieler lesen, sondern deren Perspektive aus erster Hand geschildert bekommen möchte, sollte mal einen Blick auf *The Players' Tribune* (https://www.theplayerstribune.com/global/sports/baseball) werfen. Die Seite wurde vom ehemaligen Star-Shortstop der New York Yankees (und zwischenzeitlichen Mitbesitzer der Miami Marlins), Derek Jeter, ins Leben gerufen. Das Besondere an ihr ist, dass die angebotenen Artikel ausschließlich von aktuellen oder ehemaligen Profisportlern verfasst werden.

9.4.2 Deutschsprachige Seiten

Das Angebot an MLB-Nachrichten in deutscher Sprache ist leider relativ dünn. Die regelmäßigsten News bietet die Seite des Senders Sport1 (https://www.sport1.de/channel/us-sport/mlb), der auch die Streamingrechte der MLB in Deutschland, Österreich und der Schweiz hält. Darüber hinaus berichten Spox (http://www.spox.com/de/sport/ussport/mlb/index.html) und ran (https://www.ran.de/us-sport/mlb) über die MLB, allerdings in sehr wechselhafter Intensität.

Dringend ans Herz legen möchte ich jedem deutschsprachigen Baseballfan den Podcast *Just Baseball* (HYPERLINK „http://www.justbaseball.de/"http://www.justbaseball.de). Einmal wöchentlich während der Saison sowie etwas weniger regelmäßig in der Off-Season werden in einer ein- bis zweistündigen Sendung sehr kompetent und unterhaltsam die Ereignisse in der MLB aufbereitet.

Wenn man die Baseball-Bundesliga verfolgen möchte, so führt kein Weg an deren offizieller Website (https://www.baseball-bundesliga.de) vorbei. Es finden sich dort Nachrichten, Spielberichte und Tabellen, Informationen über die teilnehmenden Klubs sowie am Spieltag Links zu Livetickern und – so weit vorhanden – zu Audio- und Videostreams der Spiele. Statistiken zur Bundesliga werden auf einer eigenen Seite (http://stats.baseball-softball.de) angeboten.

Neben der Bundesliga-Website ist die Homepage des DBV (https://www.baseball-softball.de) die zentrale Anlaufstelle für alles, was mit Baseball in Deutschland zu tun hat. Außer den aktuellen Nachrichten ist vor allem der Downloadbereich interessant, da sich dort die aktuellen Regelwerke, Spielordnungen und zahlreiche weitere relevante Dokumente finden. Darüber hinaus gibt es auf der Website Listen der Landesverbände und Einzelvereine mit Links zu deren eigenen Internetauftritten.

9.5 FANTASYBASEBALL

Zum Abschluss möchte ich ein unter Baseballfans sehr beliebtes und verbreitetes Spiel vorstellen, das die Beschäftigung mit der MLB im Allgemeinen und mit Statistiken im Speziellen anregt. Beim *Fantasybaseball* geht es darum, erfundene Teams mit den Statistiken realer Spieler gegeneinander antreten zu lassen. Das funktioniert so, dass mehrere - idealerweise 10-20 - Mitspieler sich vor Saisonbeginn zu einer Liga zusammenfinden, sich jeweils einen Teamnamen aussuchen und ihre Teams mit echten Spielern der MLB bestücken. Während der Saison aktualisiert man täglich oder wöchentlich das Lineup des eigenen Teams und erhält Punkte in Abhängigkeit von den Leistungen, die die aufgestellten Spieler in ihren echten Spielen erzielen. Hat man zum Beispiel Mike Trout im Team und dieser schlägt in der realen Welt einen Homerun für die Angels, so wird dieser Homerun gleichzeitig auch dem eigenen Fantasyteam gutgeschrieben.

In den Anfängen des Fantasysports bedeutete das alles viel Papierkram, Recherchen und Rechnerei und war deshalb auch eher ein Nischenhobby für Statistiknerds. Mit der Verbreitung des Internets entstanden zahlreiche Onlineanbieter von Fantasyspielen, die dadurch einen bis heute anhaltenden Boom erlebten.

9.5.1 Die Verteilung der Spieler

Damit alle Beteiligten ihren Spaß haben, muss die Verteilung der Spieler auf die Teams möglichst gerecht ablaufen. Die üblichsten Verfahren dafür sind eine Draft oder eine Auktion. Eine Draft läuft üblicherweise so ab, dass eine Reihenfolge der Teams ausgelost wird und in dieser Reihenfolge wählen die Teams dann Runde um Runde abwechselnd ihre Spieler aus, bis jedes Team die vorher festgelegte Spieleranzahl aufweist.

Um es etwas fairer zu gestalten, wird meist der Modus einer *Snake-Draft* gewählt; das bedeutet, die Draftreihenfolge dreht sich in jeder Runde um – wer in Runde 1 als Erster wählt, wählt in Runde 2 als Letzter, in Runde 3 wieder als Erster usw.

Beim Auktionsverfahren gibt es in der Regel ebenfalls eine Reihenfolge, jedoch wählt das an der Reihe befindliche Team nicht einfach einen Spieler und behält ihn; es wählt nur aus, welcher Spieler als Nächstes versteigert wird. Dann können alle Teams um diesen Spieler mitbieten und das meistbietende Team bekommt ihn. Natürlich geht es dabei nicht um echtes Geld, sondern um ein für alle einheitlich festgelegtes, virtuelles Budget.

Für die Zeit nach der Draft oder Auktion erlauben die meisten Ligen, dass die Teams sich untereinander auf Trades in Form von Tauschgeschäften einigen. Zudem können Spieler entlassen und andere, noch nicht vergebene Spieler neu verpflichtet werden. Das kann nach dem Prinzip „wer zuerst kommt, mahlt zuerst" laufen, aber auch nach stärker regulierten Verfahren wie einer Rangliste, die zum Beispiel dem bislang schlechtesten Team den ersten Zugriff sichert, oder mit einer Miniauktion um jeden Spieler, den mehrere Teams verpflichten wollen.

9.5.2 Die Wahl der Kategorien und Positionen

Zu den Modalitäten, auf die die Teilnehmer einer Liga sich vor dem Start einigen müssen, gehört neben der Regelung, wie man Spieler in sein Team bekommt, auch die, wie viele und welche Spieler überhaupt ausgewählt werden dürfen. In manchen Ligen wird jede Position exakt festgelegt, also zum Beispiel auch, dass das Outfield aus RF, CF und LF zu bestehen hat. Andere Ligen sind da etwas lockerer, indem sie nur drei OF verlangen und zusätzlich zu den festen Positionen noch einen flexiblen Platz ermöglichen, auf dem quasi als DH ein beliebiger Batter aufgestellt werden darf.

Üblicherweise sind in einem Fantasykader alle Positionen in irgendeiner Weise vertreten, einschließlich Starting Pitchern und Relief Pitchern. Neben den Plätzen in der Aufstellung gibt es meist noch ein paar Benchplätze, auf denen man Spieler parken kann, die an dem Tag nicht spielen oder die man als Reserve für den Ausfall eines besseren Spielers in der Hinterhand hält.

Ebenfalls festzulegen ist, welche Kategorien bewertet werden. Der Klassiker ist das sogenannte *5 × 5-Scoring*. Es enthält fünf Kategorien für Batter (Runs Scored, Homeruns, Runs Batted In, Stolen Bases, Average) und fünf für Pitcher (Wins, Saves, Strikeouts, Earned Run Average, Walks plus Hits Per Innings Pitched); das Feldspiel bleibt (leider) meistens unberücksichtigt. Die zunehmende Kritik an statistischen Kategorien, die weniger einer Individualleistung zuzurechnen sind als der des umgebenden Teams – zum Beispiel RBI oder Pitcher-Wins –, führt dazu, dass sich immer mehr Ligen von dem 5 × 5-Standard lösen und einzelne Kategorien gegen sinnvollere tauschen – beispielsweise Slugging oder Innings Pitched.

9.5.3 Der Spielmodus

Wenn man Teams, Regeln für das Lineup und die zu wertenden Kategorien festgelegt hat, muss man noch regeln, wie man gewinnt. Es stehen im Wesentlichen zwei Verfahren zur Auswahl: *Head-to-Head* oder *Rotisserie*.

Bei einer *Rotisserie-* oder kurz *Roto-Liga* werden die gewählten statistischen Kategorien über das gesamte Jahr hinweg kumuliert. Je nachdem, welchen Rang man in den einzelnen Kategorien belegt, erhält man Punkte und die Punkte von allen Kategorien zusammen bestimmen den Tabellenrang.

Head-to-Head oder kurz: *H2H* bedeutet, dass die Fantasyliga einen Spielplan hat, der jedem Team für jede Woche ein anderes Team als Gegner zuordnet. In dem Fall erzielt man Punkte nicht im Vergleich mit der gesamten Liga, sondern im Vergleich mit dem jeweiligen Gegner. Wenn man zum Beispiel in einer 5 × 5-Liga in einer Woche in sieben Kategorien besser war als der festgelegte Gegner und in drei Kategorien schlechter, dann erhält man für diese Woche sieben Punkte und er drei. H2H-Ligen sehen zudem oft ein Play-off-System am Ende der Saison vor.

Während beim H2H immer ein gewisser Glücksfaktor mitspielt, welches Team man in welcher Woche zum Gegner hat, ist die Roto-Liga in dieser Hinsicht gerechter. Andererseits kann es beim Roto passieren, dass eine Saison schon nach ein, zwei Monaten nur noch dahinplätschert, weil das eigene Team irgendwo in der Mitte gefangen ist und sich kaum etwas bewegt; beim H2H hat man hingegen wie im echten Sport auch in einem schlechten Jahr zumindest die Möglichkeit, hin und wieder als Underdog ein Topteam zu ärgern; zudem bringt ein Play-off-System zusätzliche Spannung ins Spiel.

9.5.4 Langfristig oder immer wieder neu?

Der Einstieg in den Fantasysport erfolgt meistens durch Teilnahme an einer *Re-Draft-Liga*. Das bedeutet, die Mannschaft besteht am Anfang der Saison nur aus einem Namen und während der Draft oder der Auktion stehen sämtliche Spieler der MLB zur Wahl. Das ist auf jeden Fall sinnvoll, wenn man das Spiel erst mal ausprobieren möchte, wenn die Mitspieler von Jahr zu Jahr stark wechseln oder wenn man großen Wert auf jährlich wiederhergestellte Chancengleichheit legt.

Für einen stabilen Mitspielerkreis kann es seinen Reiz haben, eine bestimmte Anzahl von *Keepern* festzulegen, das heißt von Spielern, die man sich aus dem eigenen Team des Vorjahres auch für das nächste Jahr sichern kann. Üblich sind in dem Fall zwei oder drei Keeper, es gibt aber auch sogenannte *Dynastyligen*, bei denen 10 oder noch mehr Spieler über die Saison hinaus im Team bleiben.

Das Interessante an solchen Ligen ist, dass man in längeren Zeiträumen denken und Strategien, ähnlich wie im echten Baseball, entwickeln muss:

- ★ Strebt man beispielsweise ein langfristig erfolgreiches Team an und ist bereit, dafür auch ein paar Entwicklungsspieler ein, zwei Jahre durchzuziehen?
- ★ Oder setzt man alles darauf, *jetzt* zu gewinnen und sichert sich statt Talenten lieber solide ältere Spieler, die sofort weiterhelfen, auch

wenn sie in ein, zwei Jahren wahrscheinlich deutlich an Wert verlieren oder gar die Karriere beenden?

9.5.5 Ein paar grundlegende Strategien

Vieles hängt stark von den Rahmenbedingungen der jeweiligen Liga ab. Einige Grundprinzipien, die für jede oder fast jede Liga gelten, sind die folgenden:

- ★ In die Draft oder Auktion sollte man stets gut vorbereitet gehen, sie ist definitiv der wichtigste Teil einer erfolgreichen Fantasysaison. Gute Vorbereitung bedeutet, dass man sich erstens genau über die Regeln und Abläufe der jeweiligen Liga informiert und dass man zweitens ein Ranking aller infrage kommenden Spieler zur Hand hat. Das muss man natürlich nicht komplett selbst verfassen – als Grundlage bedient man sich in der Regel einer der unzähligen Listen aus dem Internet, die man dann an die eigenen Vorlieben und Einschätzungen sowie an die Schwerpunkte der Liga anpasst.
- ★ In den ersten Draft- oder Auktionsrunden muss die Basis für konstante Punkteproduktion gelegt werden, daher sollte man auf sichere Performer setzen. Risikospieler, die hohes Potenzial versprechen, aber zum Beispiel bekannte Verletzungsgeschichten mitbringen, sollte man entweder anderen Mitspielern überlassen oder zumindest erst in späteren Runden zugreifen, falls sie so tief fallen.
- ★ Vorgefertigte Rankings bieten eine wichtige Orientierung, aber ebenso wichtig ist eine gewisse Flexibilität. Manchmal ergibt sich eine Gruppendynamik, in der eine bestimmte Position viel früher abgegrast wird, als man gedacht hätte. Manchmal kann es sinnvoll sein, auf den fahrenden Zug aufzuspringen, aber meistens ist es Erfolg versprechender, zu schauen, welche Position im Gegenzug vernachlässigt wurde und dort zuzuschlagen. Im Idealfall startet man damit selbst einen Trend und steuert so Tempo und Richtung der Draft.

- Die Spieler, die man in späten Runden beziehungsweise für wenig Geld bekommt, sind meist relativ austauschbar. Oft lohnt sich der Griff zu Spielern, die mehrere Positionen ausfüllen können; in dieser Phase darf man sich auch ruhig trauen, Spieler mit hohem Risiko zu holen – zur Not tauscht man sie später auf dem Free-Agent-Markt um.
- Man sollte nicht allein auf die Statistiken der einzelnen Spieler achten, sondern auch auf die Dichte der jeweiligen Position – es gibt zum Beispiel viel mehr gute Battingstatistiken produzierende Outfielder als Shortstops. Das macht einen guten Shortstop wertvoller und es ist meist ratsam, das Middle Infield relativ früh anzugehen. Für die einzelnen Kategorien gilt dasselbe wie für die Positionen: Stolen Bases beispielsweise sind seltener als Homeruns; wenn man einen Topperformer will, der Bases stiehlt und gleichzeitig nicht unbrauchbar in den anderen Kategorien ist, muss man früh zugreifen.
- Während der Saison lohnt es sich, bei der Aufstellung im Blick zu haben, wo und gegen wen die eigenen Spieler antreten. Einen eigentlich soliden Pitcher lässt man vielleicht besser mal auf der Bank, wenn er bei einem besonders offensivstarken Gegner antreten muss. Auf der anderen Seite lässt man einen sonst nur mittelmäßigen Batter gerne mal ran, wenn er in einem hitterfreundlichen Ballpark gegen den fünften Pitcher des Gegners antritt.

9.5.6 Mitspieler finden

Wer einen großen baseballaffinen Freundeskreis hat, kann natürlich jederzeit selbst die Initiative ergreifen und eine Liga gründen. Einfacher ist es, nach einer bestehenden Liga zu suchen und sich dieser anzuschließen. Zum einen gibt es bei allen großen Fantasyanbietern – zum Beispiel *CBS*, *ESPN* und *Yahoo* – öffentliche Ligen, denen man mit einem Klick beitreten kann. Das Problem dabei ist, dass man nicht weiß, mit wem man es in so einer Liga zu tun hat und es deshalb oft vorkommt, dass

Teams wegen Lust- und Erfolglosigkeit während der Saison aufgegeben werden.

Die Wahrscheinlichkeit dafür ist geringer, wenn man sich seine Mitspieler innerhalb von Gruppen in sozialen Medien oder Diskussionsforen sucht. In quasi jedem amerikanischen Baseballforum finden sich regelmäßig Mitglieder zu Fantasyligen zusammen und freuen sich über Neulinge. Dasselbe gilt für die wenigen deutschsprachigen Communitys mit Bezug zu US-Sport.

ANHANG

1 DAS BASEBALLWÖRTERBUCH

A

All-Star-Game: Ein jährlich zur Saisonmitte stattfindendes Freundschaftsspiel zwischen den besten Spielern der American League und der National League. In den Kader für das All-Star-Spiel berufen zu werden, ist für jeden Spieler ein Highlight und eine Ehre. Das Ergebnis des Spiels ist irrelevant. Bis 2016 entschied es darüber, welches Team in der World Series des jeweiligen Jahres den ersten Heimvorteil erhielt.

American League (AL): Eine der beiden Teilligen, die zusammen die Major League Baseball (MLB) bilden. Die AL wurde 1901 mit acht Teams gegründet. Seit 1903 spielt der Gewinner der Liga gegen den Sieger der National League (NL) die World Series aus (siehe Kap. 3.1 und 5.1).

Appeal Play: In einigen Situationen muss die Defense einen Spielzug machen, um eine Entscheidung des Umpires anzufordern. Eine solche Situation ist zum Beispiel bei dem Verdacht gegeben, dass sich ein Runner beim Tag-up zu früh gelöst hat oder dass er auf dem Weg zur zweiten Base die erste Base nicht berührt hat. In so einem Fall wird der Umpire nicht von sich aus aktiv. Die Defense muss selbst auf die Idee kommen, den betreffenden Spieler entweder zu taggen oder ein Force Play an der Base auszuführen. Erst dann entscheidet der Umpire gegebenenfalls auf Out.

Arbitration: Ein Schiedsverfahren, das Spieler im vierten bis sechsten Jahr ihrer MLB-Zugehörigkeit betrifft. In dieser Zeit sind die Spieler an ihr Team gebunden, dürfen das Gehalt aber mit diesem aushandeln. Kommt es zu keiner Einigung, so geben beide Seiten gegenüber dem Schiedsausschuss eine Summe an und argumentieren, warum sie diese für angemessen halten. Der Ausschuss trifft dann eine bindende Entscheidung für einen der beiden Vorschläge.

At Bat: Bezeichnung für das einzelne Duell zwischen einem Pitcher und einem Batter. Ein At Bat endet mit einem Out oder dem Erreichen einer Base durch einen Basehit, einen Error oder ein Fielder's Choice. Wenn das Duell mit einem Walk, Hit by Pitch, Sacrifice Fly, Sacrifice Bunt oder einem regelwidrigen Eingriff von außen (Interference, Obstruction) endet, wird es statistisch nicht als At Bat gezählt. Das unterscheidet es von der Plate Appearance.

B

Balk: Bezeichnung für diverse unzulässige Aktionen des Pitchers, zum Beispiel angetäuschte oder abgebrochene Pitchingbewegungen. Wenn der Umpire auf Balk entscheidet, wird das Spiel unterbrochen und jeder vorhandene Baserunner darf eine Base weiter gehen.

Ball: Zum einen der Name des wichtigsten Spielgeräts; zum anderen die Bezeichnung für einen Pitch, der nach Einschätzung des Umpires die Strikezone verfehlt und nach dem der Batter nicht geschwungen hat.

Ballpark: Der im Baseball übliche Begriff für ein Stadion.

Base: Ein quadratisches Kissen mit einer Kantenlänge von 18 Zoll (45,7 cm) und einer Höhe von drei bis fünf Zoll (7,6-12,7 cm). Drei Bases bilden gemeinsam mit der Homeplate die vier Ecken des Diamonds. Solange man als Spieler der angreifenden Mannschaft eine Base berührt, ist man in den meisten Spielsituationen vor einem Out geschützt. Auf einer Base darf nie mehr als ein Spieler stehen. Um einen Run zu scoren, muss man jede der drei Bases in der richtigen Reihenfolge und zum Schluss die Homeplate berühren.

Base on Balls: siehe Walk.

Baseball Writers Association of America: Die BBWAA ist ein Verband von Baseballjournalisten. Sie fungiert zum einen als Interessenvertretung gegenüber der Liga und den Klubs, wenn es um Zugangsrechte und Privilegien der Presse geht. Die andere wichtige Rolle der BBWAA besteht in den Wahlen zur Baseball Hall of Fame sowie zu den jährlichen Auszeichnungen MVP, Cy-Young-Award, Rookie of the Year und Manager of the Year, jeweils getrennt für die National League und die American League.

Basecoach: Ein Trainer oder Betreuer, der sich neben dem Spielfeld postiert, während das eigene Team am Schlag ist. Basecoaches stehen sowohl an der ersten als auch an der dritten Base. Mit Blick auf die Spielsituation signalisieren sie den Baserunnern zum Beispiel, ob sie noch eine Base weiter laufen sollen und ob sie sliden müssen, um einem Tag Play zu entgehen. Dem Batter geben sie zwischen den Pitches Tipps und Anweisungen durch vorher verabredete, verdeckte Zeichen.

Basehit: Einen Basehit (oder kurz: Hit) hat ein Schlagmann erzielt, wenn er den Ball mit dem Schläger ins Spielfeld befördert und mindestens die erste Base erreicht hat, ohne dass ihm die Defense dabei durch einen Error oder ein Fielder's Choice geholfen hat.

Bases Loaded: Eine Spielsituation, in der alle drei Bases mit Baserunnern besetzt sind.

Baserunner: Ein Baserunner – oft auch nur als „Runner" bezeichnet – ist ein Spieler des angreifenden Teams, der bereits eine der Bases erreicht hat. Sein Ziel ist es, nach Berührung aller Bases in der richtigen Reihenfolge die Homeplate zu erreichen, um einen Run zu erzielen. Der Baserunner rückt automatisch eine Base weiter, wenn der aktuelle Batter einen Walk erzielt und zwischen ihm und dem Runner keine Base frei ist. Ansonsten kann der Runner entweder durch Stealing (siehe Stolen Base) weiterrücken oder während der Ball vom Batter ins Spiel gebracht wurde.

Batter: Der Schlagmann, also die Person, die versucht, mit dem Schläger (Bat) den Ball ins Feld zu befördern. Sobald dies gelingt, wird der Batter zum Runner.

Batter's Box: Ein Rechteck parallel zur Homeplate, in dem sich der Batter aufzuhalten hat, während er auf den nächsten Pitch wartet. Ein rechtshändiger Batter postiert sich (aus Sicht des Catchers) in der linken, ein linkshändiger Batter in der rechten Batter's Box. Die Batter's Box ist 4 Fuß (1,22 m) breit und 6 Fuß (1,83 m) lang, ihr Abstand zur Homeplate beträgt sechs Zoll (15 cm).

Batting Average: Die bekannteste Statistik über Schlagleistungen. Wird berechnet, indem die Zahl der erzielten Basehits des betreffenden Spielers durch die Anzahl seiner At Bats geteilt wird (siehe Kap. 7.3).

Batting Lineup/Batting Order: Die vor dem Spiel festgelegte Reihenfolge, in der die neun Batter eines Teams zum Schlagen antreten. Die Reihenfolge bleibt während des gesamten Spiels gleich und fängt nach dem neunten Batter wieder beim ersten an. Wird ein Spieler ausgewechselt, so nimmt der eingewechselte Spieler seinen Platz in der Batting Order ein (siehe Kap. 6.2.1).

BBWAA: siehe Baseball Writers Association of America.

Breaking Ball: Sammelbegriff für Pitches, die nicht in gerader Linie auf die Strikezone zufliegen, sondern seitlich und/oder nach unten ausbrechen. Beispiele für Breaking Balls sind der Curveball und der Slider (siehe Kap. 6.1.1).

Bullpen: Ein doppeldeutiger Begriff. Er bezeichnet zum einen den Bereich im Stadion, in dem sich während des Spiels die Relief Pitcher aufwärmen. Zum anderen wird auch die gesamte Gruppe der Relief Pitcher eines Teams als „der Bullpen" bezeichnet.

Bunt: Eine Schlagtechnik, bei der der Batter den Schläger nicht schwingt, sondern ihn waagerecht in die Strikezone hält, um den Ball daran abtropfen zu lassen. Bunts werden am häufigsten dann verwendet, wenn es darum geht, einen vorhandenen Baserunner vorrücken zu lassen und man bereit ist, dafür ein Aus des Batters in Kauf zu nehmen (siehe Sacrifice Bunt). Manchmal wird auch überraschend gebuntet, um eine tief stehende Defense auf dem falschen Fuß zu erwischen.

C

Called Strike: Ein Strike, der vom Umpire entschieden und angesagt wird, nachdem der Batter nicht geschwungen hat (manchmal auch als „Strike Looking" bezeichnet). Das Gegenteil ist ein Strike Swinging.

Catcher: Der Spieler des verteidigenden Teams, der hinter der Homeplate hockt und die Würfe des Pitchers fängt. Der Catcher ist die wichtigste Defensivposition außer dem Pitcher. Er sieht als Einziger das Feld aus der Perspektive des Batters und gibt durch versteckte Zeichen sowohl die Pitchauswahl als auch das Stellungsspiel der Feldspieler vor (siehe Kap. 6.4.1).

CBA: siehe Collective Bargaining Agreement.

CEB: siehe Confederation of European Baseball.

Challenge: Der Videobeweis im Baseball. In der MLB hat jeder Manager einmal pro Spiel die Möglichkeit, eine Entscheidung anzuzweifeln. Diese wird dann von Schiedsrichtern in einem zentralen Studio in New York überprüft. Bei einer eindeutigen Fehlentscheidung wird diese geändert und der Manager erhält das Recht auf eine weitere Challenge.

Changeup: Ein Pitch, der sowohl in der Wurfbewegung des Pitchers als auch in seiner Flugbahn aussieht wie ein Fastball, in Wirklichkeit aber deutlich langsamer fliegt und den Batter verführen soll, zu früh zu schwingen (siehe Kap. 6.1.1).

Closer: Eine besondere Rolle für Relief Pitcher. Der Closer kommt in der Regel zum Einsatz, wenn es in der Schlussphase eines Spiels eine knappe Führung zu verteidigen gilt (siehe Kap. 6.1.3).

Collective Bargaining Agreement: Das CBA ist der Rahmenvertrag, den die MLB - vertreten durch den Commissioner - und die Spieler - vertreten durch die MLBPA - miteinander aushandeln. Der Vertrag läuft üblicherweise mehrere Jahre (derzeit von 2022 bis 2026). Er regelt Dinge wie die Standardverträge der Spieler, Mindestgehälter, Transferregeln, die zugelassenen Budgets für Zahlungen an Draftpicks und internationale Prospects, die Schwellen zur Luxury Tax, die Anzahl freier Tage im Spielplan und vieles mehr.

Commissioner: Der Commissioner of Baseball füllt das formell höchste Amt der MLB sowie der verbundenen Minor Leagues aus. Er wird von den Eigentümern der Teams gewählt. Der Commissioner und sein Büro sind neben organisatorischen Aufgaben vor allem für das Aushandeln von Arbeits-, TV- und Marketingverträgen zuständig.

Confederation of European Baseball. Der europäische Baseballverband. Die CEB richtet unter anderem die Baseballeuropameisterschaften aus (siehe Kap. 8.3.3).

Complete Game: Von einem Complete Game spricht man, wenn ein Pitcher für sein Team das vollständige Spiel absolviert, also zu keinem Zeitpunkt gegen einen Relief Pitcher ausgewechselt wird. Es spielt dabei keine Rolle, wie lange das Spiel dauert - wenn der Pitcher zum Beispiel fünf Innings pitcht und dann das Spiel wegen Regens abgebrochen wird, wird das als Complete Game anerkannt. Geht ein Spiel in die Verlängerung und der Pitcher wird nach dem neunten Inning ausgewechselt, so ist es offiziell kein Complete Game.

Count: Der Stand von Balls und Strikes während einer Plate Appearance. Der Count wird in Form von zwei Zahlen angegeben, von denen die erste für die bisherigen Balls und die zweite für die bisherigen Strikes steht. Ein Count von 1-2 beispielsweise bedeutet, dass der Pitcher während der aktuellen Plate Appearance des Batters einen Ball und zwei Strikes geworfen hat.

Curveball: Ein Pitch, bei dem der Ball während des Flugs eine ausgeprägte Kurve nach unten beschreibt. Typischerweise rotiert ein Curveball vorwärts (Topspin), was seinen Weg zwar langsamer, aber auch schwerer vorhersagbar als den der meisten anderen Pitches macht (siehe Kap. 6.1.1).

Cycle: Ein einzelner Batter erzielt während eines Spiels jede Art von Hit - ein Single, ein Double, ein Triple und einen Homerun - mindestens einmal. Der Cycle gilt als besondere Leistung des Batters und ist ähnlich selten wie ein No-Hitter für Pitcher. Objektiv betrachtet, gibt es nützlichere Kombinationen aus vier Hits, zum Beispiel zwei Doubles und zwei Homeruns oder natürlich vier Homeruns.

Cy-Young-Award: Eine jährlich vergebene Auszeichnung für den besten Pitcher der National League und der American League, benannt nach Cy Young (s. Kap. 4.1). Die Wahl wird von der BBWAA durchgeführt.

D

DBA: siehe Deutsche Baseballakademie e. V.

DBV: siehe Deutscher Baseball und Softball Verband e. V.

Dead Ball: Bezieht sich, wenn der Begriff heute während eines Spiels verwendet wird, nicht auf die gleichnamige Phase der Baseballgeschichte (siehe Kap. 3.2), sondern darauf, ob der Ball gerade freigegeben ist. Dead Ball bedeutet, dass momentan keine spielverändernden Aktionen, wie das Werfen des nächsten Pitches oder das Stehlen einer Base, erlaubt sind. Dead Ball gilt immer dann, wenn der Umpire es durch den Ruf „Time" ansagt sowie automatisch in einigen Situationen, zum Beispiel nach einem nicht gefangenen Foul Ball oder nach einem Hit by Pitch.

Designated Hitter: Ein Batter, der ausschließlich als Schlagmann eingesetzt wird, also keine Aufgabe im Feldspiel übernimmt. Er ersetzt im Batting Lineup den Pitcher, der somit nicht zum Schlagen antritt. In der MLB war diese Regel fast 50 Jahre lang ein Streitpunkt zwischen den beiden Teilligen: In der AL wird schon seit 1973 mit DH gespielt, während in der

NL bis 2021 an der Tradition festgehalten wurde, dass jeder Spieler sowohl Offensiv- als auch Defensivaufgaben zu übernehmen hat. Seit 2022 dürfen Designated Hitter in allen MLB-Spielen eingesetzt werden.

Deutsche Baseballakademie e. V.: Ein Verein, der sich die Förderung des deutschen Baseballs zum Ziel gesetzt hat. Dieses Ziel wird insbesondere durch Maßnahmen der Nachwuchsförderung verfolgt, zum Beispiel durch die Veranstaltung von Trainingscamps und Kursen. In Partnerschaft mit dem DBV betreut die DBA die deutschen Kinder- und Jugendnationalmannschaften.

Deutscher Baseball und Softball Verband e. V.: Der Verband, der in Deutschland den Spielbetrieb der Ersten und Zweiten Bundesliga sowie die Nationalmannschaften organisiert. Der DBV untergliedert sich in 10 Landesverbände und ist seinerseits Teil der Confederation of European Baseball (CEB) und der World Baseball Softball Confederation (WBSC).

Dirt: Der für Baseballfelder charakteristische rote Sand. Aus ihm bestehen üblicherweise der Mound, der Bereich um die Homeplate und um die Bases sowie der Pfad zwischen den Bases. Zwischen der ersten und dritten Base ist dieser Pfad meistens zu einem breiten Streifen ausgebaut, der die Grenze zwischen Infield und Outfield markiert. Am äußersten Rand des Outfields, direkt vor der Begrenzung, befindet sich ein weiterer Dirtstreifen, genannt *Warning Track*.

DL: siehe Injured List.

Double: Ein Basehit, bei dem der Batter durch eigene Leistung die zweite Base erreicht.

Doubleheader: Zwei Spiele an einem Tag zwischen denselben Teams im selben Stadion. Im Amateurbereich, in dem sich der Spielbetrieb meist auf das Wochenende beschränkt und Übernachtungskosten bzw. deren Vermeidung eine Rolle spielen, werden häufig Doubleheader angesetzt. In der MLB gibt es Doubleheader in der Regel nur als Nachholtermin. Das heißt, wenn ein Spiel zum Beispiel schlechtem Wetter zum Opfer gefallen ist, dann wird dieses an einem anderen Tag, an dem die beiden Teams ohnehin wieder gegeneinander spielen, vor oder nach dem geplanten Spiel neu angesetzt. Ein klassischer Doubleheader wird mit einer nur kurzen Pause zwischen den Spielen vor demselben Publikum gespielt. Es gibt aber auch die Variante des Day-Night-Doubleheaders, bei dem die Unterbrechung mehrere Stunden dauert, um das Stadion einmal komplett zu leeren und mit neuen Ticketinhabern zu füllen.

Double Play: Eine Aktion der Defense, bei der durch einen Spielzug zwei Outs gelingen. Es gibt zahlreiche Varianten des Double Plays. Die am häufigsten vorkommende Art besteht darin, dass der Ball nach einem Groundball zuerst an die zweite Base geworfen wird, um das Out gegen einen von der ersten Base kommenden Runner zu erzielen; von dort wird er direkt weiter zur ersten Base geworfen für das Out gegen den Batter.

Double Switch: Eine doppelte Auswechslung als taktisches Mittel in Ligen ohne Designated Hitter. Es werden gleichzeitig sowohl der Pitcher als auch ein Positionsspieler ausgewechselt. Dabei übernimmt der neue Positionsspieler im Batting Lineup die Position des bisherigen Pitchers und der neue Pitcher übernimmt die des bisherigen Positionsspielers. Sinn der Sache ist, den Pitcher im Lineup auf einen Spot zu bringen, der nicht so bald an der Reihe ist.

Dropped third Strike: Wird der dritte Strike vom Catcher nicht gefangen und die erste Base ist frei oder es sind schon zwei Spieler aus, so darf der Batter versuchen, auf Base zu kommen. Um das zu verhindern, muss das verteidigende Team den Ball zum Force Play auf die erste Base bringen oder den Runner austaggen. Erreicht der Batter/Runner unbehelligt die Base, so nimmt er diese ein, obwohl sein At Bat als Strikeout gewertet wird. Auf diese Weise kann der scheinbar kuriose Fall auftreten, dass es zu mehr als drei Strikeouts in einem Inning kommt.

Dugout: Der Aufenthaltsort für alle Angehörigen eines Teams, die gerade nicht auf dem Feld im Einsatz sind. Die Dugouts befinden sich in den Foulbereichen parallel zur Third-Base-Linie und zur First-Base-Linie. In den meisten Ballparks ist der Dugout auf der First-Base-Seite der des Heimteams, das ist aber keine feste Regel. Vom Dugout aus geben die

Manager Signale für taktische Anweisungen an den Catcher oder an die Basecoaches. Der Begriff „Dugouts" kommt daher, dass diese in professionellen Stadien oft ein Stück niedriger als das Feldniveau liegen, um den Zuschauern eine bessere Sicht zu ermöglichen. Im Amateur- und Jugendbereich muss mitunter eine Klappbank als Dugout genügen.

E

Earned Run Average: Die bekannteste Statistik für Pitcher. Der ERA gibt an, wie viele verdiente Runs ein Pitcher im Durchschnitt je neun Innings zulässt. „Verdient" bedeutet, dass nur die Runs berücksichtigt werden, die ohne das Verschulden der Feldspieler durch Errors oder Passed Balls zustande kommen (siehe Kap. 7.2).

ERA+, ERA-, FIP+, FIP-, OPS+ usw.: Ein Plus oder Minus hinter der Abkürzung einer Statistik bedeutet, dass es sich um einen von der jeweiligen Statistik abgeleiteten Indikator handelt, der sich am Ligadurchschnitt orientiert. Dazu werden die ursprünglichen Zahlen derart umgerechnet, dass der Durchschnitt der jeweiligen Liga (NL oder AL) in dem betreffenden Jahr auf 100 gesetzt wird. Zusätzlich enthalten die Werte einen Parkfaktor. Das heißt, die Leistungen werden etwas nach unten oder oben korrigiert, je nachdem, ob sie in einem Stadion erbracht wurden, das aufgrund seiner baulichen Eigenheiten das Pitchen (oder Schlagen) einfacher oder schwerer macht. Das Ergebnis sind neue Kennzahlen, die sich zum Beispiel ERA+ oder ERA- nennen. ERA+ bedeutet, dass man umso besser ist, je weiter man über dem Durchschnitt von 100 liegt, oder umso schlechter, je weiter man darunter landet. ERA- dreht das Ganze genau um, hier bedeutet niedrig gut und hoch schlecht. 2022 war beispielsweise Justin Verlander an der Spitze mit einem ERA- von 45, genau in der Mitte lag Robbie Ray mit 100 und das Schlusslicht der qualifizierten Pitcher bildete José Berrios mit 136. Der Vorteil dieser Kennzahlen ist, dass sie den zeit- und ortsübergreifenden Vergleich von Werten erleichtern, also jede Pitcherleistung ins Verhältnis zu dem zeitlichen Umfeld setzen, in dem sie erbracht wurde.

Ejection: Ausschluss eines Spielers, Managers oder sonstigen Teamangehörigen vom Rest des Spiels. Häufige Gründe dafür sind absichtlich unfaire Spielaktionen, handgreifliche Auseinandersetzungen mit gegnerischen Spielern oder übertriebenes Diskutieren von Schiedsrichterentscheidungen. In gravierenden Fällen folgen dem Verweis Sperren oder Geldstrafen. Ein ausgeschlossener Spieler darf immer durch einen anderen Spieler ersetzt werden, es muss nie ein Team in Unterzahl antreten. Sollte doch eine Unterzahl entstehen, weil keine Bankspieler mehr vorhanden sind, so würde das Spiel autmatisch als verloren gewertet. Das ist in der Geschichte der MLB jedoch noch nie vorgekommen. Auch Zuschauer oder Medienvertreter können bei Störungen des Spielablaufs des Ballparks verwiesen werden.

ERA: siehe Earned Run Average.

Error: Das englische Wort für einen Fehler ist im Baseball ein feststehender Begriff. Er bezeichnet einen Fehler im Defensivspiel, durch den ein Gegenspieler eine Base erreicht, die er sonst nicht erreicht hätte, oder am Schlag bleibt, wenn er ohne den Fehler aus gewesen wäre. Errors sind eine der drei Kategorien – neben Runs und Hits –, die standardmäßig auf jedem Scoreboard geführt werden.

Extra Basehits: Sammelbegriff für alle Basehits, die über ein Single hinausgehen, also Doubles, Triples und Homeruns.

F

Fair Territory: Der Bereich des Spielfeldes innerhalb der Foullinien. Das Fair Territory besteht aus dem Infield und dem Outfield. Bälle, die innerhalb des Fair Territorys landen, befinden sich im Spiel. Solche, die außerhalb davon landen, sind Foul Balls. Zum Fair Territory zählt offiziell auch der Bereich hinter dem Outfield, in dem Bälle zu Homeruns oder Ground Rule Doubles werden. Die Begrenzungen (Linien, Foulpfosten, Bases) sind Teil des Fair Territorys.

Fastball: Oberbegriff für Pitches, deren Hauptmerkmale in hoher Wurfgeschwindigkeit und einer geraden Flugbahn mit wenig oder ohne seitliche

Bewegung bestehen. Zu den Fastballs zählen zum Beispiel der 4-Seam-Fastball, der 2-Seam-Fastball, der Cutter und der Splitter. Für die weitaus meisten Pitcher sind Fastballs die am häufigsten verwendeten Pitches (siehe Kap. 6.1.1).

Field Manager: Die sportlich verantwortliche Person, die zum Beispiel die Aufstellung festlegt, Auswechslungen vornimmt und taktische Entscheidungen vor und während dem Spiel trifft. In anderen Sportarten spricht man meist vom Cheftrainer oder Headcoach, im Baseball vom (Field) Manager.

Fielder's Choice: Wenn der Batter nach einem Schlag die erste Base nur deswegen erreicht, weil die Defense sich entschieden hat, den Ball zu einer anderen Base zu werfen und dort einen Baserunner aus zu machen, so wird dies in der Statistik nicht als Basehit gewertet. Stattdessen spricht man von einem Fielder's Choice.

Fielding Independent Pitching (FIP): Eine alternative Statistik zum ERA. ERA versucht, dem jeweiligen Pitcher die Schuld an den von seinem Team zugelassenen Runs über die subjektive Einstufung des Scorers zu- oder abzuerkennen. FIP versucht, das subjektive Element zu vermeiden, indem der Indikator nur aus Komponenten zusammengesetzt ist, welche der Pitcher *nahezu* alleine verantwortet. Das trifft zu für Strikeouts, für Walks und Hit by Pitches sowie für Homeruns - also alle Situationen, bei denen der Ball nicht „in play" kommt. Außer diesen Einzelteilen fließt in die Formel noch eine Konstante ein, mit der FIP auf das gleiche Niveau gehoben wird wie der ERA des betrachteten Zeitraums. Der Ligadurchschnitt für FIP und ERA ist somit identisch. Dadurch ist es leicht, die Werte zu interpretieren und miteinander zu vergleichen.

First Baseman: Der Feldspieler, der sich in der Regel in der Nähe der ersten Base aufhält. Seine Aufgaben bestehen darin, in diese Gegend geschlagene Bälle zu fangen oder aufzunehmen, sowie bei Aufnahme des Balls durch einen anderen Spieler an der ersten Base bereitzustehen, um den Ball zu fangen. Es handelt sich um die einzige Position im Infield, an der häufig Linkshänder eingesetzt werden (siehe Kap. 6.4.1).

Flyout: Ein Out, das dadurch zustande kommt, dass ein geschlagener Ball von einem Spieler der verteidigenden Mannschaft gefangen wird. Der Ball muss dazu direkt aus der Luft gefangen werden, das heißt, bevor er den Boden oder eine Wand berührt. Wenn der Verteidiger oder einer seiner Mitspieler den Ball berührt, bevor er ihn fängt, ist das Flyout gültig. Ein Flyout ist sowohl im Fair Territory als auch im Foul Territory möglich. Vorhandene Baserunner müssen bei einem Flyout zurück zu ihrer ursprünglichen Base (siehe Tag-up). Der Sinn dieser Regel ist, dass es nicht belohnt werden soll, einen Ball einfach nur hoch in die Luft zu schlagen.

Fly Ball: Ein vom Batter geschlagener Ball, der in hohem Bogen durch die Luft fliegt. Wenn er nicht weit genug für einen Homerun ist, wird ein solcher Ball oft zur leichten Beute der Feldspieler für ein Flyout.

Force Play: Ein Spielzug, der darauf ausgerichtet ist, ein Out an einer Base zu erzielen, die der Batter oder Runner zwingend erreichen muss. Das gilt immer an der ersten Base, sobald der Ball mit dem Schläger ins Spiel gebracht wurde. Es gilt aber auch an jeder weiteren Base, wenn ein Baserunner Platz machen muss. Wenn zum Beispiel ein Baserunner die erste Base besetzt und der Batter den Ball ins Spiel bringt, dann muss der Runner zwingend zur zweiten Base laufen und die Defense kann versuchen, an dieser Base ein Force Play durchzuführen. Dazu genügt es, dass ein Feldspieler die Base berührt, während er den Ball in der Hand oder im Handschuh hat. Sobald der nachrückende Spieler aus ist, ist für den vorderen Runner der Zwang, die Base zu erreichen, aufgehoben. Gegen ihn ist dann kein Force Play mehr möglich, sondern nur noch das Tag Play. Aus diesem Grund werden Double und Triple Plays üblicherweise in der Reihenfolge von der höchsten zur niedrigsten Base durchgeführt.

Foul Ball: Ein geschlagener Ball, der entweder im Foul Territory landet oder das Fair Territory noch vor der ersten bzw. dritten Base verlässt oder innerhalb der Batter's Box Kontakt mit einem Körperteil des Batters hat.

Foul Territory: Der Bereich des Spielfeldes, der jenseits der Foullinien oder hinter der Homeplate liegt. Anders ausgedrückt: Alles, was nicht Fair Territory ist.

Foul Tip: Ein gepitchter Ball, der leichten Kontakt mit dem Schläger des Batters hat, aber von dort direkt im Handschuh des Catchers landet. Im Gegensatz zu einem normalen Foul Ball zählt ein Foul Tip immer als Strike und führt, wenn es der dritte Strike ist, zum Out.

Full Count: Situation, in der während einer Plate Appearance bereits drei Balls und zwei Strikes geworfen wurden, sodass jeder weitere Ball zum Walk und jeder weitere Strike zum Strikeout führt.

G

General Manager: Leitender Angestellter eines Baseballklubs, der üblicherweise für Personalentscheidungen zuständig ist, also für die Einstellung, Entlassung und Vertragsgestaltung von Spielern, Trainern und Betreuern.

Ghost Runner: Ein oder mehrere Runner, der oder die in Extra Innings automatisch auf Base stehen. Die Regel, dass in der Verlängerung Ghost Runner eingesetzt werden, soll zu einer schnelleren Entscheidung führen. In der MLB wurde ein Ghost Runner auf der zweiten Base ab dem zehnten Inning erstmals in der Saison 2020 als Sondermaßnahme während der Pandemie eingeführt. 2022 wurde entschieden, die Regel auf Dauer beizubehalten. Als Ghost Runner tritt entweder der Spieler an, der im vorherigen Inning das letzte Aus war, oder ein für diesen eingewechselter Pinch-Runner.

Gnadenregel: siehe Mercy Rule.

Gold Glove Award: Eine jährliche Auszeichnung, die in der AL und NL für den jeweils besten Defensivspieler jeder Feldposition vergeben wird. Wer die Gold Gloves bekommt, wird per Wahl durch die Manager und Trainer entschieden.

Grand Slam: Ein Homerun, während alle drei Bases mit Baserunnern besetzt sind, sodass auf einen Schlag vier Runs erzielt werden.

Groundball: Ein geschlagener Ball, der im Infield auf dem Boden aufspringt oder rollt.

Groundout: Das Aufnehmen eines Groundballs mit anschließendem Wurf zur ersten Base, um den Batter per Force Play auszumachen, ist der Standardspielzug im Infield. Bei vorhandenen Baserunnern können Groundouts zu Double Plays oder gar Triple Plays ausgebaut werden.

Ground Rule: Da Baseballstadien häufig individuelle Eigenschaften aufweisen, die sich auf das Spiel auswirken können, gibt es Regeln, wie mit solchen Eigenheiten umzugehen ist. Zum Beispiel ist in Wrigley Field in Chicago die Outfieldmauer mit Efeu bewachsen. Eine Ground Rule legt fest, dass ein Ball, der im Efeu stecken bleibt, als automatisches Double gewertet wird und alle Runner zwei Bases weiter gehen dürfen. Fällt der Ball aus dem Efeu heraus, bleibt er im Spiel. Ein anderes Beispiel: In überdachten Stadien ist jeweils individuell festgelegt, wie mit geschlagenen Bällen umzugehen ist, die das Dach berühren.

Ground Rule Double: Verbreiteter Begriff für die Regel, dass der Batter und alle Baserunner zwei Bases vorrücken dürfen, wenn ein Ball im Spielfeld aufkommt und von dort über die Outfieldbegrenzung springt. Streng genommen ist das keine Ground Rule, da es sich um eine allgemein gültige Regel handelt.

H

Hall of Fame: Die Ruhmeshalle in Cooperstown, New York, ist im Wesentlichen ein Museum über die Geschichte der Major Leagues. Für Spieler, aber auch für Manager, Umpires und andere wichtige Personen der Baseballhistorie, ist es eine besondere Ehre, in die Hall of Fame aufgenommen zu werden. Die BBWA veranstaltet dazu jährlich eine Wahl unter ihren langjährigen Mitgliedern. Jeder Wähler darf für bis zu 10 Spieler stimmen. Gewählt werden können Spieler, die 10 oder mehr Jahre in der MLB aktiv waren und seit mindestens fünf Jahren ihre Karriere beendet haben. Wer in einem Jahr auf 75 % oder mehr der Stimmzettel landet, wird in die Hall of Fame aufgenommen. Wer in einem Jahr weniger als 5 % der Stimmen erhält oder in 10 Versuchen nie die 75 % erreicht, scheidet aus; alle anderen haben im nächsten Jahr erneut die Chance, gewählt zu werden. Zusätzlich zu den BBWA-Wahlen gibt es vier in jährlichem Wechsel tagende Expertengremien. Diese Veteran Committees widmen sich unterschiedlichen historischen Zeiträumen, aus denen sie weitere Kandidaten für die Hall of Fame nominieren.

Hit: siehe Basehit

Hit by Pitch: Wenn ein Wurf des Pitchers den Körper oder die Kleidung des Batters trifft, so darf dieser - genau wie bei einem Walk - ungehindert zur ersten Base laufen. Das gilt nicht, wenn der Batter nach dem Ball geschwungen hat oder wenn der Umpire der Ansicht ist, dass der Batter keinen zumutbaren Versuch unternommen hat, dem Ball auszuweichen. Auch wenn es von außen wegen der manchmal spektakulären Abwürfe nicht so aussieht: Der Hit by Pitch ist eine spürbare Strafe für den Pitcher, der damit durch einen einzigen schlechten Wurf einen potenziellen Punkt auf Base lässt.

Homeplate: Hier öffnet und schließt sich der ewige Kreis - besser gesagt die ewige Raute - des Baseballspiels. Durch einen Wurf über die Homeplate bringt der Pitcher den Ball ins Spiel, durch das Berühren der Homeplate am Ende seiner Runde um die Bases erzielt der Runner einen Punkt. Anders als die viereckigen Kissen, die die anderen drei Bases darstellen, ist die Homeplate ein flach auf dem Boden aufliegendes Fünfeck. Sie ist 17 Zoll (43 cm) breit und definiert damit die Breite der Strikezone. Die beiden Seiten messen (parallel zur Batters Box) 8,5 Zoll (22 cm). Daran schließen sich im 45°-Winkel zwei Strecken von je 12 Zoll (30 cm) an, die sich in einer nach hinten - also in Richtung des Catchers weisenden - Spitze treffen. Die beiden schrägen Seiten setzen die Foullinien des Spielfelds fort; die Homeplate liegt somit komplett im Fair Territory.

Homerun: Ein Schlag, in dessen direkter Folge es dem Batter gelingt, alle Bases inklusive Homeplate zu berühren und somit einen Run zu erzielen. Zuvor vorhandene Baserunner erzielen dabei zwangsläufig ebenfalls je einen Run. Abhängig von der Zahl der Baserunner spricht man von einem Solo-Homerun, einem 2-Run-Homerun, einem 3-Run-Homerun oder einem Grand Slam. Die häufigste Variante des Homeruns besteht darin, dass der Ball im Fair Territory über die Outfieldbegrenzung hinweggeschlagen wird. Der seltenere Fall ist ein Inside-the-Park Homerun.

I

IL: siehe Injured List.

Infield: Der vordere Bereich des Fair Territorys. Das Infield umfasst die durch Homeplate und Bases gebildete Raute sowie ein paar Meter des Feldes hinter den Bases. Dahinter liegt, oft durch einen Übergang des Bodenbelags von Dirt auf Gras gekennzeichnet, das Outfield.

Infielder: Oberbegriff für die Feldspieler, die primär im Infield tätig sind, also First Baseman, Second Baseman, Shortstop und Third Baseman. Nicht zu den Infieldern gezählt werden der Catcher, dessen Aufgabenbereich zwischen Foul Territory und Infield variiert, sowie der Pitcher, der zwar mitten im Infield tätig ist, mit seiner Sonderrolle aber eine eigene Kategorie bildet.

Infield Fly Rule: Wer als Fußballfan gern andere auf die Probe stellt, indem er sie das passive Abseits erklären lässt, wird an der Infield Fly Rule seine helle Freude haben. Die Regel gilt unter der Voraussetzung, dass mindestens die erste und die zweite Base besetzt sind und in dem Halbinning weniger als zwei Outs erzielt wurden. Wenn in solch einer Situation vom Batter ein hoher und kurzer Flyball geschlagen wird, der nach Einschätzung des Umpires problemlos von einem Infielder im Fair Territory gefangen werden könnte, so sagt der Umpire per Handzeichen und Ausruf „Infield Fly" an. In dem Fall ist der Batter automatisch aus, gleichgültig, ob der Ball gefangen wird oder nicht. Der Sinn der Regel ist, zu verhindern, dass die Feldspieler den Ball absichtlich fallen lassen, um ein einfaches Double Play an der zweiten und dritten Base zu machen. Durch das automatische Out des Batters ist für die Baserunner der Zwang aufgehoben, ihre bisherige Base freizumachen. Sie können während eines Infield Flys frei entscheiden, ob sie versuchen, zur nächsten Base zu laufen. Wenn sie das tun, gelten dafür die üblichen Regeln; das heißt, wenn der Ball gefangen wird, müssen sie zum Tag-up zurück an ihre ursprüngliche Base, wenn nicht, dürfen sie weiterlaufen und können nur per Tag Play zwischen den Bases ausgemacht werden.

Injured List: Auf die IL setzen MLB-Teams verletzte Spieler, damit diese für die Dauer der Verletzung nicht unter die Beschränkungen der Kadergröße fallen und an ihrer Stelle eine gesunde Vertretung in den Kader geholt werden kann. Oft stößt man noch auf die Abkürzung DL, weil die Liste bis Anfang 2019 „Disabled List" hieß.

Inning: Ein Spielabschnitt, der einen Schlagdurchgang je Team umfasst, jeweils bis das andere Team drei Outs erzielt hat. Die Gastmannschaft ist immer in der oberen Hälfte (Top) des Innings am Schlag, die Heimmannschaft in der unteren Hälfte (Bottom). Ein Spiel dauert regulär neun Innings.

Inside: Die aus Sicht des Batters näher an ihm gelegene Seite der Strikezone.

Inside-the-Park Homerun: Eine Variante des Homeruns, bei dem der Ball nach dem Schlag nicht das Spielfeld verlässt und es dem Batter trotzdem gelingt, alle Bases zu umrunden und zu punkten. Für dieses relativ seltene Ereignis braucht es in der Regel sowohl einen schnellen Batter als auch ein nicht optimal verlaufendes Defensivspiel des gegnerischen Teams. Sofern diesem allerdings ein offizieller Error unterläuft, wird die Aktion nicht als Homerun gewertet (was nur die Statistiken, aber nichts an den erzielten Punkten ändert).

Intentional Base on Balls/Intentional Walk: Ein absichtlich gewährter Walk. Seit 2017 müssen dazu nicht mehr vier absichtliche Balls zum Catcher geworfen werden, es genügt stattdessen ein Signal des Managers an den Umpire. Eingesetzt wird der Intentional Walk als taktisches Mittel, um entweder einen besonders starken Batter zu umgehen oder um leichtere Force Plays zu ermöglichen, wenn zum Beispiel ein Baserunner auf der zweiten Base steht und die erste Base frei ist.

Interference: Ein unzulässiger Eingriff eines Spielers, Zuschauers oder einer anderen Person, durch den ein Spieler am Schlagen, Rennen oder Fielden gehindert wird. Der Umpire trifft in dem Fall eine Entscheidung, die den Zustand herstellt, der ohne den Eingriff eingetreten wäre. Wenn zum Beispiel ein Zuschauer über den Zaun greift und den Ball ablenkt, so gibt der Umpire den Batter aus, falls er schätzt, dass ein Fielder den Ball gefangen hätte. Schätzt er hingegen, dass der Ball ohne Eingriff über den Zaun geflogen wäre, so entscheidet er auf Homerun.

Interleague: Von einem Interleaguespiel spricht man, wenn Teams aus verschiedenen Teilen einer übergreifenden Liga aufeinander treffen – beispielsweise in der MLB eine Mannschaft aus der NL auf eine aus der AL.

K

Knuckleball: Ein Spezialpitch, der mit gebeugten Fingern gegriffen und derart aus der Hand geschnippt wird, dass er während des Flugs möglichst keine Rotation aufweist. Das führt zu einem relativ langsamen Flatterball mit kaum berechenbarer Flugbahn (siehe Kap. 6.1.1).

L

Lead: Ein Baserunner nimmt einen Lead, indem er sich einige Schritte von seiner aktuellen Base entfernt, bevor der nächste Pitch geworfen wird. Je größer der Lead, umso kürzer ist der Weg zur nächsten Base, aber umso größer ist auch das Risiko eines Pick-offs.

Left on Base (LOB): Eine Zahl, die angibt, wie viele Baserunner während eines Spiels „gestrandet" sind, sich also während des dritten Outs an einer Base befanden und deshalb das Feld verlassen mussten, ohne einen Punkt erzielt zu haben. Wenn eine Mannschaft regelmäßig viele LOBs hat, kann das ein Hinweis auf eine ungünstige Wahl der Schlagreihenfolge sein.

Line Drive: Ein geschlagener Ball, der nahezu geradlinig durch die Luft fliegt (im Gegensatz zur eher bogenlampenförmigen Bahn eines Fly Balls).

Live Ball: Situation, in der das Spiel vom Umpire freigegeben ist. Der Pitcher darf pitchen, der Batter schwingen, Baserunner dürfen versuchen, vorzurücken, Feldspieler dürfen versuchen, Batter und Baserunner aus zumachen.

LOB: siehe Left on Base.

Loss: Zum einen das Wort für eine Niederlage, im Baseball aber auch als statistischer Wert für Pitcher verwendet. Ein Loss wird dem Pitcher zugerechnet, der denjenigen Baserunner zugelassen hat, welcher das gegnerische Team in eine bis Spielende bestehende Führung gebracht hat (siehe Kap. 7.2).

Luxury Tax: Offiziell „Competitive Balance Tax", aber Luxury Tax ist als Begriff deutlich verbreiteter. Im CBA ist eine Geldsumme festgelegt, welche die gesamten Spielergehälter eines Teams pro Jahr nicht überschreiten sollen. Wird sie doch überschritten, so muss der jeweilige Klub eine Strafzahlung leisten. Diese liegt im ersten Jahr des Überschreitens bei 20 %, im zweiten aufeinanderfolgenden Jahr bei 30 % und in jedem weiteren Jahr bei 50 % der Summe, um die die Schwelle überschritten wurde. Bei Überschreiten der Schwelle um mehr als 20 Millionen US-Dollar steigen die Strafzahlungen noch stärker an. Das eingenommene Geld fließt zum Teil in Altersvorsorgerücklagen der Liga und wird zum übrigen Teil an die anderen Teams verteilt. Die Luxury-Tax-Schwelle liegt 2023 bei 233 Millionen US-Dollar je Team.

M

Manager: Wenn im Baseball die Rede vom Manager ist, ist in der Regel der Field Manager gemeint (nicht der General Manager).

Major League: Im US-Sport die allgemeine Bezeichnung für die wichtigsten Profiligen verschiedener Sportarten. Im modernen Baseball ist die MLB mit ihren beiden Teillligen NL und AL die einzige Major League.

Major League Baseball Players Association: Die MLBPA ist die Spielergewerkschaft der MLB. Sie vertritt die Interessen der Spieler, zum Beispiel in Verhandlungen mit der Liga über das CBA, aber auch im Hinblick auf

Marken- und Werberechte. Zudem fördert und kanalisiert sie soziales Engagement der Spieler.

Mercy Rule: Eine Regel, nach der das Spiel bei Erreichen eines bestimmten Vorsprungs zu einem bestimmten Zeitpunkt vorzeitig beendet wird. Zum Beispiel führt in der Baseball-Bundesliga, ebenso wie im amerikanischen College-Baseball, eine Führung von 10 oder mehr Runs nach sieben von eigentlich neun Innings zum Spielende. In der MLB gibt es keine Mercy Rule.

Minor League: Eine den Major Leagues untergeordnete professionelle oder halbprofessionelle Liga. Im Baseball gibt es ein offiziell mit der MLB verbundenes System von Minor Leagues (s. Kap. 5.2). Minor Leagues, die nicht mit der MLB verbunden sind, nennt man auch Independent Leagues.

MLBPA: siehe Major League Baseball Players Association.

Most Valuable Player: Als wertvollster Spieler der Saison gewählt zu werden, ist die höchste jährliche Auszeichnung für Einzelspieler. Die BBWAA wählt je einen MVP für die NL und die AL. Bei Stimmengleichheit in der Wahl kann es auch vorkommen, dass der Award geteilt wird. Dies ist bislang nur einmal vorgekommen (1979 in der NL: Keith Hernandez und Willie Stargell).

Mound: Der Hügel in der Mitte des Infields, von dem aus der Pitcher den Ball ins Spiel bringt. Ein MLB-Mound hat einen Durchmesser von 18 Fuß (5,49 m) und ist 10 Zoll (25 cm) hoch. Auf dem Mound befindet sich ein weißer Gummistreifen, „Pitcher's Plate" oder „Rubber" genannt, an dem der Pitcher zu Beginn seiner Wurfbewegung steht. Die Vorderkante des Rubbers ist 60 Fuß und sechs Zoll (18,44 m) von der Spitze der Homeplate entfernt.

Mound Visit: Eine Spielunterbrechung, in der der Pitcher von einem oder mehreren Trainern oder Mitspielern zu einer kurzen Unterredung aufgesucht wird. Mound Visits dienen dem Ziel, taktische Absprachen zu treffen oder in schwierigen Situationen beruhigend auf den Pitcher einzuwirken. Um den Spielfluss nicht zu häufig zu stören, wurde die Zahl der zulässigen Mound Visits in den letzten Jahren mehrfach herabgesetzt. Sie liegt derzeit bei fünf für ein reguläres Neun-Inning-Spiel.

MVP: siehe Most Valuable Player.

N

National League: Eine der beiden Teilligen, die zusammen die Major League Baseball (MLB) bilden. Die NL wurde 1876 mit acht Teams gegründet. Seit 1903 spielt der Gewinner der Liga gegen den Sieger der American League (AL) die World Series aus (s. Kap. 3.1 und 5.1).

No-Decision: Wenn einem Starting Pitcher nach dem Spiel weder ein Win noch ein Loss zugerechnet wird, so spricht man von einer No-Decision.

No-Hitter: Die besondere Leistung eines Teams, in einem vollständigen Spiel (mindestens neun Innings) keinen Basehit der gegnerischen Mannschaft zuzulassen. Durchschnittlich gibt es in der MLB ungefähr zwei No-Hitter pro Jahr. Die meisten No-Hitter werden von einem einzelnen Pitcher erzielt. Teilen sich mehrere Pitcher die Leistung, spricht man von einem Combined No-Hitter. Im Gegensatz zu einem Perfect Game schließt ein No-Hitter nicht aus, dass Baserunner durch Walks, Errors oder Hit by Pitches zugelassen werden. Daher kann es auch passieren, dass das gegnerische Team in einem No-Hitter einen oder mehrere Runs erzielt. In der MLB-Geschichte kam es bisher nur zweimal vor, dass ein Team einen No-Hitter erzielte und trotzdem das Spiel verlor.

O

OBP: siehe On-Base-Percentage.

On-Base-Percentage: Eine sehr verbreitete Offensivstatistik über Schlagleistungen. Die OBP wird berechnet, indem die erzielten Basehits, Walks und Hit by Pitches des betreffenden Spielers zusammengezählt und durch die Anzahl seiner Plate Appearances geteilt werden (siehe Kap. 7.3).

Opening Pitcher: Es ist eine relativ neue taktische Variante, anstelle eines klassischen Starters einen Opening Pitcher oder kurz Opener einzusetzen. Gemeint ist damit ein Pitcher, der das Spiel eröffnet, aber wie ein Relief Pitcher nur für ein oder zwei Innings eingeplant ist und danach ausgewechselt wird.

Out: Erzwungenes Ausscheiden eines Spielers der angreifenden Mannschaft (Batter oder Baserunner). Die häufigsten Outs sind Strikeouts, Forceouts, Tagouts und Flyouts. Nach drei Outs in einem Inning wechselt das Angriffsrecht.

Outfield: Der hintere Bereich des Fair Territorys. Beginnt dort, wo das Infield endet, und reicht bis zur Begrenzung des Spielfelds in Form eines Zauns oder einer Wand.

Outfielder: Die Feldspieler, deren Aufgabenbereich überwiegend im Outfield liegt. Dazu gehören der Leftfielder, der Centerfielder und der Rightfielder (siehe Kap. 6.4.1).

Outside: Der aus Sicht des Batters weiter entfernte Teil der Strikezone.

P

Passed Ball: Ein gepitchter Ball, den der Catcher nicht fangen oder kontrollieren kann, wodurch es einem Batter oder Runner gelingt, eine Base vorzurücken. Wenn der Scorer die Schuld daran dem Catcher zuschreibt, ist es ein Passed Ball. Sieht er sie eher beim Pitcher, ist es ein Wild Pitch.

Perfect Game: Ein vollständiges Spiel von mindestens neun Innings, in dem kein einziger Baserunner des Gegners zugelassen wird, also kein Basehit, kein Walk, kein Error und kein Hit by Pitch. Ein Perfect Game ist immer gleichzeitig auch ein No-Hitter und ein Shutout. Bis zum Anfang der Saison 2023 hat es in der MLB-Geschichte 23 Perfect Games gegeben. Das bislang letzte Perfect Game erzielte am 25. August 2012 Felix Hernandez von den Seattle Mariners.

Pick-off: Ein Spielzug, bei dem der Pitcher den Ball zu einer Base wirft, damit ihn dort ein Feldspieler fangen und ein Tag Play gegen den Baserunner versuchen kann. In seltenen Fällen gelingt dadurch ein Out, zumindest wird dem Runner aber signalisiert, dass man ihn im Blick hat und er sich gut überlegen sollte, ob er einen großen Lead nimmt oder gar versucht, eine Base zu stehlen.

Pinch-Hitter: Ein Batter, der nicht von Anfang an im Lineup steht, sondern als Einwechselspieler an den Schlag kommt. Der eingewechselte Spieler nimmt im Batting Lineup automatisch die Position des Spielers ein, der für ihn ausgewechselt wird. Die Einwechslung ist jederzeit möglich; ein einmal ausgewechselter Spieler darf allerdings nicht wieder eingewechselt werden. In Ligen ohne Designated Hitter werden Pinch-Hitter oft für eine einzige Plate Appearance anstelle eines Pitchers eingesetzt und zu Beginn des nächsten Halbinnings gegen einen anderen Pitcher ausgetauscht (siehe Kap. 6.2.1).

Pinch-Runner: Ein Einwechselspieler genau wie der Pinch-Hitter. Der Unterschied ist, dass ein Pinch-Runner für einen Spieler eingewechselt wird, der sich bereits auf einer Base befindet. Das geschieht oft in sehr knappen Spielen in der Hoffnung, dass ein besonders schneller Baserunner eine bessere Chance hat, den dringend benötigten Run zu erzielen (siehe Kap. 6.3).

Pitch: Der Wurf des Pitchers in Richtung Homeplate, durch den der Ball ins Spiel kommt (siehe Kap. 6.1).

Pitcher: Der Spieler, der zu Beginn jedes Spielzugs den Ball hat und dessen Hauptaufgabe darin besteht, ihn vom Mound aus über die Homeplate zum Catcher zu werfen – idealerweise so, dass der Batter den Ball schlecht oder gar nicht trifft (siehe Kap. 6.1).

Pitch Clock: Ab dem Jahr 2023 ist in der MLB die Zeit limitiert, die sich die Pitcher zwischen ihren Pitches nehmen dürfen. Wenn die Bases leer sind, muss der Pitch innerhalb von 15 Sekunden erfolgen; bei vorhandenen Baserunnern wird die Pitch Clock auf 20 Sekunden hochgesetzt. Wenn die Zeit abläuft, bevor der Wurf erfolgt ist, wird dies als automatischer Ball gewertet. Andererseits ist es ein automatischer Strike, wenn der Batter nicht acht Sekunden vor Ablauf der Pitch Clock in der Batter's Box bereit steht.

Pitch Count: Die Anzahl der Pitches, die ein Pitcher im jeweiligen Spiel geworfen hat. Als Faustregel kann man sagen, dass ein Starting Pitcher häufig nach rund 100 Pitches ausgewechselt wird.

Plate Appearance: Ein einzelnes Duell zwischen Pitcher und Batter. Die Plate Appearance beginnt damit, dass der Batter in die Batter's Box tritt, und sie endet damit, dass der Batter entweder die erste Base erreicht oder vorher ein Out erleidet. Im Gegensatz zum At Bat, das fast das Gleiche bedeutet, wird eine Plate Appearance auch dann gezählt, wenn sie mit einem Walk, einem Hit by Pitch oder einem Sacrifice endet.

Platoon: Eine Methode, bei der sich statt eines festen Stammspielers zwei Spieler auf einer Position von Spiel zu Spiel abwechseln. In der Regel handelt es sich um einen linkshändigen Spieler, der antritt, wenn der gegnerische Pitcher ein Rechtshänder ist, sowie um einen rechtshändigen Spieler, der gegen linkshändige Pitcher zum Einsatz kommt.

Pop-up: Ein Pop-up oder Pop-Fly ist ein geschlagener Ball, der hoch in die Luft, aber nicht besonders weit fliegt. In der Regel ist er leicht von einem Feldspieler zu fangen und führt zu einem Flyout (in dem Fall auch als Popout bezeichnet).

Q

Quality Start: Ein Auftritt eines Starting Pitchers, der dem Team eine ordentliche Chance gibt, das Spiel zu gewinnen. Um als Quality Start gewertet zu werden, muss der Auftritt des Pitchers mindestens sechs Innings und höchstens drei erlaubte Runs umfassen.

R

RBI: siehe Runs Batted In.

Relief Pitcher/Reliever: Ein Pitcher, der das Spiel nicht beginnt, sondern im Lauf des Spiels für den Starter bzw. für einen anderen Reliever eingewechselt wird (siehe Kap. 6.1.3).

Rookie: Um als Rookie zu gelten, muss man in der laufenden Saison entweder ganz neu in der MLB sein oder in vorherigen Jahren höchstens 130 At Bats absolviert bzw. 50 Innings gepitcht haben und nicht mehr als 45 Tage im aktiven Kader eines MLB-Teams gewesen sein.

Rookie of the Year: Eine von der BBWAA vergebene Auszeichnung für den besten Neuling einer MLB-Saison in der NL oder der AL.

Run: Allen anderen Zahlen und Statistiken zum Trotz das Einzige, was wirklich zählt. Ein Run wird erzielt, indem ein Spieler des angreifenden Teams in der richtigen Reihenfolge alle drei Bases und schließlich die Homeplate berührt, ohne dass der Verteidigung ein Out gegen ihn gelingt.

Run-Down: Situation, in der ein Baserunner derart zwischen zwei Bases gefangen ist, dass die Feldspieler vor und hinter ihm sich den Ball zuwerfen und ihm von beiden Seiten den Weg abschneiden können. Wenn die Defense keinen Fehler begeht, ist die Lage für den Baserunner nahezu ausweglos. Er kann aber versuchen, entweder einen Fehler zu provozieren oder zumindest so viel Zeit herauszuholen, dass ein anderer Baserunner diese für sich nutzen kann.

Runner: siehe Baserunner.

Runners at the Corners: Spielsituation, in der Baserunner auf der ersten und dritten Base vorhanden sind, aber nicht an der zweiten.

Run Differential: Der Saldo aus erzielten und kassierten Runs eines Teams, also zum Beispiel +40, wenn die Spiele des Teams in der Saison zusammengezählt mit 700:660 Runs ausgegangen sind. Das Run Differential wird oft zur Beurteilung herangezogen, ob ein Team mit seiner Bilanz aus Siegen und Niederlagen eher Glück oder eher Pech hat.

Runs Batted In: Ein RBI wird in der Regel dem Batter gutgeschrieben, durch dessen Plate Appearance ein Run erzielt wird. Das kann ein Hit, aber auch ein Out sein, während dem ein Baserunner zur Homeplate vordringt, oder auch ein Walk oder Hit by Pitch bei geladenen Bases. Bei einem Homerun erhält der Batter einen RBI für den selbst erzielten Run sowie einen weiteren RBI für jeden Baserunner, der ebenfalls durch den Homerun punktet. Ausnahmen stellen Runs dar, die durch einen Error der Defense oder während eines Double Plays erzielt werden. Diese Runs werden nicht als RBI gezählt (siehe Kap. 7.3).

Runs Created (RC): Eine einfach zu berechnende Statistik, die die offensive Gesamtleistung eines Spielers in Form von Runs ausdrückt. Die Grundformel von RC lautet: Situationen, in denen man auf eine Base kommt, werden multipliziert mit der Anzahl der insgesamt erreichten Bases (Total Bases), und das Ergebnis wird geteilt durch die Zahl der Gelegenheiten, also der Plate Appearances. Obwohl Runs in dieser Formel nicht vorkommen, führt sie zu einer verblüffend genauen Aussage über den individuellen Beitrag eines Batters zu den Runs, die seinem Team gelungen sind: Zählt man die RC-Werte aller Batter eines Teams zusammen, erhält man eine Vorhersage mit einer Präzision von 99,5 %, wie viele Runs das Team erzielt hat.

S

Sabermetrics: Sammelbegriff für Statistiken, die auf vertieften Analysen des Baseballspiels basieren und den Anspruch haben, verlässlichere und relevantere Erkenntnisse zu liefern als traditionelle Indikatoren wie Batting Average oder ERA. Das Wort Sabermetrics leitet sich ab von der Abkürzung SABR für die Wissenschaftlervereinigung Society for American Baseball Research.

Sacrifice Bunt/Sacrifice Fly: Ein Spielzug bei weniger als zwei Outs, mit dem der Batter sich selbst opfert, also ein Out erleidet, aber einen vorhandenen Baserunner weiterbringt. Für einen Sacrifice Bunt genügt es, dass ein Runner um eine Base vorrückt. Ein Sacrifice Fly wird nur als solcher gezählt, wenn durch den Spielzug ein Runner die Homeplate erreicht und scort.

Safe: Entscheidung und Ausruf des Umpires, dass ein Runner an einer Base oder der Homeplate sicher angekommen und der Gefahr, ein Out zu erleiden, für den Moment entronnen ist.

Save: Bezeichnung für die Leistung eines Relief Pitchers (häufig des Closers), eine knappe Führung bis zum Spielende zu bewahren. Die häufigste Situation, in der ein Save attestiert wird, besteht darin, dass der Pitcher bei einer Führung mit drei oder weniger Runs eingewechselt wird, mindestens ein Inning pitcht und dabei das letzte Out des Spiels erzielt. Außerdem kann man einen Save erzielen, wenn man eingewechselt wird, während der Gegner die für den potenziellen Ausgleich nötigen Spieler bereits auf Base, am Schlag oder als nächsten Schlagmann an der Reihe hat. Die dritte Möglichkeit ist, bei einer Führung, gleich welcher Höhe, eingewechselt zu werden und mindestens drei Innings - inklusive dem letzten Out des Spiels - zu pitchen.

Scorer/Scorekeeper: Die Person mit der Aufgabe, während eines Spiels über das komplette Geschehen auf dem Feld Buch zu führen (Scorekeeping) und diese Aufzeichnungen als offizielles Spielergebnis zur Verfügung zu stellen. Der Scorer muss diverse Entscheidungen treffen, wie bestimmte Ereignisse statistisch zu werten sind, beispielsweise die Unterscheidung zwischen einem Basehit und einem Error oder zwischen einem Passed Ball und einem Wild Pitch.

Scoring Position: Spielsituation, in der das angreifende Team mindestens einen Baserunner auf der zweiten oder dritten Base hat. Aus dieser Lage ist die Wahrscheinlichkeit hoch, dass bei einem Single ein Run erzielt wird.

Second Baseman: Die Feldposition rechts (aus Sicht des Catchers) von der zweiten Base (siehe Kap. 6.4.1).

Setup Man: Ein Relief Pitcher, der üblicherweise direkt vor dem Closer eingesetzt wird, meistens im achten Inning. Meistens der zweitbeste Reliever im Team (siehe Kap. 6.1.3).

Shift: Eine Verschiebung der Feldpositionen in Abhängigkeit davon, was man über die Tendenzen des aktuell am Schlag befindlichen Batters weiß. Am häufigsten wird der Infield Shift gegen Pull Hitter angewendet, also gegen Batter, die die Bälle sehr häufig in die Richtung ihrer dominierenden Hand schlagen. Ab der Saison 2023 sind Infield Shifts in der MLB nur noch sehr eingeschränkt erlaubt (siehe Kap. 6.4.2).

Shortstop: Die Feldposition links von der zweiten Base (aus Sicht des Catchers). Da die meisten Bälle von rechtshändigen Battern in Richtung des Shortstops gehen, gilt diese Position als die anspruchsvollste Rolle im Feldspiel (siehe Kap. 6.4.1).

Shutout: Ein Spiel „zu null", also ohne durch das gegnerische Team erzielte Runs.

Single: Ein Basehit, durch den der Batter die erste Base erreicht (und vorerst dort bleibt).

Silver Slugger: Das offensive Gegenstück zum Gold Glove Award. Die Manager und Trainer der MLB wählen jährlich, getrennt nach AL und NL, die besten Offensivspieler für jede Position.

Slashline: Bezeichnung für die häufig verwendete gemeinsame Darstellung der drei traditionellen Battingstatistiken Average, On Base Percentage und Slugging. Zum Beispiel liest sich die Slashline von Aaron Judge aus der Saison 2022 als .311/.425/.686 (siehe Kap. 7.3).

Slide: Rutschende Bewegung des Baserunners auf dem letzten Stück des Weges zu einer Base. Kann wahlweise entweder als „Head First"-Slide mit den Händen und dem Oberkörper voran ausgeführt werden oder als „Feet First"-Slide mit den Füßen zuerst. Der Sinn eines Slides besteht häufig darin, ein Tag Play zu vermeiden oder einen Feldspieler davon abzuhalten, per Wurf zu einer anderen Base ein (weiteres) Out zu erzielen (siehe Kap. 6.3).

Slider: Eine im modernen Baseball beliebte Form des Breaking Balls. Der Pitch bricht typischerweise sowohl zur Handschuhseite des Pitchers als auch nach unten hin aus, also bei einem rechtshändigen Pitcher nach unten links und bei einem linkshändigen Pitcher nach unten rechts (siehe Kap. 6.1.1).

Slugging: Eine traditionelle Statistik, die Auskunft darüber gibt, wie viele Bases ein Batter je At Bat im Durchschnitt erzielt. Auch als Slugging Percentage bezeichnet, obwohl es sich nicht um einen Anteilswert handelt (siehe Kap. 7.3).

Softball: Eine Variante des Baseballspiels, die - im Gegensatz zum traditionell männerdominierten Baseball - überwiegend von Frauen oder im Breitensportbereich von gemischtgeschlechtlichen Teams betrieben wird. Das Grundprinzip des Spiels ist das Gleiche. Unterschiede bestehen vor allem darin, dass das Spielfeld etwas kleiner und der Ball deutlich größer (entgegen dem Namen aber nicht weicher) ist als beim Baseball sowie darin, dass der Ball durch einen Unterhandpitch ins Spiel gebracht wird. Innerhalb des Softballs wird zwischen der eher im Breitensport verankerten Slowpitch- und der im Leistungssport üblichen Fastpitchvariante unterschieden.

Squeeze Play: Ein Sacrifice Bunt, der darauf abzielt, einen Baserunner von der dritten Base zur Homeplate zu bringen. Eine typische Aktion in den späten Innings eines knappen Spiels.

Starting Pitcher: Der Pitcher, der das Spiel für sein Team beginnt. Üblicherweise bleibt der Starter für rund 100 Pitches auf dem Feld, was meistens 5-7 Innings entspricht. Wenn er einen schlechten Tag hat, kann der Wechsel auch deutlich früher erfolgen (siehe Kap. 6.1.3).

Stolen Base: Ein Baserunner rennt zur nächsten Base und erreicht diese durch eigene Leistung, das heißt, ohne die Hilfe eines geschlagenen Balles von einem Mitspieler oder einer fehlerhaften Aktion der Defense wie Error, Wild Pitch oder Passed Ball (siehe Kap. 6.3 und 7.5).

Streik: Das härteste Verhandlungsmittel der MLBPA ist der Spielerstreik. Dazu kann es vor allem dann kommen, wenn ein CBA ausläuft, ohne dass die MLB und die MLBPA sich auf einen Nachfolgevertrag einigen konnten. Das geschah zuletzt 1994. Die damalige Saison musste wegen der Arbeitsniederlegung nach zwei Dritteln abgebrochen werden. Die Play-offs inklusive World Series fanden nicht statt. Nachdem man den Streit Anfang April 1995 endlich beigelegt hatte, konnte die Saison 1995 mit einem verkürzten Spielplan stattfinden. Auch der Beginn der Saison 2022 verzögerte sich wegen eines Arbeitskampfes in den Verhandlungen um ein neues CBA. In dem Fall handelte es sich nicht um einen Streik, sondern um eine von den Teambesitzern ausgehende Aussperrung.

Spitball: Ein früher üblicher, seit 1921 aber verbotener Pitch. Sein typisches Merkmal besteht darin, dass der Ball vom Pitcher mit Spucke oder anderen Mitteln manipuliert wird und dadurch seine Flugeigenschaften unberechenbar ändert.

Strike: Als Strike wird ein Pitch gewertet, wenn der Batter danach schwingt und nicht trifft oder wenn der Pitch – gemäß dem Urteil des Umpires – durch die Strikezone fliegt und der Batter nicht danach schwingt. Ein Foul Ball wird ebenfalls als Strike gezählt, aber nur, wenn es der erste oder zweite Strike der aktuellen Plate Appearance ist.

Strike Swinging: Ein Strike, der durch einen verfehlten Schwung des Batters zustande kommt. In dem Fall ist es einerlei, ob der Pitch durch die Strikezone geflogen ist oder nicht. Das Gegenstück dazu ist ein Called Strike.

Strikeout: Wenn einem Pitcher während einer Plate Appearance drei Strikes gelingen, so ist der Batter out. Ausnahme: siehe Dropped third Strike.

Strikezone: Das gedankliche Fenster, durch das der Pitcher werfen muss. Die Breite des Fensters entspricht der Breite der Homeplate (43 cm), die Höhe hängt vom jeweiligen Batter ab. Die Strikezone reicht vom Knie bis zur Mitte des Oberkörpers zwischen Hosenbund und Schultern in der Stellung, in der der Batter bereit zum Schwung auf den Pitch wartet (siehe Grafik in Kap. 2.1). Einige Fernsehsender blenden während der Übertragung eine Visualisierung der Strikezone ein. Verbindlich ist allerdings allein die Einschätzung des Umpires; gegen die Entscheidung über Balls und Strikes ist keine Challenge möglich.

Switch-Hitter: Ein Batter, der von beiden Seiten der Platte schlagen kann. In der Regel treten Switch-Hitter rechtshändig gegen linkshändige Pitcher an und umgekehrt.

T

T-Ball: Eine vereinfachte Variante des Baseballspiels, die vor allem der Heranführung von Kindern im Alter von 4-8 Jahren an den Sport dient. Die Hauptunterschiede zum regulären Baseball bestehen darin, dass mit weicheren Bällen gespielt wird und dass diese nicht gepitcht, sondern von einem auf der Homeplate platzierten Ständer aus Gummi – dem sogenannten *Tee* – geschlagen werden. Alternativ kann der Ball durch einen Coach locker von vorne (Front-Toss) oder von der Seite (Side-Toss) zugeworfen werden.

Tag Play: Der Versuch, ein Out zu erzielen, indem ein Feldspieler mit dem Ball bzw. mit dem Handschuh, in dem sich der Ball befindet, einen Baserunner berührt, während dieser keinen Kontakt zu einer sicheren Base hat. Das Resultat eines erfolgreichen Tag Plays ist ein Tagout.

Tag-up: Einen Tag-up führt ein Baserunner durch, indem er an seiner ursprünglichen Base stehen bleibt oder zu dieser zurückkehrt, während ein geschlagener Ball sich in der Luft befindet oder bereits gefangen wurde. Sobald der Ball im Fair Territory landet oder von einem Feldspieler berührt wird – gleichgültig, ob er ihn fängt oder nicht –, darf der Baserunner den Tag-up aufgeben und auf eigenes Risiko versuchen, die nächste Base bzw. die Homeplate zu erreichen.

Third Baseman: Der Feldspieler, der in der Regel in der Nähe der dritten Base postiert ist. Man nennt seine Position auch die Hot Corner, weil der Third Baseman relativ nah am Batter steht und viele rechtshändig geschlagene Bälle in seine Richtung fliegen (siehe Kap. 6.4.1).

Tie Breaker: Eine Regelung, nach der bei Punktgleichheit von zwei oder mehr Teams am Ende der Saison entschieden wird, ob und in welcher Reihenfolge diese in die Play-offs einziehen. In der MLB entscheidet als erstes der direkte Vergleich zwischen den beteiligten Teams. Steht es auch da unentschieden, werden im zweiten Schritt die Bilanzen innerhalb der Division herangezogen und im dritten diejenigen innerhalb der Teilliga (AL oder NL).

Tommy-John-Surgery: Eine geliebte und gehasste Operationsmethode, bei der ein Stabilisierungsband im Ellbogen – das Ligamentum collaterale ulnare (englisch: ulnar collateral ligament) – ersetzt wird. Geliebt wird die Methode, weil sie Baseballkarrieren rettet, die andernfalls unweigerlich am Ende wären. Gehasst wird sie, weil sie für die Patienten eine lange Sportpause bedeutet – für Pitcher in der Regel über ein Jahr, für Feldspieler mindestens ein halbes.

Triple: Ein Basehit, bei dem der Batter durch eigene Leistung die dritte Base erreicht.

Triple Crown: Das besondere und seltene Ereignis, dass ein Spieler in einem Jahr seine Liga in drei bestimmten statistischen Kategorien gleichzeitig anführt. Für Batter gehören zur Triple Crown der höchste Batting Average, die meisten RBI und die meisten Homeruns. Pitcher müssen für eine Triple Crown den niedrigsten ERA, die meisten Strikeouts und die meisten Wins erreichen.

Triple Play: Eine Aktion der Defense, bei der durch einen Spielzug drei Outs gelingen. Dazu muss erstens eine Situation mit mindestens zwei Baserunnern und null Outs gegeben sein, zweitens braucht es einen geeigneten – zum Beispiel hart und direkt zu einem Infielder geschlagenen – Ball und drittens muss die Verteidigung sehr schnell und gezielt reagieren, um die Chance auf das seltene Play zu nutzen. Ein besonders seltenes Ereignis ist das Unassisted Triple Play, also ein von einem Feldspieler im Alleingang durchgeführtes Triple Play. Das funktioniert zum Beispiel, indem man einen Line Drive fängt (1. Aus), auf die Base tritt, von der ein Baserunner schon losgelaufen war (2. Aus), und dann einen weiteren Baserunner mit dem Ball berührt (3. Aus). Unassisted Triple Plays kamen in der MLB-Geschichte bislang erst 15-mal vor.

Two-Way-Player: Ein Spieler, der regelmäßig und auf konkurrenzfähigem Niveau sowohl als Pitcher als auch als Batter zum Einsatz kommt. Im professionellen Baseball kommt das extrem selten vor. Der bekannteste Two-Way-Player aller Zeiten war Babe Ruth. Aktuell ist Shohei Ohtani der einzige echte Two-Way-Player der MLB.

U

Umpire: Bezeichnung für die Schiedsrichter im Baseball. Je nach Liga und Wichtigkeit des Spiels gibt es unterschiedlich viele Umpires. In der MLB sind es in regulären Saisonspielen vier und in den Play-offs sechs. Die Hauptverantwortung hat der Plate Umpire, der hinter dem Catcher steht und Balls und Strikes ansagt. Weitere Umpires postieren sich in der Nähe der Bases und gegebenenfalls auch im Outfield.

Utility Player: Ein Spieler, der verschiedene Defensivaufgaben ausfüllen kann und oft die Rolle eines „Edelreservisten" spielt, indem er pausierende oder verletzte Stammspieler auf deren jeweiliger Feldposition vertritt. Im Gegensatz zum Two-Way-Player sind hier Spieler gemeint, die in aller Regel nicht pitchen.

W

Walk: Wenn ein Batter vier Pitches passieren lässt, die der Umpire als Balls wertet, so wird der Batter zur ersten Base geschickt, ohne dass die Defense ihn auf dem Weg dorthin aus machen kann. Dieser Vorgang heißt offiziell Base on Balls, meistens spricht man aber vom Walk. Wenn bei einem Walk die erste Base bereits besetzt ist, so darf auch der dort befindliche Baserunner ungehindert eine Base weiterrücken. Das gilt analog für die zweite und dritte Base, sofern alle vorherigen Bases besetzt sind.

Walk-off: Wenn das Heimteam in der unteren Hälfte des neunten Innings oder in einem Verlängerungsinning in Führung geht, so wird das Spiel sofort beendet, da das Auswärtsteam keinen Schlagdurchgang mehr übrig hat und somit an dem Sieg nicht mehr zu rütteln ist. Diese Art des Spielendes nennt man Walk-off. Oft wird das Wort um das konkrete Ereignis ergänzt, durch das der entscheidende Run gescort wurde, also zum Beispiel Walk-off-Homerun, Walk-off-Bunt oder auch Walk-off-Walk.

WAR: siehe Wins Above Replacement.

WBSC: siehe World Baseball Softball Confederation.

Wild Pitch: Ein gepitchter Ball, den der Catcher nicht fangen oder kontrollieren kann, wodurch es einem Batter oder Runner gelingt, eine Base vorzurücken. Wenn der Scorer die Schuld daran dem Pitcher zuschreibt, ist es ein Wild Pitch. Sieht er sie eher beim Catcher, ist es ein Passed Ball.

Win: Zum einen das Wort für einen Sieg, im Baseball aber auch als ein statistischer Wert für Pitcher verwendet. Ein Win wird dem Pitcher zugerechnet, der für das siegreiche Team im Spiel ist, während dieses eine bis Spielende bestehende Führung erzielt. Ein Starting Pitcher muss zusätzlich die Voraussetzung erfüllen, mindestens fünf Innings gepitcht zu haben. In jedem Baseballspiel gibt es jeweils genau einen Pitcher, dem ein Win bzw. ein Loss zugeschrieben wird. Wins gelten weithin als überholte und wenig aussagekräftige Statistik (siehe Kap. 7.2).

Wins Above Replacement: Eine fortgeschrittene Statistik, deren Ziel in der Angabe besteht, wie viele zusätzliche Siege ein bestimmter Spieler seinem Team einbringt, wenn man seine Leistung der eines hypothetischen Ersatzspielers gegenüber stellt (s. Kap. 7.6).

World Baseball Softball Confederation: Der Baseball-Weltverband, entstanden 2012 aus dem Zusammenschluss der International Baseball Federation und der International Softball Federation. Die WBSC veranstaltet den World Baseball Classic und weitere Turniere (s. Kap. 8.3).

2 LITERATURVERZEICHNIS

Aaron, H. (2009). *I had a hammer: The Hank Aaron story*. Harper Collins: New York City.

Browning, R. (2000). *Cy Young: A baseball life.* University of Massachusetts Press: Amherst.

Carino, P. (2017). Italy: No hot dogs in the bleachers. In G. Gmelch & D. A. Nathan (Eds.), *Baseball beyond our borders: An international pastime*. University of Nebraska Press: Lincoln.

Cohen, R. W. (2015). *The 50 greatest players in Detroit Tigers history*. Rowman & Littlefield: Lanham.

Deutscher Baseball und Softball Verband e. V. (Hrsg.). (2023). *Regelheft Baseball.* Meyer & Meyer: Aachen.

Deutscher Olympischer Sportbund (2022). *Bestandserhebung 2022.* DOSB: Frankfurt am Main.

Eig, J. (2007). *Opening day: The story of Jackie Robinson's first season*. Simon and Schuster: New York City.

Fiedler, G. (2016). *Baseball für Fußballfans*. Books on Demand: Norderstedt.

Hample, Z. (2007). *Watching baseball smarter.* Vintage Books: New York City.

Irvine, A. (2018). *The comic book story of baseball.* Ten Speed Press: New York City.

Lewis, M. (2003). *Moneyball – the art of winning an unfair game.* Norton & Company: New York City.

Melchior, C. (2014). *Baseball. Kulturgeschichte eines amerikanischen Sports*. Verlag Die Werkstatt: Göttingen.

Ruth, B. (2011). *Playing the game: My early years in baseball.* Courier Corporation: North Chelmsford.

Thomas, H. W. (1998). *Walter Johnson: Baseball's big train*. University of Nebraska Press: Lincoln.

Williams, T. (1988). *My turn at bat: The story of my life.* Simon and Schuster: New York City.

3 BILDNACHWEIS

Cover: © imago sportfotodienst | Robert Hanashiro

Autorenbild: © Patricia Asef-Stollberg

Bilder Innenteil: S. 48, 50, 52, 54, 56, 58, 60, 62, 64, 66, 68: Wikimedia Commons

Layout: Annika Naas

Satz: ZeroSoft

Lektorat: Dr. Irmgard Jaeger